Dragiša Kalezić
JOŠ SAM OVDE
Proza

Biblioteka
DIJALOG

Urednik
LJUBOMIR KLJAKIĆ

Recenzenti
RADOMAN KORDIĆ
MARKO NEDIĆ

Dizajn korica
MILOŠ MAJSTOROVIĆ

DRAGIŠA KALEZIĆ

JOŠ SAM OVDE

Proza

IZDAVAČKO PREDUZEĆE »RAD«
BEOGRAD, 1990.

*Draganu Lubardi,
crtaču magičnom*

ODLAZE, NE VRAĆAJU SE

Majke umiru odraslima, maloj deci ne umiru majke. One odlaze, i ne vraćaju se...

Tada sam imao nešto više od četiri godine, bio sam prosto rečeno spletić mesa, kostiju i infantilnih poriva... Ona je bolovala u maloj sobi čija su vrata uvek bila odškrinuta. Ponekad bi jauknula muklo, a onda bi zadugo bila mirna. Taj njen povremeni jauk dopro bi do mene nekako iz daljine i smeo bi me u pokretu, presekao mi trenutnu želju ili bi mi pobrkao igru. Kao kad završenu čigricu dotakneš prstom! U kući je vladala stroga, suva tišina. Osim oca i mene svi su se kretali oprezno, govorili tiho, gotovo šapatom – i domaći i posetioci.

Jednom se namestilo da se nađem sam u kući. Ona je ležala tamo, na svom krevetu. Bojažljivo sam prekoračio prag male sobe i oslonio se leđima o vratnik... gledao sam je. Kroz pukotinu u zidu probio se zrak sunca, iznad njene glave koso je padao na staru mjedenu tepsiju, obešenu o gvozdeni klin. Tada nisam znao šta je to, video sam samo široku svetložutu prugu u polumraku kao pravilno raspoređeni niz titravih, živih čestica. Ona uspravljena na jastuku, skrštenih ruku i sklopljenih očiju, ćuti kao da spava... Ne smem ni da joj priđem niti mogu da se vratim. Pratim pogledom svetlu prugu, neće li skrenuti s tepsije na njeno lice, da je bolje vidim. Svetlost je skoro skliznula s tog sad zasenjenog i hladnog kruga i tek se malo dohvatila njene marame, još je daleko... Priđoh polako da rukom skrenem taj treperavi mlaz, ali mi se šaka oboji u crveno, a tamo, na njenom potiljku, tek bledi odsjaj. Uplаših se i brzo povukoh ruku. Još sam samo na korak-dva od nje, ali ne smem dalje; smem zbog nje, ali zbog nečega ne smem. Levo od mene, na stoliću, drvena posuda do vrha puna oraha, pored posude čaša s vodom i ogromna dunja, koliko očeva šaka, a podalje od nje glavica belog luka, mala kao žućkova šapa, i duguljasta otvorena flašica sa sirćetom... smeta mi taj miris. Uzeo bih jedan orah, samo jedan, ali ne znam zašto su tu, ko ih je stavio i da li ih je prebrojao... Hteo bih da mi ona kaže *uzmi* to sam za tebe skupila, ali ona ne govori ništa, ona mene ne vidi, gde je ona...

— Miškane, ovamo dođi, ne smetaj majci — možda je zaspala — čuh tihi glas starije sestre.

— Nije, nije — rekoh, izlazeći iz sobice — ona je zatvorila oči, neće da me vidi.

— I ako nije, ona je bolesna, ali ona je s nama i vidi nas i kad zažmiri.

— Ne vidi, ne može da vidi, niko ne vidi kad zažmiri.

— Ništa ne razumiješ! Evo ja kad sklopim oči mogu da vidim tebe, mamu, tatu — vidim u glavi.

— A zašto nas ne gleda očima kao prije, zašto?...

— Tako joj je lakše, manje je boli. Bolesnik je manje bolestan kad sklopi oči, razumiješ?

Dan-dva uoči smrti, pričala mi je kasnije sestra, mami je bilo stalno zima, a vreme je bilo toplo — rana jesen. I nije mogla nimalo da zaspi. »Umrijeću a neću se ogrijati« — rekla je — »ali neka tako bude.«

Pop Luka je došao, razgovarao je s ocem.

— Može li još dobra duša, ište li išta?

— Ne može, oče, nema nje — ostale su samo muke! — reče otac.

Otac i pop Luka su pušili, pili rakiju. Sestra im je kuvala kafu, a posle mi je pričala da je otac tada rekao kako je teško naučiti decu da žive bez majke. A pop je na to odgovorio da je sila života velika stvar, pod njom zarastaju i najdublje rane a skučena duša se oslobađa za još neiskušani život. (Sestra je bila velika, ona je sve zapamtila.)

— Mićo, — čulo se iz male sobe.

Sestra je utrčala, a otac i pop Luka su ustali od stola.

— Mama, mama, ma-ma... tata!

Otac i pop Luka su ušli zajedno u sobicu. Ja sam došao do vrata, nisam smeo dalje... Pop je majku pomilovao po glavi i rekao: »Primi joj dušu, Gospode, u bla-

ženstvu.« Otac je zgrabio sestru koja je, presamićena preko majke, strašno dahtala i izneo je u kuhinju. Ona se otimala mlatarajući nogama i rukama.
Moja druga, mlađa sestra i tetka ušle su u kuću, nisu znale šta se dogodilo. (Mnogo sam voleo tu sestru, imala je kikice i ljubičaste oči!) Kad sam video da se ona onako mršava obavila ocu oko noge, vrisnuo sam izglasa... Posle sam, kažu, zaspao u krilu popa Luke.

* * *

Sutradan je bilo mnogo ljudi s vencima i cvećem. Pričali su i plakali, neki su pili rakiju i pušili... Majka je ležala u velikom sanduku, na stolu prekrivenom belim čaršavom. Posle su je odneli... Mene su ostavili u kući sa visokom tetkom. Pitao sam tetku da li je majka umrla za stalno, a ona mi je rekla da je majka bila mnogo bolesna, da ću ja da porastem veliki, da završim sve škole i da ću mnogo da znam...
Vetar se poigravao belim čaršavom na stolu na kom se nalazio sanduk s majkom. Pomislio sam da je majka taj čaršav zaboravila, da će doći da ga uzme, a onda joj ja neću dati da ponovo ode... Na čaršav je sletela dugorepa ptica, poskočila nekoliko puta, opoganila ga i odletela... Moj komšija Riko je mnogo takvih ptica ubio iz praćke. Gde je sad Riko?

* * *

Kad bi ona bila prva sen s kojom ću se sresti na drugom svetu, da mi tamošnji boravak otpočne lepo?! Neki misle da se ne bismo prepoznali. Baš su ti ljudi zločesti. Uostalom, možda je dobro što je tako?! Naduli bismo se od kojekakvih sanjarija, da nema tih budnih duhova.

UVOD U BIOGRAFIJU (1)

— Gde si rođen?
— A gde nisam...
— U Bosni?
— Mislim da sam se mogao roditi i negde drugde, ali nisam.
— Bilo bi bolje za tebe, za svet?
— Kad sam već rođen.
— A najbolje bi bilo da nisi?
— Izgleda. U svakom slučaju sam zakasnio.
— Kad se to zbilo?
— Pre drugog rata.
— Kako znaš da si zakasnio?
— Da nisam zakasnio, ne bih se rodio u Bosni.
— Siguran si da nisi lud?
— Da nisam lud ne bih drhtao kao prut.
— Kakav je tvoj stav u pogledu nasilja nad ljudima?
— Uoči Nove godine voz iz Splita je kasnio četiri sata.
— Dok sam čekao Marinu na stanici, bio sam za Staljina.
— Danas je Ilindan, šta bi poručio Gromovniku?
— Da slisti komarce.

MOJI PRE MENE

»Mi smo ovde doseljenici!«

U prilog toj tvrdnji ded Darijus je često ukazivao na višestruke razlike između nas i popa Luke, na jednoj strani, i starosedelaca, na drugoj: u naravi, mentalnom sklopu, običajima, načinu govora. »Sto i kusur godina prije mog rođenja naši su stigli ovamo, a, štono reć, nijesmo se ni za nokat promijenili. Doduše, sad smo Crnogorci u Bosni, tako su nas i zvali od prva dana do danas«, govorio je ded. A na kraju bi dodao, više za sebe: »Mi smo kažnjeni da se ne mijenjamo.«

Osećao sam da govori istinu, i to je pothranjivalo moju želju da saznam otkud, kad i zašto smo se doselili. Nekoliko volšebnih priča koje sam od njega čuo razlikovale su se međusobno u mnogim detaljima, pa se u toj izazovnoj zbrci teško bilo snaći. Umesto da zadovolji moju radoznalost, ded me svojim kazivanjem, uvek dodajući ili oduzimajući ponešto, sve više zbunjivao.

Mnogo kasnije, pitao sam se: Otkud takve i tolike razlike, a reč je o istom?! Kao da je sam uzrok preseljenja nalagao da se o tome neko vreme ćuti, pa je ćutanje učinilo svoje! Zbunjujuća neodređenost u podacima nadoknađivana je smelim fantaziranjem o prinudnoj odvojenosti od praotaca. Ono što je u pričama deda Darijusa mogućno izdvojiti kao zajedničku osnovu je sledeće: sve su one, manje-više, upućivale na nekakvu mutnu svadbenu bahanaliju u kojoj je naš daleki predak prolio krv svog saplemenika. Da bi izvukao živu glavu, zajedno sa članovima svoje porodice, morao je na brzu ruku ostaviti sve pokretno i nepokretno i, poverivši se noći i nečitkoj sudbi, preći nemirnu granicu svoje postojbine. (U jednoj priči stoji da je posredi bila ljubomora; u drugoj, nepriznato dugovanje; u trećoj, samoodbrana!?) Priče se slažu u tome da je ubica zaključao kuću i ključ poneo sa sobom, ali ne i u tome šta je kasnije bivalo s ključem, dok mu se nije izgubio svaki trag. Prolivena krv, bekstvo izvan dohvata osvetničke ruke, užas neizvesnosti pred sutrašnjicom — sve je to zahvalan zalogaj za ljudsku maštu, te lako poprima poetsku draž i veličinu. No, isto tako, obavezuje da se istisne iz pamćenja ono što tvrdoglavo upućuje na stid i pokoru, te kao takvo obuzdava majstoricu maštu u njenom prerađivačkom uzletu. A i muke izgnanstva bile su dovoljne da zaposle svu svesnu pažnju zločestog begunca i njegovog ranog potomstva, pa se o nečem drugom nije imalo kad misliti ni govoriti. Nije onda čudno što je nit pamćenja nekad i negde pukla, a zastor pao. Ono što je ostalo iza zastora stvrdlo se u grumen legende, koji su strasni i setni kazivači, svaki po svome, brusili i izbrusili do tamnog sjaja.

Ni sam pop Luka, trezveni propovednik pokore, nije bio bolje sreće u pogledu rasvetljenja svog traga. Ili jeste, ko zna?! Čuo sam ga kako govori da nam se Gospod smilovao više no što smo smeli sami sebi poželeti.

(Moj temelj je negde daleko, šta je ostalo od njega? Zamišljam grubo obrađene grobljanske kiljane, zarasle u mahovinu i lišaj, ostatke suvomeđe i u njoj znakove davno ugašene vatre; zamišljam pećinu u koju se uvukao žedni jarac, a vratio se mokre brade otkrivši ljudima »blagoslov vode«! Zamišljam izgubljeni ključ kraj puta kojim više niko ne ide! Zamišljajući činim ono što mogu i — da li da kažem — što moram; ono što su činili moji pre mene. Izlečen od trivijalne radoznalosti, konstatujem: Moji preci su ovde stigli odnekud, nekad i zbog nečega. Za mene je to dovoljno.)

»Mi smo kažnjeni da se ne mijenjamo!«

* * *

Na tlu na kom se obretoše moji preci vladao je nepisani zakon da se želje okivaju u lance. One sitnije se iskradu kao što se iskrade cvet iz pukotine u kamenu, ali ih život brzo isposti i podavi; to su želje mušice. Krupnije želje koje iznedri plaha krv i potpali ludost, a takvih je oduvek bilo i biće, znale su da raskinu okove i uvrtlože svoju žrtvu toliko da ne nađe smiraja sve dok ne dopre tamo gde se uže samo jednom spušta. Ustaljeni model življenja je tim samo dobijao na snazi. Moglo se govoriti o mnogo čemu, onako uzgred, čak i svojeglavo jer reč je reč, ali udarati u temelje modela smatralo se teškim avetlukom. *Nema, Mora se, Trpi i ćuti*, s nadom da će biti bolje – eto osnovnih pravila tog nepisanog modela. A ona su podrazumevala težak i dosledan obračun sa samim sobom, pre svega. Jer, dopustiti sumnji da probije u opšteprihvaćeno i samorazumljivo moglo je da znači samo jedno: *Sve je u redu, samo ti ne valjaš*. Sloboda se, u stvari, svodila na to da se svesno pristane na očekivano. Ako se neko potuži na život bilo je izglednije da to učini škrto i suvo, stešnjavajući prolaz kroz koji njegova muka traži put do slušaoca. Ili makar lukavo, kroz šalu, kao stari Darijus, tako da se kaže i ne kaže.

Svakom je, još pre rođenja, bilo određeno mesto i spremljena uloga u životnom sklopu zajednice kojoj će pripasti. Dete se rodi (a kam da nisam!), probaulja, ustane na nožice, protrči i to je već nagoveštaj kraja njegovog šarenog svetića. Ono već može biti korisno! Odrastanje se dozirano podgreva i oblikuje u smeru uvođenja u ulogu koja mu je namenjena i daljeg učvršćivanja u njoj. Prirodno, ono se rve, opire koliko može, ali sve ćutljivije, stidljivije i nesigurnije. Saglasno porastu njegove moći, raste i debljina lanca.

(Ja sam svoj lanac davno strgao, potkovice odbacio i sumanuto udario po svetu.)

Ded Darko (Darijus)

Bosna nije videla mudricu, smutljivca i obešenjaka u jednoj koži kao što je bio taj Darijus. Ni Bair, ni Karamajković – niko nije mogao s njim. Kad bi nagazio na kakvog zaludnika, rekao bi mu razgovetno i mrtvo ozbiljno, na svoj način: »Zavidim ti što ne činiš ništa. Ja nikako da se naviknem na nerad, kuku meni.« Retko je ljude zvao poimenice. Sretne čoveka koga poznaje od malih nogu i, zdraveći se s njim, prišije mu nekakav nadimak koji je skovao na licu mesta, ili Nikolu oslovi sa Miliću a Milića sa Petrašine – kako kad. Ukoliko ovaj pokaže da mu nije pravo, Darijus raširi ruke i počne da se vajka: »Opet nije po propisu, teško meni bez pameti, ništa ne pamtim, a kako koji dan sve gore i vidim. Evo da ti pričam, razumjet ćeš me. Ti znaš da imam u toru još desetak koza, svaki ih dan gledam a nijednoj ime da potrefim, a ja sam im imena nadijevao, a kako ću tek zapamtiti imena tolikom ljudstvu koje svaki dan prirasta, bolan bratstveniče. Ne ljuti se ti na starog Darka... Hajd, sto dobara, Milić bijaše?« I opet izvrne. Ako sretne nekog ko govori kroz nos, šuška, vrska ili pravi karakteristične grimase, odmah počne da ga oponaša, i glasom i gestom. Čovek bi se, obično, najpre zbunio, pa bi se pribrao i prigovorio na taj bezobrazluk, pripretio čak. Darijus bi se na to, poput rasnog glumca, naglo sneveselio, a onda bi krenuo: »Eto ti de, čim sam to zaslužio, muko moja, kaži ne štedi me. Ja govorim kako umijem i mogu, a znam da to nije govor no jad i čemer od govora; znam i sam da me ti ne podsjećaš. Svakome je, bolan, teško kad mu se rugaju u brk, makar bio i poslednja bagra – zar nije.« A tako se pokurvi da onaj niti vidi, niti čuje, niti zna šta se zbiva, iako mu je, u stvari, sve jasno.

Kad se otac oženio, ded se iselio iz stare porodične kuće i napravio baraku za sebe, baku i tetku. Takva deoba je bila neuobičajena i neočekivana za sve, ali je Darijus smatrao da je ona zdrava i razložna. Umro je 1952. godine od ujeda zmije, nekoliko meseci pre moga oca.

Oporuku je napisao još 1928, svojom rukom; bio je vešt pismu. Te godine, kako je kasnije sam pričao, »uvuklo se neko zlo« u njega, a pošto nije pristajao da ode bez oporuke, odlučio je da ništa ne rizikuje. Otac mu je u više navrata govorio u šali da ako želi nešto da popravi, ili doda – pismo je tu. Ded je na to obično ćutao, a jednom je rekao: »Dobro je to i takvo kakvo jeste da ima kome.«

Dedova oporuka

Ne znam kolika je od riječi korist, ali hoću da ti kažem ono što sam naumio – neka barem ostane zapisano.
Došo je vakat, izgleda, da krenem Gospodu na milost, ili pod zemlju, kako ko razumije. Ali ne bih devetao o smrti: te zašto se umire, kad je prerano a kad prekasno, da li je časnije umrijet uspravno ili ležeći – to je mlaćenje prazne slame, ništa drugo. Ja samo znam toliko da nije manje čudo to što smo se ovdje našli od toga što se odavde sklanjamo. A što se tiče našijeh poslova, nikad nijesam žudio da umrem noću – kad se već mora – da ne bih izgubio nijedan radni dan. Uvijek će ostat nešto nedovršeno, ma bila smrt i milostiva, ali će se raspetljat i bez nas. A ako i ostane zapetljano, velike štete neće bit – to je sigurno. Toliko o opštem, a sad bih da uhvatim ono što za tebe može bit od nekakve vajde.
Ne nateži se sa svijetom povazdan oko toga što je krivo a što pravo, no preži u svoja kola što se dâ upregnut snagom i lukavstvom. (Naročito se drži lukavstva, jer mek jezik može više od tvrde šake.) Svijet je doduše dug i širok – svjetina je to prosto ti naprosto – ali čiji je to svijet?! Kad hoćeš da pobjegneš, da se skloniš, onda dođe i uzak i kratak. Nijesi slobodan uskočit ni u komšijsko dvorište da vode zaišteš, a kamoli konak i večeru. Ko će danas da te pomogne, jadan brate, muka je svačija. Ne kažem ti da metneš dušu pod petu, da namjernika ne primiš za sofru, ali ne i u kamaru. I najbolji se pretvaraju u čudovišta, malo-pomalo. Utuvi u glavu da riječ malo staje, pa se nikad ne zapali na lijepu riječ, ne isteci na širok otvor. Svak ima slabijeh mjesta, ali je bolje imati ih više dobro skrivenih, no jedno jedino otvoreno i svakom na oku. Kad ti omekša srce, a to hoće prema siroti, potpaši se tvrđe: pomozi, ali ostavi mjesta i drugome; samo je Spasitelj jedan. Ne hvataj se u breme koje moraš vuć, jer bolje je i jedan kamenčić prenijet preko vode, no spodbit krošnju blaga i cjelivat dno zajedno s njom. Kad god se nađeš pred važnom odlukom, na raspuću, znaj da sam miješiš svoju sudbu i sudbu onijeh koji ti budu o vratu visili, kao što si ti visio meni, zato miješi majstorski. Ima

tu i više sile, znam, ali zidar koji ozida kuću pa mu je razuri vjetrić, nemajstor je i plitkoumić, a ako mu je razuri grom ili usov nekakva – nesrećan je čovjek, ali dobar zidar. Ono se niko ne može osigurat toliko da ga sjutra ne iznenadi, za tim ne treba ni ić, jer onaj koji upire da se osigura i za sjutra, ne vjeruje ni u danas ni u sjutra. Važno je imat svoj put. Kad staneš pred mrava, osmotri ga, pogledaj kako te zaobilazi, vješto i strpljivo, jer mravi imaju svoj put. A skakavac skakuće bezglavo, kao da si ga frljnuo s nokta. (Ovo ti zborim stoga što se ljudi dijele na sve i svašta, pa zašto ne i na mrave i skakavce.) Ne prezaj od toga da se učiniš budalom po mraku ako od toga zavisi da li ćeš dočekati rasvit, jer živ čovjek se uvijek može iskupit – a poslednja se broji. Čini se slabijim no si: ljudi se opruže pred slabima, a pred jakima se grče i ne zna se gdje su. A i fino je bit slab iz lukavstva. Što vidiš, nijesi vidio dok ti ne pritreba. Ne govori s gole poljane, takvi su kratkovjeki. Ne ači se, ne lomi vrat, ne viči na pravdu – gdje si dosad; pusti druge da se istaknu. Malo je onijeh koji su pravdu prezadužili, a sigurnije je tamo gdje ih je više. Ne drži se strogo jednoga pravca, ako je i valjan, no se potpomozi prečicom. Ne kuni se ni u šta, jer ono što iz jedne tačke izgleda najbolje, iz druge svoj izgled promijeni, ili se prosto ne vidi. Kad ti se pruži prilika da ušićariš, biraj šićar s kraćim repom, ma bio i mršaviji – manja je veresija. Ako neko zapne da ispadne luda nit mu smetaj niti mu pomaži, nek sve sam riješi. A kad odeš u Sarajevo, u trgovinu, nemoj ko neki da brojiš prozore po kućerinama, dosta su ti ona tri na tvojoj. Prozori nikad nijesu prazni, nit ulice puste. (Znam da si bistar, ali se seljaku omakne.) Nevolje se, sine moj, uz sve ovo, lišit nećeš, ali je barem možeš držat na odstojanju. Ono imovine što ti ostavljam, gledaj da ne prospeš. Ako je ne možeš uvećat, a ti je toliku kolika je predaj onom koji će te zamijenit.

Eto toliko od mene. Znam, ovo je i kuso i tanko, ali ne mogah bolje s ovoga praga. Reći ću ti i ovo: nauk koji ti dadoh ne iznosi na vidjelo, no ga se drži tajno, a ispovijedaj drugi – miliji ljudima. Ako ti se ne dopadne – a to će najprije biti – lakše ga je zanemarit no razbucat hartiju na kojoj je natrukovan.

Veliki smetenjaci

U našoj lozi, po kazivanju deda Darijusa, bilo je nekoliko pravih čudaka. O njihovim životima se ne zna mnogo, a i to što se zna toliko je neobično da je malo verovatno.

Prvi veliki smetenjak je bio neki Filip, zvani Istraživač. Živeo je od kocke i sitne trgovine, a ponajviše od svojih suludih zanosa. Dopirao je – kaže priča – do Dubrovnika, Mletaka i Carigrada i otud donosio kojekakve lizalice, lančiće, ogledalca, prstenje, svilene jagluke, muštikle, češljeve i čakijice; donosio je sve i svašta i to prodavao svojim seljanima za novac, duvan i šljivovicu. Kad je navršio četrdesetu, stao je da razvija teoriju o tome da svaki čovek treba da umre dok je još pri snazi, da je starost ne samo ružna nego i sramotna. Mudri i pobožni ljudi su mu na to odgovarali da se dâ razlogu, jer je čovekov život u božjim rukama i da je naše da čekamo sudnji dan a ne da se protivimo i nadgornjavamo s Gospodom. Filip je i dalje ostajao pri svome, tvrdeći da Gospod one koje voli uzima k sebi dok su još mladi i jaki, dok još ima računa, jer od starosti, rugobe i nemoći svako zazire, a Bog ponajviše. »Ako je i tako, šta se tu može« – govorio je pastir Vita – »ne mož da zaslužiš ničiju ljubav na silu.«. To je, izgleda, pogodilo Filipa, pa je odlučio da božju volju uhvati u klopku.

U svojoj zbirci neobičnih stvarčica imao je i veliki magnet u obliku konjske potkove. Jednog smrknutog, za kišu spremnog dana, on se, s magnetom i klupkom kanapa u džepu, zaputi na sam vrh Svračijeg brda. Magnet je položio na teme, uvezao ga kanapom oko glave – i seo da čeka nebesku munju. Čekao je tri dana i tri noći, kiša je pljuštala, naokolo je sevalo i grmelo, ali njemu ni da primakne. Gospod je razgađao po nekom svom planu u koji se ovaj poverenik nauke nije uklapao. A kad je izgubio strpljenje Filip je opsovao Gospoda, hitnuo izdajnički komad željeza i ojađen se vratio u svoj pusti dom. Umro je od nekakve žestoke upale, sedmi dan po povratku.

»Ne može Filip da umre kad on hoće, no kad Bog hoće« – rekao je stari Vita na njegovoj sahrani.

* * *

Drugi iz grupe velikih smetenjaka je čuveni Spiridon, frulaš. U dubokoj starosti napustio je porodicu i nastanio se u šumskoj kolibi koju mu je ustupio njegov jaran, seoski bačvar, Manjo Tutalica. Dvaput nedeljno odnosila mu je hranu i vodu Manjova jurodiva kćerka Božica. On joj je, zauzvrat, davao po koju frulu od zove koje je pravio tako vešto da je, u našem kraju, bio i ostao bog za frule. Božica je te frule prodavala pastirima i deci po selima, budzašto.
Spiridon je živeo strahovito dugo, pa se pričalo da ga je smrt zaboravila. Ubio ga je neki Teodor, pokupio ono frula što je našao u kolibi i razdelio veseloj deci nasred sela. Čvaknuo ga je frulom po glavi i ubio, toliko je nesrećnik bio onemoćao. Teodor je posle pričao: »Kao da sam frljoknuo leptiricu!«

* * *

Treći velikan, dugački Karan, kada ga je izdao njegov nešto kraći vršnjak, popio je bocu rakije nadušak – i crkao. To s Karanom je teško dokazati, ali zar je potreban bolji dokaz od toga da priča postoji.
Jedne večeri, početkom proleća, Karan zapovedi ženi da zaključa vrata, ugasi lampu, pa ako joj se sedi u mraku neka sedi, a što se njega tiče mora da legne. Kad ga je zbunjena žena upitala da li je poludeo, Karan je odgovorio da se ne oseća najbolje, pa ne bi valjalo da im se u kuću uvali neki dokonik i čeka ponoć, a ovako – nema svetla, zna se... Bolešljiva Ivka se stala jadati da ne može da zaspi tako rano, pa bi malo posedela u komšiluku, a on neka leži. Karan se na to obrecnuo da mu je dosta komšiluka svake večeri, i zakleo se na božju veru i krsnu slavu da joj neće dozvoliti da mrdne iz kuće. Ivka je dobro poznavala Karanovu ćud, četrdeset godina je slomila s njim, da bi se dalje protivila. Gotovo izbezumljena, ali pomirena sa sudbinom, mrmljajući psovke i kletve, ona se raspremi i leže u svoj krevet. Nije prošlo ni toliko vremena za koliko bi čovek ispušio cigaretu,

a Karan trnu kao da nosi vatru u šakama, u dva-tri koraka se nađe povrh Ivke.
— Ah! Šta je ovo za sv. Jovana, prokleta ti duša, gdje ćeš?
— Ivka, samo malo.
— Malo je tebi pod kapom, krvniče, nije te stid — imaš unuke.
— Ne viči, bruka da ne pukne.
— Neka pukne, tvoja je bruka — raga, došla mu druga mladost; ah, rebra mi pukoše.
— Primiri se, nevoljo, da ugodim — neću časit.
Ivka vide da nema spasa niotkud, pa se opruži i zaćuta. Karan bi, možda, potonji put u životu oprobao ono što odavno nije, da zločesta Ivka, pribrano i razgovetno kao za sv. trpezom, ne izgovori: »A vrati li ti onaj dug Alagi, evo godina kako mu dugujemo?«
Ne bi se moglo reći da Karan nije znao da je ljudska sreća varljiva, ali je te večeri, izgleda, na to bio zaboravio. Celo popodne se pribirao, a predveče je popio i čašu vina i, krišom od Ivke, lapnuo tri kašike domaćeg meda koji je ona čuvala za lek; ulazio je i nekoliko puta u kamaru, razvezivao gaće i zagledivao ga, da bi na kraju ponosno dokonao da on, Karan, nije još za bacanje. Kad je zapovedio da se zaključaju vrata i ugasi lampa, smatrao je da je potpuno spreman za veliki okršaj. No, i pored natezanja s Ivkom, koje je podugo trajalo, ne bi se Karan pustio da ne bi zle ure i neispitanih pravaca ljudskog prisećanja. Nikad, nijednom rečju, Ivka nije pomenula taj nesrećni dug debelom Alagi, a pomenu ga baš onda kad je sve visilo o koncu.
Ivkine reči su označile kraj njegovih napora da bar nešto povrati od svoje izgubljene imperije kojom se nekad preterano hvalio. Izdade ga njegov verni vršnjak, njegov sluga i gospodar u isto vreme, i obesi se sramno, poput ovčije repine, između stegana, a on otpljunu, reče eeh, pa dodade: »E idi sad nek te jebe Alaga, mater ti, i tebi i njemu — do groba.« A onda se odvuče ko posran u svoj bukovi krevet koji mu je od oca ostao i u kom je i on lično napravljen u davni vakat, kad je njegov čestiti otac znao šta radi. Uvuče se pod vojničku dekicu, pokri se po glavi, i tako dočeka poslednju zoru.

* * *

    U šezdesetoj je Čavor bio jak kao tridesetogodišnjak, a u njegovim grudima kucalo je viteško srce. Osećao se tako kao da ga je Bog poimenice dozvao u postojanje.
    Primio je poziv za svadbu; njegov veliki prijatelj, prvak u svom mestu, ženio je sina. Dva dana je imao na raspolaganju da se spremi. Prvi dan je potrošio na timarenje konja, drugi dan se sam doterivao, od glave do pete, a kad dođe dan treći – podiže se ko na vojnu... Dok je prolazio pored visokog i razgranatog hrasta, oseti kako mu se skotrlja niz čelo nešto meko i vlažno i dohvati mu se nosa. On potegnu dlanom svoje moćne desnice, obrisa i pogleda – govna... U granju zaćihori ptica i prhnu. (»Nikad pernati rod« – pričao je Darijus – »nije poganije udario na čovjeka, ni za što!«)
    Biti ono što je on bio, a ići pod tim znamenjem takvom prijatelju na veselje – nije se moglo. Ono čega se najviše bojao dođe na njega u trenu kad je to najmanje očekivao. On koji je vazda držao do časti više od drugih, dožive ono što se ni najvećoj ološi ne bi moglo poželeti, ne barem u tako svečanom trenutku.
    Od tada je živeo sedamnaest godina u izbi. Tamo su mu donosili hranu i vodu, drva za ogrev i ostalo što je neophodno za oskudan život. Izlazio je jedino kad mora u nužnik, a trudio se koliko je mogao da mu to padne noću. Šta je činio u izbi ako nije rastavljao i sastavljao svoj život, tražeći u njemu ono mutno mjesto s kojeg mu i dođe nevolja i zapečati mu sutrašnji dan – šta je mogao činiti!?
    Pred kraj svog neživota pozvao je sina i naredio mu da ga sahrani u sedećem stavu, da mu i na onom svetu bude neudobnije no drugima. A onda je dodao da je Bogu drago da čovek ostane poniženo i slabo biće, i tako jeste.
    Zavet je ispunjen.

Baka Ikonija

Kad zatvorim oči vidim je: sedi na tronošcu ukraj ognjišta, belokosa i zgurena – bulji u vatru. »Eh!« – izgovorila bi poluglasno, s vremena na vreme, a onda bi se to *eh* vratilo tamo odakle se i otelo, kotrljajući se niz nekakvu unutrašnju strmen, muklo i sve tiše. Nekad bi se iznenada osmehnula suvim osmehom, uvek se činilo poslednjim. Ili bi joj potekle suze niz izbrazdano lice boje lišaja – sure kapljice. Isto tako iznenada bi otpočela da priča o nečemu, zbog nečega, da li s početka, iz sredine ili s kraja – ni to se nije moglo znati. Iznenada bi i prekinula, kao na panju. Kad bi je neko od domaćih upitao o čemu govori, hoće li nešto, trgla bi se koliko je ona to mogla i zbunjeno rekla: »Ne znam, Hrista mi, to je bilo davno, onako mi dođe...« Činilo mi se da ne samo što nije znala o čemu priča, već ni to da uopšte priča. U gluhoj i tamnoj špilji njene duše tavorio je jedan mnogovrsni svet, senovit i haotičan, bez izgleda da će ikad ikom biti predstavljen.

Posmatrao sam je dok se zabavlja s praunukom, mojom sestričinom, koja je tek naučila poneku reč. Kreštale su, mumlale i grgotale istovremeno, ostavljajući utisak da jedna drugu razumeju. Naravno, niko živ nije mogao prodreti u taj zvučni kalambur dveju sagovornica, barem na izgled previše međusobno suprotstavljenih. Možda je baka Ikonija posredno spajala kraj svog života s početkom, možda...

Tetka S.

Još je živa. Osamdeset godina i dva rata nije malo. U drugom je napola ogluvela. Posle rata počeo je da je izdaje vid, ali i sad ponešto nazire, naročito kad je dan vedar. Uživa zaštitni dodatak, a ispomaže se i malom rentom od imanja. Odavno se sprema za ukop, ja sam joj kupio cipele. Jedva ih je primila, jer neće ni od koga da zavisi. Pre koju godinu povukla je poučan potez: naručila je mrtvački sanduk po meri, na kredit. Već ga je isplatila, pa je sad ni smrt ne može iznenaditi. /Ta vešto sklopljena škrinja boje kestenja stoji u njenoj kamari, kao deo nameštaja (ostava za oba sveta). U njoj drži brašno, so, zejtin, vosak i rakiju – do zadnje uredbe./ Moja tetka S. nije dete, ona je pogledala smrti u oči. Kad sam je pitao da li je kolje skupoća, rekla je da je prilično snabdevena, a ako zafali, uvek će moći da ponešto prikupi; važno je da je iščupala sanduk, jer je to sad neplativo. Obećao sam joj da ću i ja pripomoći kad dođe taj dan, naravno ako budem ovde. Malko se namrštila na to i rekla da će se naći i kod nje, barem za kavu, duvan i rakiju. Stara je to kajla, ja sam njom oduševljen – iskreno rečeno.

Moja tetka S. još je živa! Ne znam kakav je sad odnos ponude i tražnje na tržištu mrtvačkih sanduka, ali sam ubeđen da je tetka S. mudro postupila.

Otac

Dok je bolovao od pogane suve bolesti, s vremena na vreme bi podigao glavu i lagano otklopio kapke ispod gustih obrva. A onda bi blesnule njegove sivkaste oči poput klikera, sjajne i tvrde. Ruke iza šaka – dva snopa žila obložena pegavom pokožicom, same šake ogromne i teške, prsti napukli, mrki, izotucani. Kad bi nešto zapovedio ili zaiskao, ostao bi u tom položaju još koji trenutak, zamišljen, kao da nije sve rekao. I tada bi se poizdalek jasno mogla videti ona bora između njegovih očiju, nalik na nečitko slovo... Jedino pred njim nisam izgovarao reč *ja*, da ga ne zbunim. Nisam ga nikad crtao. Ili nisam smeo, ili nisam mogao – ne znam.

»Mišo, primakni se – ne boj se.«

A onda je izvukao svoju desnicu ispod prugastog pokrivača i pomilovao me po temenu, kao kučence.

Kad je podigao ruku ukaza se između ramenog zgloba, ključnjače i vrata duboko ulegnuće u koje bi stala bacačka kugla. A vrat se iz zastrašujućeg skeleta izdvajao kao deo stabla suvog i tvrdog drveta, držeći sigurno na sebi krupnu glavu, obraslu u prosedu smeđu kosu i riđu bradurinu. Videh tada oca i ustuknuh pred svim što je ogromno na njemu i u njemu.

»Donesi mi čašu vode« – reče – »gori mi grlo.«

Kad sam se vratio i stao pored njega, držeći čašu u ručici, on je ćutao zagledan nekamo kroz uski pendžer, dok je ruka koja je imala da primi čašu ležala opružena preko pokrivača, neprirodno odvojena – sama za sebe. U tom trenu sam pomislio na rumenu ručicu novorođenčeta, na čovekov početak, i nikako nisam mogao da nađem da je ovaj čovek ikad bio dete. Ono što se prostiralo između te dve ruke je strašno i neshvatljivo... On nešto promrlja, pokrenu se blago, a moćno, iz sebe kao spori val, i ruka se podiže da prihvati čašu s hladnim i bistrim napitkom. Čaša se izgubi u šaci i on je za tren sasu ravno u grlo, zatim odloži staklo na stolić pored kreveta, onako ne gledajući, pa uvuče ruku pod pokrivač, odahnu muklo i smiri se. Ostao sam na mestu još minut-dva, dok on progovori:

»Idi, prifati se kakvog posla, sad si me podmirio.«

Udaljio sam se, ne znajući šta činim. Kao da mi je i dalje stajala na glavi široka ploča dlana njegove šake koja se razgranavala u pet nejednakih tvrdih izdanaka, a u glavi mi je svetlela sjajna žuta alka koja je opasivala domali prst, sa poluloptastim jarkoplavim ispupčenjem na gornjoj, ljesičnoj strani, u obliku oka kakve plahe zverke koja bi pred njim, mojim ocem, morala biti pokorna.

Poslednju nedelju dana gledao je, kao omađijan, u ćošak od kamare; tako, kažu, čine svi umirući. A najzad dođe i taj dan, kako reče pop Luka, »na zemlji poslednji«.

Pala mu je maglica na trepavke već od ranog jutra, a kapci, podbuli i otežali, skoro se slepili. Kroz sužene proreze još su svetlucale njegove sive oči sjajem bolesnim i senovitim, koji se razlivao odmah tu oko trepavki bledunjavo i mrtvo, poput sjaja već dogorele sveće čiji plamičak obrazuje uzan i sumagličast krug oko sebe. Šta je osećao taj nepovratno ispruženi čovek koji nije bio kadar da se ičemu suprotstavi, ne mogu ni slutiti, a teško je verovati da bi mi i on sam mogao u tome pomoći. Jer izgledalo je da je »glavna žila« njegovog života presečena, a ovaj sjaj o kome govorim može se uporediti i sa sjajem već zašlog sunca, koji treperi na vršcima topola. Taj avetinjski sjaj nikog više nije mogao da prevari, ali opet, sve dok ne zgasne, ja se ne moram dvoumiti kako da nazovem to opruženo i ukočeno telo što bejaše moj otac. Trenutak u kom ću ostati sam, kraj i početak ujedno, a slab i nevaljao da budem ijedno od toga — bližio se neumitno.

Pop Luka ga je svaki dan obilazio, a ponekad bi i noć proveo pored njegovog uzglavlja.

Zadnjeg dana otac zatraži da mu podmetnemo pod glavu dva jastuka, a onda se okrenu popu i progovori teško i smerno: »Oče, oprosti mi što moram reći, boleština je robija i još gore — govna. Zamisli, tu skoro digoh se radi sebe, pa pokleknuh — otkaza mi desna podmuklo, izdajnički vala. Ovaj mali priskoči — muka i stid, oče, nije to ni za ajvana, a kamoli za ljude. Molim Boga sa sred duše, a moli ga i ti i u moje i u svoje ime, da me prevede na tu stranu kad je već dovde došlo. A kad padne ta potonja ura, oče moj dobri, postaraj se da sve prođe kako dolikuje, da mi sram kuću ne obilježi, a sad mi poželi srećan put.«

Više nije izustio nijednu reč. Umro je pred veče.

Kad su ga sutradan položili u već pripremljenu raku i zatrpali zemljom, pop Luka ga je ispratio rečima drevnim i zakonitim, kao što i dolikuje časnom nebeskom zastupniku na zemlji u času rastanka sa svojim velikim prijateljem.

Smerni pokajnici su se razišli mirno i dostojanstveno. Ja sam ostao pored groba dok je sunce zašlo. Jedna jedina misao za to vreme kružila je u mojoj svesti, pulsirajući kao zavijena rana: Čovek iz čijeg sam semena začet sad je vraćen zemlji, kao što su se vratili toliki pre njega i kao što će se vratiti sve što je živo, s manje ili više jada, s manje ili više greha i stida; da li, osim straha, smem u tome da vidim i znak velikog i grubog poniženja?!

Eto toliko. Ali ne može se verovati koliko malo držim do svega što zapisah o ocu, do svega što uopšte govorim. Jer, baš ništa ne uspeh da uhvatim od onoga što važno beše za mene.

Očeva oporuka

Vi ste već odrasli, vatra na ognjištu se neće ugasiti. Ja sam odužio svoj dug. A što se pravaca tiče što ih ljudska mudrost postavlja – tvoj djed Darko je to dobro vidio i razumio – oni su tu više da čovjeku posluže da se varka od zla i taksirata, no da njima do sreće dođe. A jadna čeljad to ne vide ili neće da vide.
　　Kad me pop Luka uvodio u vjeru, nijesam se davao lako. Rekao sam mu jednom: Ja, oče, mogu mislit o tome kako hoću. Šta je to pravi put? Vazda sam zazirao od pravog puta, pogotovu ako je toliko prav da se na njemu može zakunjat. Samo je mrtav čovjek posve siguran. Nikad mi nijedno uvjerenje nije leglo u dušu, jer je svako u meni ostavljalo nešto netaknutim. »Možeš« – veli – »sinko, misliti kako ne možeš, ali se bojim da se ne premisliš. Drijemat – nije za čovjeka, ali je ludovat još manje. Misao mora da čuva život, ali tako da ne ozločesti dušu. Koliko sam samo puta, povijenog skuta, sjedeći na kamenu-tesaniku poviše crkve, gledao zaneseno niz prostrane i valovite rudine romanijske i razbirao zvukove koji su se zametali u daljini, pa se, ne znam ni zašto ni kako, u meni zakoprca želja za nečim višim i boljim (i ja sam čovjek od krvi i mesa), a onda se trgnem kao s trna--živca – vidim, propao sam. Onaj kamen poda mnom učini mi se i tvrđi i hladniji no što je uistinu. Protrljam oči, zabečim se u nj, kao da ga molim da mi vrati onu pređašnju toplinu. Ne, ne može se mislit po ćudi želja, niti se smije željet sve što se može imat. Prevelika raspuštenost želja i misli besputna je i zaludna. Živjet u grču s vlastitim životom, Bogom danim – poradi čega ?! Ako ti je lanac prekratak, nastavi ga dužim – ali ga ne prekidaj.«
　　Eto tako je, po prilici, govorio pop Luka, moj veliki prijatelj. On je bio jedini ljudski stvor u čijem sam se društvu osjećao kao u roditeljskom naručju, i kad se nijesmo slagali. Ono što bi on mogao reći o meni, vjerujem da mi ne bi bilo u dlaku pravo, ali bi bilo istinito – to je sigurno. Jer, on se uvijek držao uske putanje pravde (i u najtežim momentima, kad mu je glava visila o koncu), nit je milom presipao nit nemilom odasipao. A s praved-

nicima je tako da im se ljudi dive, ali ih mnozina ne privija na srce – on je to znao bolje od ikoga. Onom što je o Nebu i onom svijetu govorio nijesam se protivio, ali sam se uzdržavao da aminujem. Zemlja jest nisko, ali i previše blisko majku joj trošnu. (Ako me nadživi, a ubijeđen sam da hoće, nađi se češće blizu njega: ne da mu pomogneš, jer on može bez tvoje pomoći, no da čuješ njegovu riječ i upamtiš koliko si kadar. Iako na njoj nećeš steći, dobro je da je znaš – da ponekad izmjeriš sebe njom.)

Vremena su takva da će nevještu kao što sam ja, a pogotovo ti, zlo vazda omrcat u šaci a osvitat u vreći. A pomoć, gdje da je tražiš?! Vidiš čovjeka, smjeriš ga među oči i prekrstiš pogledom – šta od njega da zaišteš?! A takvih je najviše. Toliko puta sam se osvjedočio da bi ono što je svaki od dvojice bajagi prijatelja spreman da iznese pred trećim licem, u povjerenju, bilo dovoljno da više ne prozbore nijednu, a opet ne možeš tvrdit da bi jedan drugog gurnuli u jamu. Slabi su ljudi dozlaboga. Znajući to, mnoge njihove tajne sam čuvao zaklopito: najprije zato što su same po sebi smrdljive, a onda poradi kakve-takve ljudske sloge.

Kad uzmeš mislit, nije lako ničemu naći reda. Život započeh i do danas proživjeh ne oslanjajući se mnogo na pravila, pa sad ne ide da ga naknadno pravilima branim. Ono što sam htio bilo je i lijepo i veliko (po mojoj mjeri), a ono što učinih – malo je i osporivo. Zato, umjesto savjeta, želim ti više sreće no što sam je ja imao.

(Ovo sam zabeležio posle očeve smrti, po sećanju. Moj otac nije voleo ni da govori, a kamoli da piše.)

Otac i ja

Razlike između mog oca i mene su nepristojno očigledne, i to na moju štetu, ali ja sam uporno hteo da one budu veće no što jesu. Zašto?

Osećao sam da time pomažem obojici, naročito sebi. Udaljavajući se od njega, ja sam ga činio većim, nedostižnim, a sebe sam oslobađao njegove senke. U svemu sam mu dao za pravo – i onda kad je na kosidbi popio ceo ibrik vode, a mene ostavio suva grla. Zar bi on bio to što jeste da je postupio drukčije!? Veliki kosac je ožedneo, mali ibrik s vodom je u njegovim rukama... takav je zakon. Nije on majka, on je otac! Isticati sličnost s njim u bilo kom vidu, za mene bi bilo opasno. Sličan mu jesam, ali ni izdaleka nisam on; sličan sam mu u sporednom, dok su moja glavna svojstva toliko malo slična njegovim, da bi slediti ga za mene značilo biti unapred izgubljen. S druge strane, ono što me rano počelo zanimati, za njega beše tek predmet podsmešljive pažnje. Stoga sam u sličnosti s njim, i tolikoj kolika je, video prst usuda: dokaz da u svojoj stvari neću uspeti. Ili obrnuto: u onom što je izvan sfere njegovog interesovanja mogu uspeti jedino ako mu nisam sličan. Tako sam osećao i zato sam nastojao da stvorim predstavu o mogućoj naklonosti sudbine, iz perspektive poređenja s njim. U sklopu tog napora ja sam prenebregavao vrednosti do kojih mi je bilo i te kako stalo, i koje sam cenio kod drugih ljudi, samo zato što ih je posedovao moj otac. (Kad nisam mogao biti on posve, nisam želeo da budem ni delimično – jer, ko bih onda bio?! Ni on, ni ja.)

A opet su me, s vremena na vreme, progonili ti neprevarljivi znaci sličnosti, od crte na licu do pokreta ruke i boje glasa. I to iznenada, kad sam bio uveren da sam s tim raskrstio. Tad bih mučio sebe zajedljivim prigovorima: da sam u svoju umetnost prosto pobegao ne bih li se razlikovao od oca, a zar mi nije jasno da sam ja on, u stvari njegova bleda i nevešta kopija. Ali ono što sam nosio u sebi, nije se dalo pokoriti: ta pasija stvaranja oblika, sveta ili prokleta – svejedno.

MALA GALERIJA

V. Desnica

Izgovarao je reči polako i strpljivo. A te reči su ostavljale utisak nečeg dragocenog kao i sve što je retko i bez čega lako mogu ljudi čija su viđenja naučena i tupa, a način života otužan, dogovoren. U razgovoru s njim najgore bi prošao onaj koji bi došao pripremljen: malo bi ili gotovo ništa vratio od onoga što je doneo.

U početku mi se njegova ozbiljnost činila neizdrživom, a kasnije sam se uverio da je ona potpuno odgovarala njegovoj nesmirljivoj a suzdržanoj čežnji. V. Desnica bejaše pravi (zakoniti) sin Zemlje i Neba: grub i strastven, s velikom telesnom snagom, slegnutom u sebi, i setna ćutalica kojoj ništa nije potaman. Nosio je dva pečata – jedan na čelu, drugi na srcu – kao jemstvo za svoju ljudsku veličinu i uzaludnost. Verujem da nikad nije dopustio da ga išta toliko uzme pod svoje da zastre tajanstvo koje je bilo iz njegova pogleda, držanja tela, pokreta ruke. Zaista je delovala veličanstveno ta njegova nepripitomljivost! Moćno vezan za sve pod suncem, bez svega je mogao.

Nikad nikom nisam postavio više pitanja, a dobio manje odgovora.

Dok je ćutao, kao skamenjen, zanimalo me da li između njegova duha i nebeskog hrama, u kojem neumorne Parke rade svoj posao, postoje neke tajnovite veze preko kojih on smiruje svoje nedoumice, a opet sam slutio da, ako i jeste tako, sve to nije dovoljno da ga zaštiti od nereda.

Diskretna napetost koja je vladala u njemu, odlučivala je i o njegovom osmehu. Smejao se prigušeno, senovito, kao kroz zavesu od fine prozirne tkanine. Počeo bi izdaleka, razvlačeći usne preko krupnih zuba, da bi ih isto tako sporo iznova sklopio. Možda to i ne treba zvati osmehom, već nečim nalik na osmeh?! Ne znam, ali sam uveren da sam se nedelju dana družio s čovekom u kom se sve bitno davno zbilo i sad je tu, ništa mu se ne može.

On je, izgleda, rano označen kao čovek »svoje vrste«, a svaki takav čovek, i onda kad ne obavezuje na divljenje, obavezuje na ponešto ćutnje.

(Sećam se iz njegovog romana onih kugli od brušenog stakla koje su stajale umesto kvaka na vratima odaja njegove porodične kuće. Kugle na levoj, svetloj strani sjale su u žaru sunca, dok su na desnoj bile ugašene. Ta dva svetla delio je dugačak hodnik, on je bio razmeđe njihovo. Sam kaže da je u tom hodniku počeo, da bi se hodnik kasnije preselio u njega i postao simbol njegova duha.)

Veliki mladić Piri

Prvi osvajač Severnog pola, Piri, pripremajući se za svoj veliki podvig, često je lutao belom pustinjom Grenlanda. Na kraju ga je belina toliko osvojila da nije mogao ni dva dana da nađe spokojstva u gradu, u svom domu, u krugu svoje porodice. Oboleo je od magije beline.

Ovaj podatak sam ispričao bolesnom Vlahu, starom pomorskom kapetanu iz Perasta, čiji sam gost bio.

Kapetan duge plovidbe je saslušao moju priču u krevetu i toliko ga je odobrovoljila da je smesta ustao, navukao kućni ogrtač i izašao iz sobe. Ostao sam sedeći za stolom prijatno zbunjen i nestrpljiv da saznam šta sam to izazvao saopštivši podatak iz života velikog istraživača. Uto je ušla Vlahova žena i, s blagim smeškom, zastrla sto belim stolnjakom! Vidim da ide na dobro, a opet?! Na sredini stola odjednom izraste veliki stakleni bokal do vrha pun vina.

– Zajeba si me, baš si me zajeba s tom bijelom pustinjom na Grenlandu, sad dovati čaše, one sa stopom... iz kredenca.

Kad popismo po prvu, kapetan duge plovidbe reče:

— Smrtnik nijedan nije bolova od ljepše bolesti, ne može bit... dobro si me zajeba.
— Nisam hteo — rekoh — gospodine kapetane.
— Šuti, ti nijesi htio... grom nebeski je bio taj Piri, nije se savija oko doma i familije, sluša je ono što se od njega bezuslovno traži. A ja? — ispa sam pizda...
— Imati porodicu i držati se nje, to je muževno, zar nije?
— Muževno! — svi su muževni gledano tako... ne brzaj, no natoči.
— Ali i Piri je bio otac porodice, druga je stvar...
— Prva je stvar ovo — utuvi — da svaki čovjek, svaki muškarac, mora da u samom sebi sazda ognjište na kom će se ogrijat i odoljet studi i noći — a sudnji dan ne razminjuje nikoga. A što se mene tiče, zaplandova sam duboko. Ova žaba od žene mi veli da to dođe s godinama i iskustvom. Ona ne zna da ja iskustva nemam (ne priznajem iskustvo, čovječe!), a sedamdeset — šta je to!? Znam ja svoju muku: čini su bačene na mene, začaran sam. Unazad godinu sam pokušao da iskočim trupačke na ovaj isti sto, pa sam otuka koljeno. Nijesam ni jauknuo, a sām sam bio u kući. Jesam stega zube, što jest — jest. Kad pršte kikot oko mene, ka da se kolo uvatilo... To su oni koji su mi ovo namjestili, a ne godine, iskustvo i trice. Sniva sam ja njih više puta, a sad kidišu i na javi — đavolji isprci... A ne mogu mi ništa.
— Često čujemo reči: »zna da živi« i »nema pojma o životu«, čime se i kako to meri?
— To su batal priče, prdnjava ljudske sitnurije. Svak ima pojma o životu, ali — hvala Bogu — niko ne zna da živi. Ne živi se po mjeri znanja no po mjeri duše. Oni čija je duša nepokorna ne napuštaju svoja prava. Nekome pomogne slučaj, ili Božja volja — ko zna — a drugi plate za njih i za sebe, jer i đavo vodi računa o svom vilajetu — slažemo li se?
— Ne znam ja — rekoh — mnogo ni o životu ni o ljudima.
— Onda ne znaš ni o vinu, a kad ne znaš — natoči; sad će riba.
A ono što ti rekoh o nepokornima, ja im nalazim

podobije u ogromnim lađama koje teško i sporo mijenjaju kurs.
Uz večeru smo pili i razgovarali o moru.
— Mi pomorci — reče kapetan — ne prtljamo o beskrajnoj plavoj pučini, ne tepamo moru sladunjavim pjesmicama; mi znamo njegovu strpljivu i zrelu ljepotu, a to može znat samo onaj ko poznaje njegovu opaku ćud — jedno bez drugog ne ide. More zna bit krotko ka troma i dobroćudna životinja, ali kad se naroguši i uskipi — to je mitska pramajka bijesova. No more nije odavno ono što je bilo: nema više uzdrhtalog zagrljaja smjele duše i lude širine; nema ni prave družbe, niti prave borbe. Prirodini potkazivači su svuda dospjeli i sve opoganili.
Uveravam ga da ti »potkazivači« rade na sreću ljudi, ali kapetan duge plovidbe je neumoljiv.
— Na sreću, veliš... da ne kažem šta mislim o toj sreći.
U pozno doba noći podigli smo čaše Piriju u čast, i ja sam se pozdravio sa starcem, uz ako Bog dâ da se još nekad vidimo, da nastavimo...
— Barem još jednom! — naglasio je stari mladić s balkona, držeći se rukom za ogradu, dok sam ja silazio niz stepenište.
Noć je bila mlaka, zrak gust, a pogled na Mesec koji je klizio iznad žućkasto-providne koprene oblaka unosio je neku mističnu nijansu u ono što sam podelio s kapetanom duge plovidbe. (Ne pišem nikad nikome, mrzi me da pišem pisma, ali njemu bih pisao. A kad bih dobio odgovor, nacrtao bih nešto na istom takvom i tolikom parčetu hartije, a onda bih oba zapalio istovremeno — da proverim da li će goreti istom brzinom.)

Martin K.

Sve što je upućivalo na laku radost, na zadovoljstvo, on je primao kao pouzdan znak ljudske sićušnosti. »Nije naše da se uvaljujemo u besposlice« — govorio je — »no da se objeručke držimo Zakona, makar to ne služilo ni za što.«

Nesvakidašnji beše to čovek. Kad bi malko priseo (obično je stajao ili čučao) to je nalikovalo kratkom odmoru ratnika između dva plotuna. Ako ga je već naveo korak, ne bi ustuknuo ni pred zmijskim leglom. (Jednom je tako upao u klačinar i jedva se izvukao.) Nosio je vojničko odelo, »civilna roba je za žene«. Kad je spavao, jedno oko mu je – kažu – bilo budno i širom otvoreno. »Nema slobodnih ljudi, osim skitnica« – i to je tvrdio. Oskudno odevene nije podnosio, ni na plaži (samo bi škripao zubima i uzdrhtao duboko iznutra). Dogodi se – a događa se svašta – da nekom Maslovariću doktor preporuči da jede neslano – zrnce može, ali najbolje bi bilo ni zrnce. »Kako neslano, ko zec, kuku meni« – zapomagao je presoljeni čovek. To je bila velika prilika za starog Martina, i on je nije propustio. »Nećeš« – reče – »Maslovariću sam, moje mi časti, ja sam s tobom; ti možeš zrnce, a ja neću ni zrnce.«

Majci je za života napravio grobnicu. I mada nije sumnjao u majstora, u njoj je proveo dan i noć, u vreme jesenjih poplava, da se uveri da ne prokišnjava.

U njegovom travnatom i čistom dvorištu smenjivali su se petlovi, krupni i crveni; nabavljao ih je negde u Hercegovini, od nekog ratnog druga. Kokoši nije držao.

Kozar Hercegovac

– Ovaj posni i tvrdi džebelj smo naslijedili, a ko zna jesu li ga birali i oni koji ovdje prvi dođoše, ili im bi dat za muku. Tu smo otvarali oči, izbijali hljeb i hvatali vodu, sticali ime i trudili se da se održimo sa svih dvades' nokata i glavom okrenutom naviše. I mogu ti reći da bez neba ne bismo učinili ništa, pa smo stoga morali da sve stvari nekako udešavamo prema nebu. Grijali smo se na malim radostima, a za tužne misli nemadosmo vremena. (Ako bi nekog takve misli spopale, prepuštao im se na trenutak i u samoći, da ne zna niko, jer bješe zazorno vući svoj krst.) Govorili smo svi istim jezikom, sve nam bješe isto. Razdvajale su nas jedino naše kože, a i njih smo svlačili kad udari muka i zbijali se jedan uz drugog. I tako bí dok

smo valjali: od zemlje smo malo zavisili, ni u jednog od nas ne bješe je ni oka. Ali dođe vakat kad pretegnu zemlja, te udariše ljudi vjerovat da su jači što je više imaju. Sve što se može zagrabit rukom oteža i upregnu sve naše žudnje, a ako ponekom i osta listić neba morao je mudro da pripazi kud će s njim – jesi li me čuo.
A što se mene tiče, sinovče, ja više ni na vedro nebo ne gledam vedro, jer mi je pustoš skolila dušu izdaleka. Ali ne gledam ni tužno, prosto nemam snage za tugu... Umorio sam se, brate, kazat se ne može. Kost mi šapće da će skoro biti sa mnom sve jasno, barem odovud gledano, a ti mi dobro i zdravo bio.

Starac sa jezera

– Koliko ima do obale?
– O tom se nikad ne pitam. Znam da obala postoji i vjerujem da ćemo do nje stići.
– Dobro! – a da nam neka sila prevrne čamac, bismo li se mogli spasiti plivanjem?
– Ni to nije pitanje, božji čovječe, pokušali bismo, a nikad ništa nije unaprijed zagarantovano. Mi se ne spasavamo zato što znamo da možemo, već zato što to hoćemo. Poraza nema dok smo mi tu.
– Ali, lakše bi nam palo ako bismo znali da je obala blizu, to bi već povećalo naše izglede.
– Izglede?! Ljudi su se davili na metar od obale, a savlađivali su i okeansku pučinu.
– Jedan rimski car je rekao da ne treba ići u bitku ako je rizik da se izgubi veći od izgleda na dobitak.
– Ako se bitka mogla izbjeći, onda nije bila ni potrebna – to nije morao da nam kaže car. – Ali koja je to bitka vođena, a da se mogla izbjeći!? Niko ne ulazi u bitku da bi dobio, već da bi se tukao. A ako ima izgleda da dobije – to je pride.
– Zar se tuče i onda kad je uveren da će izgubiti?
– Nikad čovjek ne vjeruje da će izgubiti ako želi da se tuče.
– Gde je tu račun?
– U govnima. Ako ćemo pravo, nikad ništa nije bilo

dobijeno, a otimanja je bilo i biće. Sudbina, doduše, zna da ponekom odlomi dobar komad, ali ga zatim, iznenada i krvnički, udari po tankome – pa se dozvat ne može. Drugi, opet, kuburi s malo i ostane uspravan do kraja – sve je to, dobri čovječe, božja veresija. Jednom sam vidio bogat i lijep cirkus koji je preko noći izgorio greškom vlasnika, tako se pričalo. Crno zgarište je postalo pravi raj za golotrbe i radoznale Cigančiće. Od jedne do druge slike ne postoji ništa na što se možemo osloniti sa sigurnošću. Zapamti: sreća ti je konopac čiji je jedan kraj pri tebi, a za drugi ne znaš u čijim je rukama. Naše je da svojim dijelom upravljamo, a onaj tamo neka radi svoje.

– Ali, ukoliko se tim svojim krajem čovek opreznije služi, smanjuje mogućnost uticaja onog tamo.

– Smanjuje?! On samo misli da smanjuje. A i da je tako, ne zna se kolika je korist od tolikog opreza. I, što je još gore, ne pada slatko. Rizik je punoručniji od opreza, vjeruj ti meni. A biće da se nijesi ni uputio sa mnom iz opreza, tako mi se čini.

Veštim zahvatima vesla, u sporom ritmu, lađar je sekao modru i mirnu vodu. Za sobom smo ostavljali nešto prisno i pitomo, a pred nama se prostiralo senovito i opasno tajanstvo. Spore zvučne kapi crkvenog zvona koje se oglašavalo negde daleko kapale su u tu rečitu dubinu... Možda je ovo čas, pomislih, kad svi nesrećnici sveta kleče duž nevidljive obale i mucaju molitvu gospodnju?! A ja sam prispeo iz jedne velike kloake, kao turist, sa urednim papirima!

Nisa more

To mu beše uzrečica... A što imaše jabuke petrovače: krupne, rumene, sočne!

»Beri, beri, galiote, pobraće ih Taro Gusak. Ni gnijezdo u kitici topole nije sigurno od njega... beri, beri, nisa more, eee.« Uhvatio sam ga u jednoj skici, kao u zamku. Gledam to lice, borice oko očiju, oči tople i milostive... i tužne. A nikad nije davao maha tuzi – držao se kočoperno, okretao na šalu. Gledam ga, pa mi ga dođe žao.

Levo uvo sam mu odvojio od glave, na njega ništa nije čuo; to je moj pronalazak. A skakavac među prstima... kakav sam izraz usredsređenosti postigao!
»Nisa more, lafe, ti si pravi živopisac, ej.«
Znao je da popije, ali retko kad pre zalaska sunca. Sedimo za kamenom trpezom ispred njegove kuće, dubina leta a vetar odušio, ne može se bez košulje. Njemu dođe s ruke – dokopa iza samara zeleni bocun, otvori... Zamirisa mahnita tečnost, oštro i iskreno, na svoje poreklo, na Nojev greh.

»Drž, jebonja, sunce je zašlo na vedrinu – grom je rakija, nisa more; povuci, nema grehote, nisa ej. Pri kraju je a ima još, mora da se nađe za prijatelja, nisa more... Sve mi đavolisaše ovi alamani, Gusak i njegovi. Malo, malo pa klic kod mene, na po jednu, a ne izvire iz zemlje, nisa more, nisa... nije dobro. Gusak, hm?! Mlatikura, krade Bogu dane, a ovamo kuka na život: nema se, golo, boso... Šta je to Bog dužan Taru, rad bih bio znat, nisa more.

»Neki dan mi je slomio kosu posred sredine, ne može se prevezat – a, ja... Kad ga umah ne ubih, neću nikad. Povuci, galiote, povuci, ti si mlad čovjek, nisa more, nisa...« Umro je proletos, stojeći – samo se prislonio uz jabuku. »Nisa more, lafe, ej.«

Labud poverenik

Seli smo u kafanu »Lovac«, on i ja.
Gledam ga! U tom oblom starkelji otromboljenog, ukvarenog tela i vodnjikavih očiju, prepoznajem bivšeg sreskog poverenika kojem sam svojevremeno, na čudan način, stao »na žulj«.
– Ja plaćam, čast mi je – reče promuklo.
A onda se otkači i poče da drnda kao prazna vodenica: te ovo, te ono... peto, deveto – nikad i nigde dobra. Ostalo mi je u pamćenju samo to da je Partija za sve kriva, čak i za žestoku sušu koja se tog leta gnevno ostrvila na naš pitomi i rodonosni kraj. Najzad, nakon gomile neumerenih pohvala koje su se, jedna po jedna, otkidale s njegovog zadebljalog jezika, stari »čuvar pečata« prionu da me snabde nekakvim tehničkim uputstvima koja

mi mogu biti od pomoći u nastojanju da se održim u ovom smućenom i opakom svetu. Jer on je čovek koji se probudio na vakat, pa mu treba verovati!? Ali, činilo mi se mnogo važnijim to kako je govorio nego što je govorio. A govorio je »iz bunkera«, kao neko ko se, bez ijednog aduta, još uvek nada da će se vratiti vreme u kom je žario i palio – da barem još jednom zamahne, makar i kratko i slabo.
– Sad plaća Kopernik – rekoh.
– Ah! mani to, život od ljudi svašta čini – reče on.
Šta je to život učinio od njega i od mene; kako nas je sastavio, rastavio i, evo, opet sastavio?

Pre ravno trideset godina, nas nekoliko svršenih maturanata zaseli smo u ovoj istoj krčmi, koja se tada zvala »Crvena zvezda«. Bilo je leto, takođe vruće, ali drukčije nekako. Pili smo pivo, veselo i halapljivo. U uglu radio – besmrtni »Kosmaj« – na visokom stalku buvlje boje.

– Umirite se ili vrata! – pripretio nam je škiljavi Pešut, spretni i »zaslužni« kelner – za koji minut će početi govor, zar ne vidite koliko se ljudi okupilo!

I govor poče iznenada i silovito. Ciga, limarov sin, primeti potiho da govornik neće izdržati ako tako nastavi. Rekosmo mu da zaveže, da nas ne isteraju. Kamo se god okreneš – ozbiljna lica, niko se ne maša čaše. U jednom trenutku izbi gužvica na ulazu... Pijani nosač Sadik je pokušao da se uvuče, ali je veliki Pešut bio na visini zadatka.

Govor je tekao u istom tonu i ritmu, nasuprot Ciginom predviđanju. (»Ovim klindonjama nije jasno da su na dnevnom redu stvari od opštedruštvenog značaja«, primeti za susednim stolom čovek sa šeširom.)

– To je šef unutrašnjeg odsjeka – reče tiho Mele Buđavi.

– Da, da! – potvrdi Ciga, klimnuvši glavom.

– Koliko se ja razumijem, tema je maksimalno iscrpljena – primeti dugački Iković.

– Najavljuješ li to kraj, zamjeniče predsjednika razredne zajednice? – podbode ga Laza Pomantija.

– Dve ture za ovo, inače ću ja tebe dokrajčit – reče Iković.

I tako reč po reč, gotovo šapućući, dočekasmo i kraj govora.
 Ljudi odahnuše, poče muzika, Pešut priđe magičnoj kutiji i smanji jačinu tona... Naručismo piće. Pešut reče da će razmisliti o našoj narudžbi.
 — Jeste li čuli, momci, što kaže čovjek, a vi kradete bogu dane! — reče Kosto, upravnik zem. zadruge.
 A meni dođe s noge, te lupih: Čuli smo, gazda Kosto, govor je poučan, ali bih se ja između ovog govornika i Kopernika uvek opredelio za Kopernika.
 To je bilo dovoljno!
 Sutradan sam se našao, oči u oči, sa sreskim poverenikom Labudom u njegovoj kancelariji, na spratu, iznad Apoteke.
 — Jesi li rekao...?
 — Jesam.
 — Zašto?
 — Onako.
 — Znaš li, jadan brate, šta si izvalio?
 — A što je mane Koperniku?
 — Koga ti zavlačiš, magarčino, ja te pitam znaš li protiv čega si ustao.
 — Ali rekao sam da je govor poučan, nisam...
 Poverenik pozva pandura i zapovedi mu oštro: »Odvedi ga!«
 Tri dana sam proveo u zatvoru, nekadašnjoj konjušnici Kurspahića. I ko zna što bi se sa mnom zbilo da glas nije dopro do mog starog i cenjenog profesora matematike Selimovića?! Ovog dobrog čoveka nije mrzelo da zatraži prijem kod Labuda, u povodu moje stvari. Po pričanju samog profesora, ovako je tekao razgovor.
 — Ma to je prosto dječji nestašluk, druže Labude, nema u tome ničeg podrivačkog, i sam znaš.
 — Profesore, ako je i šala, više je nego neslana; ja ne mogu da začepim uši pred takvom izjavom. Mali je, uostalom, punoljetan — maturant.
 — Ma jeste neslana, đavo da ga nosi, ali računam da danas, barem među nama materijalistima, nema niko ništa protiv Kopernika. Ni sam govornik!
 — Znam ja, profesore, dobro ko je Kopernik — nemoj mislit da ne znam — ali ovdje ispada da nas

čovjek u kog se kunemo odvlači na stranputnicu, a zar on nije...
— Stari kopernikanac — reče profesor.
— Pa dobro, ali tim je čudnije zašto mali tu potura nekakav sukob?!
— Ma ne potura, Labude, kunem ti se, mali je to izbrbljao zato što mu se učinilo duhovitim, htio je napraviti vic... a malo ga je i drug Kosto izazvao.
— Kosto je radio svoj posao, profesore.
— Znam, znam, ali te molim da ostane na tome, dijete je valjano...
— Čuj, profesore, — da budemo otvoreni — ti znaš da ja tebe uvažavam, ali me ne možeš uvjerit da to nije ironija iz arsenala klasnog neprijatelja.
— Ali njegovi su svi bili na pravoj strani... koliko ih je samo izginulo!...
— To je tačno... popustiću. — Samo, neka se ubuduće čuva takvih »šala«, profesore, i neka utuvi u glavu šta mu je činit.
Te godine niko se od pomenutih maturanata nije našao na spisku stipendista Labudove opštine.

Robin Hud

A taj portret bradonje okružuje priča, daleka a divna; pričica svetla da svetlija ne može biti.
Moja mlađa sestra i ja brali smo jagode. Ona malecna, u crvenoj haljinici na bele tačkice — velika bubamara. U svetlosivoj kosi blista bela mašnica kao otvoreni vodeni cvet. Na nogama plave čarapice i žute sandalice — dar Crvenog krsta. Lice bledo a očice krupne, modre i vlažne. Pravo gospodsko devojče. A ja — ah da mi je znati kako sam izgledao?... Klečimo u podnožju vala (ogromnog mrkog kamena) i šaramo pogledima kroz travu, tražimo divlje bobice boje rubina. Odjednom nas prekri senka kao da oblak zakrili sunce. Podigoh pogled, a na valu čovek s bradom, ogroman — otkud takav i toliki?!
»Bubiceee«, reče muklo i otegnuto, ali blago i toplo, obraćajući se maloj M.
Sve posle toga, kao i obično, nije vredno pomena.

Trabuko

Verovatno slutite kako je dobio nadimak: spajanjem naziva dveju Verdijevih opera, TRAVIJATE I NABUKA.
Jednom, u društvu neke šik dame, pita on mene:
— Sećaš li se *hora Jevreja* iz opere *Trabuko?*
— Da! — kažem — tu je sedma violina, na prelazu iz alegra u alegro ma non tropo, kiksnula za pola tona.
— Ne! — reče — to je čuveni kiks četvrte violine.
— Dobro, tako je — rekoh — ali ja nikad nisam čuo za tu operu.
I reč po reč, dan po dan — ostade mu Trabuko.
Malčice sam se kajao zbog toga. Čovek je hteo da ispadne učen pred damom, a i poklonio mi je svojevremeno kutijicu pera koja je nabavio u Verdijevoj zemlji.
Danas ga ne bi spasila ni glava drvenog kumira sa Kamčatke.

Ciganin Oliver

(Doneo mi je jutros novine i bocu piva. Novine sam mu platio, a pivo je uzeo na svoj lakat. »Doneo sam« — veli — »da podelimo.«)
»Komšija, bre, samo li crtaš! Vidim ne radiš sa boje, para nemaš?! Skupa je boja, nabijem je na budžu, ali ja sam krao dok sam slikao. Toliko sam povrća i voća naslikao, bio sam rođen za lubenice, kad je vidiš — da je pojedeš... Ali sad je vrag odneo sve... Nisam mogao da prodam, narod ne zna da ceni, pa se toga nakupilo, navuklo prašinu... A žena, kako je glupa i prosta, sve isturila na portik dok sam ja bio poslom u Šapcu. Deca došla da traže stare novine i odnela. Joj što mi je bilo žao, udavit sam je hteo. Ne dam joj više ni dinar, nek crkne kalaštura. A kad pukne prva košava, isteraću je na ulicu, sreće mi.
»Ostalo mi nešto boje, komšija, daću ti, ne moraš da platiš.«

Posednik Živan

Imao je u svom dvorištu ranu trešnju, nadgledao je u zrenju, a sam nije bogzna voleo trešnje. Deca iz ulice, uglavnom Cigančići, molila su ga da im dozvoli da naberu — samo po šačicu.
»Ne može, nisu još zrele« — odgovarao je.
Jednom im je ipak dopustio, teška srca.
Kad je izbivao iz kuće, deca bi upadala u dvorište, preko ograde, i brala trešnje.
Ozlojeđen na decu, on jednog dana dohvati sekiru i poseče drvo. Pri vrhovima grana bilo je još dosta trešanja, deca ih nisu uspela dohvatiti. Ova ista deca koja sad jednogrlice mole s ograde: »Čiko, možemo li samo malo?...«

Crni Petar

Sreo sam ga na ulici, u februaru. Zasuo sneg, a vetar... kakav pokor! A on bez zimskog kaputa, u najlon košulji i olinjalom sakou, uvukao vrat u ramena, stiskao se iznutra, ćuti.
— Kako izdržavaš?
— Ne osećam zime — imam dobru potkošulju, tkanu.
Još je živ.

UVOD U BIOGRAFIJU (2)

— Kila, koliko imaš kila?
— Četrdeset osam, bez dare.
— Osamdeset četiri?
— Da... pitaš čoveka izreda, a on mirne duše — osamdeset četiri!
— Kako se osećaš pod tolikim teretom?
— Spreman sam da ustupim desetak bilo kome, samo da pod mojim imenom ostane što manje za bele male.
— Od čega boluješ?
— Od nestvarnosti.
— Stručno, kako se to kaže stručno?
— Tupani to zovu ludilom, a stručnjaci mogu navesti podugačak spisak egzotičnih naziva — vrlo poetičnih, uostalom. Recimo: taedium vitae, mizopsihija.
— Šta najviše voliš?
— Sneg na Kilimandžaru.
— A mrziš?
— Zavlačenje. Ako nekom smetam, neka mi čisto kaže: ti mi smetaš i tačka. A ne okolo naokolo: te gaziš travu, čitaš novine s kraja, te jesi li organizovan, šta misliš o novoj fiskalnoj politici, kako gledaš na emancipaciju... zar nisam u pravu.
— Tvoj hobi?
— Gajim škorpiona i pauka, to su moji kućni ljubimci.
— Jesam li nešto zaboravio?
— Jesi, da ućutiš.
— ...

DOK SAM ĆUTAO

Povremeno sam vršio veliki pretres fascikla, ladica, gvozdenih sanduka od italijanske municije, tražeći kakav zagubljeni dokument od značaja za moj javni opstanak. Nikad ništa ne bih pronašao kad mi je trebalo, a sve je bilo tu, na suhom, osigurano da bolje ne može biti. Onaj ko nije kušao moju muku, ne može ni da sanja kako NJ. V. Dokument ume da se ukurvi pod velikim pokroviteljstvom nereda!? Roveći tako, sve nestrpljivije, ja sam samo nered potpomagao. Negde na samoj ivici nervnog rastrojstva, stao bih da cepam raznorazne zabeleške, vođene mojim kineskim rukopisom, tokom godina: na kutijama cigareta, salvetama, marginama novina, poleđinama zabataljenih skica i crteža – na svemu što mi se našlo pri ruci. Šta je sve tamo pisalo, sam đavo zna – i neka zna.

Beleške koje slede, spadaju u malobrojne koje su preživele sve pretrese, a da ih nisam čestito ni otvorio i zavirio u njih. (Možda su se otele mojoj hitroj ruci ponajviše stoga što su vođene u posebnoj svesci sa širokim linijama i tvrdim koricama – lepoj starinskoj svesci!?)

Jednoga dana, u prisustvu dva čudna svedoka, Anđela mira i Anđela tuge, odlučih da rešim ovo pitanje.

Pročitao sam ih s izvesnim naporom, ali pažljivo. Iako dosta nevešto pisane i vladajućem stanju mog duha umnogome protivne, nisam se mogao odlučiti da ih uništim. U njima sam prepoznao nešto od onog odnosa prema stvarima i ljudima, koji je obeležavao određeni period mog života – vreme dok sam ćutao.

I evo ih, takve kakve su.

Na izvoru, pored zapuštenog Konaka

— Šta činiš tu, o nepoznati namerniče?
— Stojim opčinjen pred ovim mlazom vode što izbija iz tamnog trouglastog otvora pri dnu kamenog zida, obraslog mahovinom, i lučno pada u mreškasti bazenčić. Stojim i osluškujem potmuli i teški šapat Duha Zemlje u mirnoj noći punog meseca.
— I sve to vidiš i čuješ?
— Sve. — Ali ne mogu da se načudim dubokom tajanstvu senki; oživeće, bojim se...
— Kažeš da vidiš i čuješ, nepoznati namerniče, a ne znaš s kim govoriš. Šta onda vidiš i čuješ?
— Vidim i čujem, a što — ne znam.
— Vidiš vodu i topole u blizini, vidiš Mesec na nebu; čuješ žubor i strah u grudima — i za tebe to znači videti i čuti.
— A šta bi trebalo da vidim i čujem?
— Onoga koji govori s tobom moraš razumeti da bi video i čuo.
— Nije mi dato, izgleda.
— Kako bi se osećao kad bi znao da u Konaku nema konakdžija, da je ovo noć njihove velike šetnje, da te okružuju, a ti ih ne vidiš i ne čuješ?
— Počinjem da razumevam, čini mi se.
— Ako osećaš da je sve što vidiš i čuješ Nešto od tebe daleko — i pragovor vode, i šapat Duha Zemlje, i nemo narečje nebeskog šetača — onda počinješ da razumevaš. Ako ne osećaš, onda se još greješ na lažnom uverenju da su spavači u Konaku i da se tamo čuva mesto i za tebe. Ko si ti da pominješ Duha Zemlje?
— Niko.
— Usmeri onda svoje kratkometne misli, površniče, prema svojoj sobici, pridruži im svoj trapavi korak i skloni se. Sad si prošao dobro, a ubuduće ne budi toliko tup da zabadaš svoj nos tamo gde se odlučuje o stvarima kojima nisi dorastao. Upamti da je sudbina neopreznih nečitka.

Gdje je sad?

Vidim sliku: starica pokazuje belim štapićem u pravcu naselja koje on dotad nije video. Dečak gleda zaneseno u rumeni okrugli prozor na visokoj kuli – sunce je na zalasku. Gleda svojim čeličnosivim očima i žmirka. Na njemu košuljica već prodrta, s mrljom na džepiću. Gde je on sad?

O drugaru i ovci

Nisam imao više od osam, možda koji mesec, sećam se tad sam slomio nogu. Držali smo ovce, neke žuje hercegovačke. Jedna me profilom mnogo podsećala na mog drugara iz razreda. Prikupim se i pitam oca odakle nam ta ovca, jesmo li je kupili... i izgovorih ime sela u kom je moj drugar živeo. Otac mi je odgovorio da je od naših i da se doma podigla.
Za mene tajna tu nije prestala, samo se uvukla još dublje u pećinu. Kako da verujem ocu kad su ovca i moj drugar ličili jedno drugom kao što mogu da liče brat i sestra? A opet znam da je otac rekao istinu.
Kako da ih nacrtam u istom liku?

* * *

Mur je voleo ovce i predivno ih je crtao. Ja se nisam usudio... a što mi je jedna slika ostala, kao priviđenje!
Ja pred starom kućom, a one tople bele gomilice u smrzlici jutra žvaću seno lakomo i zaneseno. Kako da to nacrtam?
(Te ovce su u leto četrdeset druge uglavnom pobijene mitraljeskim rafalom. Volja koja je stajala iza tog čina, tražila je nekog drugog. Ali, ipak je napravila posao. Ranjene su se ucrvljale, pa ih je ded morao dotući i baciti u jamu. Zvono s ovna je obesio o drvo pored jame. Pred očima mi je slika jagnjeta koje je sisalo svoju mrtvu majku, veselo vrtkajući repom.)

Koza

Na ćuviku iznad starog mlina, stoji. Beše pred mrak, neko neodređeno vreme: na izgled mirno, a podmuklo. Ote mi se pogled na ćuvik, vidim – koza. Skupila sve četiri na podlanicu prostora, digla glavu – ćuti. Jedno uvo oklepila, a drugo otvorila prema zapadu i njim jedva primetno trepće. Ja gledam kao omađijan i osećam da muka koju sam godinama vukao polako spada s mene. Nevidljiva nit, ispredena iz srca stvari uvrzla se u uho tog nepredvidljivo nestašnog stvora i radi li radi... Iznad modrina, nezavisna i moćna.

Pomislih da je zlu došao kraj i da će moj iskrpljeni kaputić koji mi je dodeljen od Crvenog krsta osvanuti nov i beo.

Obradovovan

Dok sam ga posmatrao kako mirno čupka travu odjezdio sam u mašti do njegovog mitskog pretka koji je izgoreo na brdu Moriji, umesto Isaka, kad je Gospod blagoslovio Avrama.

Bog je, pomislih, tog rogatog i dobroćudnog preživara stvorio u prvim danima stvaranja. A sad je došlo vreme da zatrubi u njegov desni rog, ne bi li se sakupile izgubljene *ovce Izrailjeve* da svedu račune.

Skica za sliku

U selu, kod Galića. Noć uveliko uhvatila. Nebo kao more, tu i tamo poneka usamljena hrid oblaka. A na jednom mestu tri hridi se dodiruju. Između njih Mesec, potišten ali još uvek lep (hladno oko neba, rekao bi pesnik). A tamo iza njega biserna mrežica, varljiva nekako...

»Ako raj postoji i ako ima vrata, ona su tamo« – reče Galić. A onda odabrasmo svaki po stablo šljive i pošteno se ispišasmo.

Zrelost

Ništa nije ni umno, ni dostojanstveno, ništa nije lepo, ni mirno, ni duboko, a da istovremeno nije i zrelo. Reč zrelost je objedinjujuća, sintetička reč – drugo ime za onu graničnu tačku u kojoj se gubi razlika između osvojenog savršenstva i početka kvarenja. Bogatstvo koje ovaj pojam sadrži može biti samo manje no što jeste; zrelost je ravnoteža svih stvari. Da bi se to osetilo, u ovu reč se mora uploviti tiho, bez ijednog zaveslaja. Kažemo: zrela je jabuka, zrelo je žito, zrelo je vino, zreo je čovek. Ali sve to samo nam pomaže da se približimo duhu zrelosti, to su stanice na putu ka njenom oblom i mirnom srcu, a da bismo u njemu zaseli moramo reč zrelost dovesti u najprisniju vezu sa rečju vreme. Trenutak zrelosti je trenutak slobodne ukroćenosti, u kom je sve što jeste takvo kakvo jeste samo stoga što će u sledećem trenutku biti nešto drugo.

* * *

Šetao sam pustom obalom u predvečerje. Šetao sam koncentrisano, opsednuto poput mesečara. A, opet, izvan svakog svesnog interesa. Šetao sam kao otvorena, čista lutalica – videći stvarno i sluteći nestvarno u isti mah. Savijen u pojasu puzio sam pogledom po oblom kamenju, u onom uzanom prostoru u kom se ritmički smenjuju uzdisaji i izdisaji dremljive i moćne stihije. Raznovrsni oblici usitnjenog skamenjenog sveta, nudili su se mom izbirljivom oku. Posmatrao sam te grudvice milenijumima zbijane tišine, koje sama ideja glatkoće čuva od tuposti, kako poslušno i verno ispunjavaju ćefove prevrtljive stihije – čas šeretski dobroćudne, čas gnevne i razbesnele. I slutio da zbijanju nema kraja u ogromnom rasponu žudnje. Oplemenjena mekoćom svetla, čudnovata igra budila je u meni želju da se u nju umešam uloživši svoju golu i toplu put. U stvari osećao sam da za to postoje dobri razlozi, ali ih nisam bio svestan. Možda mi to nije dopuštala bojazan da bih tim činom uveo u prastaru nevinost tamnu klicu greha, proteinsku infekciju, jer šta može značiti želja živog stvora da se umeša u živi sklad sunčevog osmeha, penušavog kikota vode i razdraganog komešanja »preistorijskih jaja«!? Odgovor je skriven u pretećoj dubini tamne krvi, u mukloj i nabrekloj tišini žlezda – s onu stranu varljivog svetla inteligencije. A možda sam neosnovano nasrnuo na sebe, opterećen nedotupavim naukom koji odvaja greh od nevinosti ne razumevajući ni jedno ni drugo; možda to sama moćna priroda ponavlja predigru stvaranja, uvek iznova, otvarajući pred ljudskim duhom tajnu inicijacije, obasjavajući tako samo dno pećine postajanja. Ako je tako, onda je moja želja na najdublji način zakonita.

Oblutak u vodi bleštao je kao dragulj pod kosim zracima ljubičastog sunca na pragu zalaska, posegnuo sam za njim da bih se za koji sekund uverio da se on ne razlikuje od svog suvog i žednog brata s druge strane linije koju kontroliše subverzivna snaga vode. Na boju nisam mogao računati. Morao sam se pomiriti s prevarom koja mi je teško padala.

Išao sam, kamo sam išao? Nastaviti put, jednako je imalo smisla kao i vratiti se. Uskoro sam ostavio za sobom goli šljunkoviti pojas i stupio u senoviti prostor sitnog peska, načičkan svakovrsnim primorskim rastinjem različite visine i starosti. Okerasti tepisi suvih pinija mestimično su prekidali za koju nijansu svetliju peščanu stazu... Nisam čuo svoje korake, ništa osim ritmičkog šuštanja vode s moje leve strane. Udisao sam punim plućima, prijao mi je miris joda... Možda hodam stazom davno zapuštenog, izdivljalog parka koji je nekad okruživao znamenito svetilište ili tvrđavu/zamak nekadašnjeg moćnika od kojeg, na moje dobro, nije ostala ni koščica?! Išao sam sve opreznije, svečanije, sa sve više obzira prema nekoj slatkoj i mirnoj, a rečitoj jezi. Išao sam nikuda... Obala čista, prošarana svetložutim pletivom sunčevog svetla. Sudeći po senkama bilja reklo bi se da se velika senka noći uveliko spušta iz nebeske visine i uskoro će poklopiti dan... I taman da se upitam nisam li prestupio, nisam li previše iskoračio iz sveta čulne kontrole, kad na pedesetak koraka od mene, na poširokom proplanku, ugledah trošnu zidinu. Približih se.

Okolo sivomrke kamene zidine uski pojas sintozrnaste crvenkaste zemlje, prošarane busenjem tvrde suve trave i pokojim tankim štapićem oleandera s tamnozelenkastim uskim lišćem i otrovnočivitnim cvetićima... Bio je to ostatak stare bazilike čiji je skršeni zvonik počivao na gomili natrulih komadića obrađenog drveta, pepela i kojekakvih zarđalih klamfi, šipki i smotuljaka žice i raspalog crepa. Bilo je jasno da je sve tu davno dovršeno i ustoličeno u svom sadašnjem obliku, sasvim nezavisnom od negdašnjeg. Moja radoznalost pred tim se nije kretala u onom istraživačkom, civilizacijski osveštanom smeru, već se, sasvim ukroćena, mogla uporediti s pticom koja je tu sletela – da otpočine. Popeo sam se na najvisočiji deo zidine, seo na kameni blok koji mi je svojom glatkoćom zapeo za oko i zapalio cigaretu... Gola leđa sam okrenuo zalazećem suncu, podatno se prepustivši mekoj oproštajnoj milosti njegovih zraka, uz moćni šum večne vode... Iz temelja zida pod oštrim uglom izbilo stablo smokve debljine ljudske mišice, i, na metar od zemlje, razvilo se lučno u tri potanje grane, obrazujući oskudnu krošnju s proređenim i po obodu smežuranim i požutelim lišćem. U senci jednog lista šutio je tamnoplavi plod, nabrekao kao sisica u sasvim mlade nimfe – jedan jedini! List se savio oko njega blago i čuvarno. (Mudra je, pomislih, smokva dok je tako dobro udomljena u debelici zemlji da joj ni svet julske žege ne može popiti »krv«, a čovek je luda!)

Spustio sam ruku da ugasim cigaretu s obavezujućom pomišlju šta sve može nastati iz te đavolski cinične i podmukle vatrice, kad mi se pogled sveza za pastelno-šareni učkur koji je sporo i jedva primetno vijugao talasastim obodom trošnog zida... To majstor poskok klizi bešumno, poštuje zrelost trenutka! (Nije li to jedan od mnogobrojnih pojaseva same Bajadere, raskošnim ruhom prebogate moćnice!?) Oče, skoče, poskoče, ti puziš kao što puzi dan koji odlazi i noć koja dolazi; ti si mudar i smokva je mudra, a čovek je ludi mali kralj čežnje.

Kako bi bilo lepo kad bih se mogao vratiti natraške tamo odakle sam i došao... I dok sam se u duši opirao banalnoj sudbini običnog šetača koju nisam mogao izbeći, nekakav tvrdi zgomilani trapat probi u moju od zrelosti otežalu čežnju za nimfom-ukrotiteljicom, rođenom iz zagrljaja vlage i vatre, i ja spazih starca s ogromnim nosom, u poluležećem stavu: posmatra pažljivo kako magarac obigrava oko svoje družbenice. A kad mu je stala, nosonja se promeškolji, pritegnu jednu nogu i glasno reče, ali kao za sebe: »Ala joj ga zakopa! Sve oće, neće, pa ajd; i to joj ga muški zakopa... kako se samo povi, pusta! Tako i treba – iz zagona na svoja vrata.« A onda se nasmeja iz trbuha, groktavo i sladostrasno.

Osmotrih ga i rekoh: »Stari, šta ti radiš ovde?«

On se pospravi, protrlja oči, upre svoj pogled u mene, pa reče:

»Čuvam tu vodu da je magarad ne popiju, zar ne vidiš koji je oganj u njima.«

Odlazeći, čuo sam nosatog starca-magarca kako peva:

»Čiti, mati, devetati,
Devet kuri, bumburi...«

Veliki veštac i deca

Objavio je da je on lično deci poklonio smeh. Na dečjim igračkama – koliko ih god u to vreme beše – stajaše njegov monogram. Iza svakog njihovog zalogaja hleba i gutljaja mleka uvede pauzu... da bi se izgovorilo njegovo ime – toliko dugačko i rogobatno, kao da je uzeto iz nekog drevnog teozofskog registra, da su deci oticali jezici. Ti musavi i mali početnici u ovoj velikoj kaljuzi što je svetom zovemo, otada življahu pomanje za sebe, a poviše za njega. Jer, bi im rečeno da će svako nepočinstvo usporiti njihov rast; moglo se samo odrasti u skladu s njegovom voljom. Deca to shvatiše ozbiljno, jer beše im draže da odrastu, kako-tako, nego da greše. Ruku na srce, ponešto im je i opraštano, a ponešto ostade i sakriveno.

Pre i posle toga moglo se svašta čuti: te da je ljude stvorio Bog, te čika Francisko, te da ih je donela roda ili su se stvarali sami... ali u vreme starog Vešca tačno se znalo ko je tvorac i šta su njegove rukotvorine.

Majka Velikog vešca

Upućeni dobro znaju da je ona rođena sestra Miltonove vratarke pakla — dopola žena, otpola zmija.
Dok njen sin spava, ona bdi nad sumnjivim i zločestim svetom kom se uvek može još nešto oduzeti.
Šta su zvezde na nebu naspram njenih očiju? Škiljave male svećice u kojima više niko ne nalazi utehu.

Veliki veštac na izvoru

— Sklopi šake u grsti, namerniče, i pij koliko ti duša hoće, ovu blagodet sam tebi namenio, samo pazi da ne zamutiš vodu koju sam jedva izbistrio.
— Voda je već mutna, dobrotvore moj, — reče namernik, i umre od žeđi.
Koliko ih je i ko im je kolovođa? — pomisli Veliki veštac u gnevu svome.

* * *

Priču o Velikom vešcu ispričao mi je Nikolaj Vasiljevič one noći dok smo brodili Zapadnom Dvinom. Kad je došlo vreme da se rastanemo, ludi Hohol ispruži kažiprst desne ruke i uspravi ga put neba. Tamo gore, na čistoj i bezdušnoj pučini, Mesec rumenožut — kao ciganska tepsija. Oko njega titra seljenska maglica... — Уже пара! — reče Nikolaj Vasiljevič — i uzjaha svoju metlu.
Ispratio sam pogledom čoveka-čarobnjaka čija je zasluga u potkopavanju strahovlade svih veštaca (jer oni dolaze i odlaze) neprocenjiva. A onda sam i ja učinio isto.

Luda melodija

Beležim jedan san, mada zazirem od toga da krčmim snove. (Snovima se ne ukazuje pažnja kakvu zaslužuju.)
Obreo sam se u staroj kući u kojoj je moj otac završio život onako uzvišeno. Spavam na njegovom krevetu,

i sanjam. San u snu! Podiže se oluja, hoće kuću da satre. Stari hrast ispred kuće zaljulja se kao trska, uz jezivu škripu... Izvaliće se iz korena, pomislih!... Slušam ludu melodiju i, što je najčudnije, nalazim u njoj nešto svetlo i lepo da poželeh da nikad ne prestane... Kad sam se probudio sve je bilo mirno. (Sam sam u stanu, Grgur je na putu.)

Kasnije sam tu istu melodiju čuo više puta, na javi, sasvim iznenada. Počne neodređeno, a onda prepoznam ono što sam tada čuo, ali sve to traje toliko kratko da nikad nisam sasvim siguran da je to baš isto. I, za razliku od one noći, jedva je čujno.

U poslednje vreme luda melodija me pohodi sve češće. Doleti s neba, ili izbije iz srca zemlje, pa umukne. Kad bi se oglasila punom jačinom i potrajala duže, imam utisak da bi svet bitno promenio svoj izgled: došlo bi do rekristalizacije svih postojećih formi. Ali to nije moguće, osećam da nije. Mora biti, doista, da se taj zvučni sklad zameće predaleko ili preduboko i da do mene dopire kroz gustu i višestruku nečistoću, te je ovako jedva čujan! Da li to da razumem kao opomenu Stvoritelja na ivici strpljenja, kao glas Spasitelja, ili kao lelek onih koje podaviše ruke silnih udružene s glupošću umnih i bezumnošću poniženih?! A zašto uopšte da razumevam?...

»*U krugu krug*
Igramo valcer
Ja i moj drug.«

Preistorijska plaža

Nađoh se tamo, sam samcit, u predvečerje – dan je neki, u mesecu nekom, teče neka godina. Mlako zalazeće sunce mi blago greje umorna istorijska pleća, nikad neću zaboraviti umilnost te topline. I ko zna po kom pravilu, jer pravila je premnogo, učini mi se da sam se vratio sto hiljada godina unazad. Sve je novo i mirno: i široka žuta obala i beskrajni vodeni svet ispred mene, rasprostrt poput blagotalasaste modre folije; nigde glasa. Ja sam živ, još sam grozno mlad, i poživeću dugo, dugo...

A opet život moj je predaleko od mene, on me se nekako ne tiče. Nedaleko, s moje leve strane, kao krdo ovaca, drema zgomilano oblo kamenje, optočeno lukavim senkama. Šaram pogledom po toj moćnoj skupini formi i izdvajam neizmerno daleke nagoveštaje ljudskog lika. Možda su ti postojani, večno zarobljeni čuvari obale, koje je, tokom milijardi godina, izmodelirala titanska upornost vode i sunca – nekad bili živi, i jedino po njima drevne priče o džinovima imaju smisla!?

Smatrao sam da bi bilo odveć drsko od jednog nedonoščeta istorije da klekne na kolena i zamoli Tvorca da ga istog časa njima pridruži. U stvari, znam sebe dobro. Znam da se pozivanjem na drskost samo izgovaram. Kad bih imao privilegiju viteza Galahada, da mogu umreti kad to zaželim, uvredio bih sve bogove svojom nezasitnošću.

U jednom selu na jugu

Anđeo mira je preletao iznad naših glava. Ni zvuka, ni pokreta... Na korak-dva krmeće korito, skoro puno tamnozelene meće. Pored korita devojčica sa belim cvetom divlje ruže u desnoj ruci. Nadvija se nad koritom, ispušta cvet. On se zabada peteljkom u gustu, slegnutu masu. Krunični listići podrhtaše, a onda kao na komandu otpadoše od središta. Osta goli brežuljak zrnaste građe iz kog su virile tanke dlačice, po vrhovima nadimljene svetlim okerom. Dlačice su podrhtavale, stvarajući utisak jedva primetnog nimbusa oko golog središta.
»Ima li nade, Majstore?« – reče D.

Na zalasku dana

Uperio je pogled u konopac koji je visio o grani velike stare košćele. Dva kraja konopca, na pedalj od zemlje, zavezana su u krupni čvor. To je bila ljuljaška njegovih ljupkih i nemirnih unuka.

Duž oba kraka konopca podrhtavalo je beličasto paperje. Odakle ono i kako je prionulo za konopac? M. je osetio moju radoznalost, pa reče kratko: »U izbi su kokoši.«

Paperje je bilo sasvim sitno i treperilo je nekako nestvarno, kao kad kažeš – pusta želja. Posmatrao sam to nešto što istovremeno postoji i ne postoji, zavisno od nečega još manje dokazivog. Odjednom sam skrenuo pogled na M. Kao da se zaneo u san, onako dremljiv i težak?! Ne, sigurno nije bio među nama. Zagledah se u to opušteno i potamnelo lice starca... O čemu može da sanjari čovek na zalasku dana, i života, dok posmatra brzo treperenje dimljivog paperja, prionulog za tvrdo usukani konopac čija su se dva kraja spojila u masivno klupko, teško kao ljudska muka?

Ropstvo

Leto, u Dalmaciji. Sedim pred kućom bradatog ribara. Hladovina pergole čije se lišće zgrčilo i napola požutelo, ne pomaže mnogo. Zatvorim oči, ljubičasti slap... Nedaleko, ukraj dvorišta, leži pas. Pribio se uz veliki kameni blok, dahće. Svezan je za divlji orah, ali mu je sindžir dug i predug... Sindžir je bio omotan oko napuštene košnice, pa oko stare procrkle smokve, tako da pas nije mogao ni za metar da se pomakne od mesta gde se primirio.

»On više ne zna« – reče moj domaćin – »na što, grdan, da se požali. Tražeći ladovinu on je mlatarao i mlatarao sve više se zapetljavajući, pa mu je sad na božju viru barabar za što je svezan.«

Organizovani pad

Možda je ovaj skandal koji je čovek otvorio svojim ponašanjem prema prirodi – usudna zamka?! Zašto priroda ne bi mogla biti toliko lukava da, prividno se pokoravajući čoveku, temeljno priprema njegov pad? A čovek, i kad bi postao savršeno svestan toga, ne bi mogao da se odupre padu jer je na njemu organizovao ceo svoj uzlet. Šta onda reći o čoveku ako ne to da je on

organizovani pad sa mnogo lica koja sve neumitnije tamne – jedno po jedno!?
Ovo što rekoh toliko me uozbilji da ne bih savetovao ni najbezazlenijoj mušici da mi u ovom trenutku sleti na nos.

Jedno popodne

Sedeći tako u svom nepodnošljivom stanu, jedno prazno popodne, otvorih radio – greškom – kad poteče govor iz te smešne kutije, nalik na ljudski. Čuh razgovetno reč *kiša*, ali mi to ništa ne kaza. Kiša?!
Već danima bludim po ovoj bečalini, bolesno zdrav kao i uvek... Upravo sad pružam ruku da dohvatim šoljicu gorkog čaja, i čudim se kako ruka spretno hvata posudu – kao zverčica plen. Ne osećam da je to moja ruka. Jeste ruka, nema zbora, i izgleda zanimljivo, ali zašto se tako zove?... Ruka, ručica.
Pauk miruje u središtu svoje mreže, možda će mi on doći glave...
Svi misle da sam kriv, i jesam, a znam da nisam.

Figurica Spasitelja

Ostala mi je od bake figurica Spasitelja. Slepa! Ne, ona ima oči ali su nalivene ko zna kakvom prljavom smolom, mrkom i teškom, od olova beznadežnijom.
Šta ja imam s tom batal-lutkicom?

Tuga

Najdublje se može osetiti pred vratima usamljene i davno napuštene kuće u kojoj je nekad živela mnogoljudna porodica, ili na ulazu u groblje.
U oba slučaja sve je okončano, zauvek je nestalo ono što je bilo toliko mnogo. Kako je nestalo nešto što je toliko bilo?
Nema većih svetilišta za ohole, proste i lakome od

tih mesta. Ako ne osete skrušenost pred pustoši gubitaka i ne postide se samih sebe, barem blago i na trenutak, onda je njihov ljudski identitet veoma sporan.

Balon nada

Vreme sve hvata u zamku — svaku zamisao, svaku nameru — ali nadu ne može ugroziti. Najviše joj može nauditi ako je natera da uhvati u zamku samu sebe. Onog trenutka, a to može biti dug trenutak, kad nada prekrije polje faktičkog, pa se smetnje ne vide jasno i zanemaruju se, u dušama gorkim i čeznutljivim buja lažna vegetacija — mar i oprez daju vizu lenčarenju. To je »balon nada«, čija je žrtva izložena riziku očajanja. Što je više pritešnjena, sve smelije poseže za čudesima da bi ugroženo moguće ojačala snom o nemogućem.

Kad uhvatim sebe u tom snu, trgnem se od stida. Priznao bih najteži greh, ali takvo sanjarenje ne bih nikad.

Vreme preživara

Ima vremena kad se za ciglu godinu toliko izdogađa da ljudi ne stignu ni da dogođeno čestito uknjiže. A ima i onih u kojima su decenije i uske i kratke da bi se u njima išta moglo učiniti. To su troma, ustajala vremena — vremena preživara. U tim vremenima ljudi preživaju ono što im je ta godina nanela, bilo da je reč o dobru ili o zlu. I tako se vuku stešnjene duše, čekajući da ih »voda« negde iznese, da se makar nešto dogodi što bi podstaklo dremljivi duh i zabavilo hitri jezik.

Dobra i zla stanja duše

Dopao mi se Muzilov iskaz da misao ima svoja dobra i zla vremena. Posebno me zanima specifičan vid značenja tog iskaza.

Ima, naravno, dosta iskaza (u mom iskustvu ponajviše je reč o stihovima) za koje smo uvereni da ih razumemo. Mi ih, doista, razumemo kao verbalne konstrukcije, ali retko kad osećamo njihov unutrašnji prostor, onu lepotu zatočenu u njima koju, tek kad je nadahnuto pojmimo – i to odjednom – oslobađamo iz zatočeništva. Isto biva i sa slikom, tačnije sa svakom umetničkom tvorevinom. Ali gde god kroči sreća, tamo se nađe i njena protivnica nesreća. Ona nas uzima pod ruku i odvodi u čamotinju iz koje smo, nakratko izašli. Ono što smo osećali, više ne osećamo. Suočavamo se iznova s golim i suvim poretkom znakova, međusobno zbijenih, tvrdih. No, ipak, sad znamo što ranije nismo znali. Znamo da je tamo nešto skriveno i da ćemo to, sticajem srećnih okolnosti, ponovo otkriti.

Propadanje

Za mene je propadanje uslovljeno nesaglasjem između onih sredstava koja nam pomažu da održimo goli život i onih, drugih, bez kojih je nemoguće sačuvati dušu. Katkad je taj raskorak ubitačan. Ali nije toliko odlučujuća veličina raskoraka koliko dužina njegovog trajanja. Jedan golemović mi je rekao da sam previše strog u zahtevima koje upućujem životu. Strog i nestrpljiv! Bojim se za njega.

Nemio događaj

»Drugi svetski rat nam je doneo nebrojene žrtve i teške gubitke« – kaže jedan referat. (A ja sam sreo staricu na Kalemegdanu koja je nosila pticu sa slomljenom nožicom. Ide, kaže, na Veterinu da joj tamo ublaže nogu!) Da li se zaista može reći o drugom svetskom ratu to što je rečeno? Zar nije bolje »saviti trubu« pod mišku, uhvatiti glavu u šake i ćutati kao što ćuti bačva nalivena katranom?! Imam i drugi predlog: da se izgovorena rečenica snimi na traku i povremeno pušta danima i nedeljama preko zvučnika na glavnom gradskom trgu. Slušaoci će tako steći pravu sliku o našem odnosu prema tim »žrtvama i gubicima«.

Opravdanje

Uskočio je u autobus, kod SIV-a. Još mlad i lepo odeven, u ruci je držao tašnu sa znakom poslednjeg saveznog partijskog kongresa. Zahvalio se vozaču na uviđavnosti što ga je malčice pričekao, a onda je prošetao pogledom po autobusu kao da nešto proverava (verovatno je tražio mesto da sedne). Hitro je ustao uglađeni starčić i ponudio mu svoje mesto. On je to smerno odbio, ali je starčić ostao uporan. Popustivši pred tom svesrdnom upornošću, mladić se uputi prema sedištu imitirajući čoveka koji hramlje.

Ne smem lagati

Moj prozor je jedan od mnogobrojnih na velikoj sivoj i glupoj kućerini, toj merkantilnoj podvali sumanutog Danas... Otvaram ga – ja, stari nesaničar – a mesečina se razlila po balkonu, sedefasta i hladna da oči bole. Šta je to ako nije tihi i mudri osmeh Apsoluta, zagonetniji od najzagonetnijeg snoviđenja?! Raspučeno nebo mi kaže da od mene ništa ne zavisi, i da ne smem lagati.

Varljiva čula

Sasvim iznenada nešto zasija u travi, ukraj puta, na bunjištu... Učini mi se da je to nešto izuzetno dragoceno – putokaz u drugi, bolji svet. Kad tamo: obična metalna krhotina, parče zgrčenog šarenog papira, smotuljak žice. U kakve nas sve zamke uvaljuju varljiva čula!? Umesto da nam nešto otkriju o stvarima, čulne senzacije odvlače nas od zakonomernosti zbivanja – nude nam uzlet i poniženje u istom paketiću. Zaključujem da su sve slutnje koje imadoh smelosti da uzdignem do nečeg jedinstvenog i za moj život bitnog, u stvari samo plodovi moje duboke i potkupljive čežnje kojoj ni podsmeh ne može nauditi, ma koliko bio britak i otrovan. I dok ovo kažem osećam stid kako nadolazi izdaleka i polako. Široki i hrapavi jezik stida oblizuje praslovenskog ništaka koji je poverovao u naklonost sopstvene senke.

Zagonetka

Kad u velikom gradu, u tri posle ponoći, sretnete starca koji vodi psa, to je već prava zagonetka. Utisak koji ostavlja na mene ne dopušta mi da mu kažem: Dobro veče, gospodine.

Način mišljenja

Stojim na tramvajskoj stanici, nikakav sam; dvadeset minuta čekam to tvrdoglavo vozilo. Postariji čovečić pored mene je još nervozniji, krši ruke, obraća mi se: »Šta da se radi, lupeška posla!«

Tramvaj se zaustavlja na semaforu, muci nema kraja... »Semafor na pet metara od stanice, pa to nema nigde, prosto rade što hoće« – opet se oglasi čovečić, ali nije mi do njega... Gledam: fino obučena ljudeskara zavaljena na prvom sedištu, otegla trbuh, zabacila glavurdu – spava!

Na stanici se prikupilo prilično sveta, umornog i narogušenog od besa; svi čekaju da prođe taj minut--godina. Imam utisak da većina bulji u to kao od brega odvaljeno telo:... Čovek spava, šta tu ima da se kaže, ali nije baš tako. Meni lično to dođe kao nešto stidno. Muškarac krupan, zreo, nacifran direktorski, spava naočigled sveta u aprilsko popodne; spava kao malo dete koje se ni za šta ne može optužiti!? Otkud mu pravo na toliku bezbrižnost koja ga neizmerno udaljava od ljudi i stvari kojima je okružen?

»Ali se taj natreskao!« – primeti večiti čovečić sa zlobnim zadovoljstvom, ovog puta više za sebe.

On je »iz pika« objasnio ono što će meni zauvek osati nejasno! Ko je taj usukani starčić? Kad bih prihvatio njegov način mišljenja, zaključio bih da je ostavio piće nema ni mesec dana.

O, pustoši gubitka!

Pozna jesen, na obali Neretve. Idem, nogu mimo nogu, pametan čovek bi se zakleo da nešto tražim. (Tad sam bio ostavio duvan.) Vreme mirno, vedro i inteligentno – hercegovačko. Odjednom zaigra vetar, oštro i sitno, kao čigrica, nekako odozdo nagore, strže i zavitla žućkasto lišće sa starog oraha – pa prestade... Vidim da je sve spremno, ali otkuda tolika naglost, taj pakosni potez vetra mimo generalne naredbe jeseni?

Vodeni cvetovi

Posmatrao sam jedne prolećne večeri u Barama lužanskim kako se zatvaraju vodeni cvetovi. Odlaze na spavanje! (Znao sam za njihovu predivnu osobinu da se zatvaraju večerom, a otvaraju ujutru da bi izložili svoje široko i mirno oko dnevnoj svetlosti, s punim poverenjem.) Za njih ima i noći i dana, pomislih. Bilo bi užasno kad se jednog jutra ne bi otvorili. Napravili bi tamnicu od svoje lepote i u njoj sveli. Bilo bi užasno kad bi vodeni cvetovi posumnjali u gostoljubivost božjeg dana!

Svet-mravinjak

Svet je postao mravinjak u koji je neko udario nogom. I šta sad? Zar nije uvredljivo naklapati o pravdi, o ljubavi, o ljudskoj čestitosti!? Za mene to nije ništa drugo do humanističko smeće koje svaka propaganda vekovima razgrće. Zato, čoveče, ne uspinji se na vrhove prstiju i ne laži, no stani čvrsto kao kad staješ na vagu i govori svom težinom.

Slutnja

Slutnja nije stolica s naslonom. Ona to postaje tek ako čovek sluti ono što i želi. A u tome ima nečega svinjskog... Slutnja nije ni skok u provaliju. Ona takvom biva iz perspektive tvrdih račundžija. A u tome ima nečeg tupavog i primitivnog. Slutnja je tako ćudljiv dar da ponekad ne zna da ga poštuje ni najdarovitiji. Otkad sam počeo da naginjem neredu, moje veze sa slutnjom su pobrkane.

Lutka

To su fini ljudi, zato neću reći njihova imena. Želeli su da imaju decu, nije da nisu, ali su dokonali na vreme da su deca preteško breme, i ne isplate se. A onda su kupili veliku lutku u Trstu. Neguju je (peru joj haljinice, kupaju je, češljaju, miluju po kosi). »To je«, kaže ženska strana, »naša beba.« Inače, još uvek su mladi i lepo žive.

Zamislite sad mene: svojevremeno sam bio spreman da svu ostavljenu decu na svetu priznam za svoju.

Fotografije (volim, ne volim)

Volim fotografije na kojima je prikazano mnoštvo ljudi, pogotovu ako nisu uspele (glupe su fotografije bez grešaka!). Volim krive uličice i kuće starinskog izgleda koje decenijama pokazuju sklonost padu, a nikako da padnu. Volim da gledam kako vetar vitla bele čaršave dok se suše na žici. Ne podnosim prave linije osim ponekad, kad su mi drugi krivi za sve što mi nije pravo.

A najviše od svega mrzim zaključane kapije kad se kasno noću vraćam iz kafane.

Uvod u setu

Ulica na periferiji grada, pusta. Na uglu ulice kućica u polutami, ograđena gvozdenim koljem, složenim u guste lese i zašiljenim na vrhu. Mislim da je ograda obojena tamnozelenom bojom. Noć je mesečna. Razbacane hrpice oblaka klize po čistom i veskovitom nebu, požuruju me...

Kako razumeti čoveka koji u gluvo doba noći zastane pred tuđom kućom, ograđenom zmijskim jezicima?

Nastavljam put, biram najizgledniji grumen oblaka i povremeno ga pratim pogledom. Ne da se, kurva je oblak! Malopre je bio jagnje, pa ajkula, a sad je to lik samog Spasitelja. I to bi čini se trajalo dokle je neba i oblaka, ali nas nema...

Ljudski san, veliki čarobnjak, klizi po nebu ljudskih želja, menjajući oblik i boju poput ovog oblaka nad prostranom sremskom ravnicom. Klizi i kliziće dokle bude želja i oblaka, dokle nas ima.

(A što se ove noći tiče, prepoznao sam je. To je ona ista od pre dvadeset godina u kojoj sam, sedeći na rasklimanoj klupi ispred zapuštene stanične zgrade, čekao voz! Sad ne znam kud sam bio namerio, ali sam uveren da se otuda može stići samo ovde.)

Trofeji

Prolazeći pored prostorije jednog sportskog društva – kad je to bilo, ne sećam se ni godine a kamoli dana – primetih da dvojica ljudi utovaruju u teretni kamion gomilu pehara, raznoraznih oblika i veličina, dok treći nešto knjiži. Utovaruju kao i sve što se utovara! Brzo prođoh, jer nezgodan sam čovek, ali umimogred krajičkom oka opazih da su te metalne stvarčice obložene podebelim slojem prašine.

Pehari se dodeljuju kao priznanja na raznim takmičenjima za najbolje rezultate. Dok stoje tamo na svečanoj tribini deluju kao dragoceni predmet želja svih u borilištu, deluju moćno i svečano. A sad je to hrpa, prašnjava hrpa metala – siva, odbojna, jadna. Šta im to daje vrednost na tribinama, i u očima takmičara i u očima publike, i da li je to isto ono što im ovom prilikom tu vrednost oduzima?

Lepota i uzbudljivost takmičenja, želja za pobedom, uživanje gledalaca – sve to zajedno čini atmosferu koja okružuje taj impresivni oblik i daje mu pomalo misteriozan, zvezdani sjaj. Kad to prođe, pehar ostaje puki činjenički (materijalni) dokaz za nešto, u najboljem slučaju ukrasni predmet. Čak bi se moglo reći da mu nijedna svrha ne odgovara, jer je jednom bio nešto mnogo više.

Sad preturaju tu gvožđuriju oni koji su za to zaduženi: hoće da je prevezu u druge prostorije, da je postave u nove police. Ali to što oni čine, i kako čine, meni samo ubedljivo predočava onu drugu stranu ljudskih napora, koja vremenom postaje prva i glavna. Tako biva sa svim našim zanosima, snovima, naporima – sa svim našim pobedama.

(Znam da tako biva i da će biti, a voleo bih više od svih pehara na svetu da ne znam.)

Dečji circulus

Kao dete sam često pešačio noću, uglavnom po zadatku. Pri tom nikad nisam znao šta mi više odgovara – mesečina, ili crni mrak. Mrak me skriva, a mesečina mi dodeljuje moju vlastitu senku za saputnika. Biti skriven znači malo, kad ne znaš od koga, od čega, niti znaš koliko. A ni druženje sa senkom nije prednost, jer si ionako sam sebi mnogo.

Zamišljao sam, s dubokom i drhtavom čežnjom, kako bi bilo lepo da iščezne sve što mi stoji na putu, zajedno sa senkama, a da ostanemo samo ja i mesečina. A opet sam se – ko zna zbog čega – bojao da se to ne dogodi.

U parku mira

Jutro, a ja u Parku mira među narodima. Koračam sporo, ali profesionalno. Sneg celac, do članka. Osećam smisao tog belog ćutanja kroz sanjivu zanesenost... Velik je slikar nesrećni Šumanović.

* * *

Juče sam crtao Andrića po jednoj fotografiji iz 1935. Ispred crteža sam napisao: Svi se mi rađamo s omčom oko vrata, ali omča je u početku toliko široka da je čak i ne slutimo. Ona se steže s godinama ili s raznoraznim nedaćama, a najčešće i s jednim i s drugim. Oni koji raspolažu istinskim darom za oprez, imaju dobre izglede. Jesam li išta pogodio?

Na vodama vavilonskim

Zamišljam svog dalekog potomka, tužno ropče, kako peva *pesmu gospodnju* na nekim novim vodama vavilonskim, opominjući se dubokih stoletnih noći i nepostojanih svanuća svoje teške istorije. Sedi u maslinjaku, na obali, i peva, a niko ne razume pesmu njegovu. A kuku pesmi koju niko ne razume: sasušiće se u grlu pevača i više niko neće reći – ovaj ima muku. Vetar vremena koji duva sa širokih voda zatrpaće peskom gluvonemo ropče, i niko se više neće zapitati ko beše onaj koji seđaše u maslinjaku, na obali, i pevaše nemuštu pesmu; gde je sada i da li će doći.

Snevač, mučitelj

Vernost, ono što se vernošću zove, dokazuje se žrtvom. Ko plaća svoje snove tuđom mukom može a ne mora biti snevač, ali je mučitelj sigurno. A ko ih plaća svojim, šta je drugo do rob koji se nada za tuđ račun!? Istorija je velika epopeja svađa i mirenja ove dvojice. Namesto jednih dolaze drugi, ali odnos među njima je uvek isti.

To je završeno

Čini se da je lepo reći – *to je završeno* (okončano). Pogotovu onda kad je ono što smo završili *nešto* čemu smo težili uporno i dugo (ne žaleći ni vreme ni trud). Uloženo nam je vraćeno u preobraženom obliku – kao delo – i to uz veliku moralnu kamatu. Ništa lakše no zaključiti da nas završeno ne samo da ne približava pragu mnogostruke noći, već nas debelo štiti i od same pomisli na nju. I to utoliko jače ukoliko je *ono* krupniji zalogaj za troglavu avet: prolaznost-smrt-zaborav. Ja, međutim, držim da je takvo uverenje teška, mada korisna zabluda. Korisna zato što čoveku zaista može da pomogne da mu lakše minu dan i noć, mesec i godina; da prividno i na trenutak skrene s puta kojim u stvari ne prestaje da kaska do zadnjeg koraka. Onaj koji je pri tom malčice neosetljiv ili glup, na čistom je ćaru. Ali onom koji je jednom ozbiljno upro pogled u »zadnja vrata«, nema pomoći; ništa mu ta vrata ne može zakloniti. Setite se samo slika, veselih i bodrih, iz davnih dana da biste se uverili da reč *završeno* (okončano) u svakom drugom kontekstu valja zameniti drugom odgovarajućom reči. Recimo, za sliku se ne može kazati to je okončano, već to je stvoreno.

Ti si taj

Ako ti se desi da jednog mirnog popodneva, recimo u oktobru, prošetaš pustom obalom mora, sluteći nešto iza nejasne granice prostranog vidika, koja spaja dva sveta – vazdušni i tečni – nemoj se iznenaditi ako iz peščane dubine naglo iskoči čovek u uniformi i upita te glasno i jasno: Ti si taj koji krade pesak, a?

Mudrost

Pročitah Konfučijev aforizam: »Čovek bez karaktera je kao vojnik bez oružja, kao žena bez mleka, kao putnik bez novca.« Lepo. Ali dojilju mogu prisiliti da doji tuđe dete, vojniku oduzeti oružje, a putniku pokrasti novac. A kad je o karakteru reč, on čoveku može pomoći da po kratkom postupku izgubi glavu.

Stvari s mudrošću ne stoje uvek kako bi trebalo.

»... *Ni u Orku ne miruje*«

Kad god se setim ovog Helderlinovog stiha, nameće mi se analogija koja bi mogla biti strašna za čoveka koji veruje u postojanje zagrobnog života.
Više puta mi se dešavalo da mi dan prođe u nekom unutrašnjem kidanju, tako da noć dočekam slomljen i željan sna. No san, i kad dođe, nije mirna i duboka neprozirnost, već laka, plašljiva i drhtava omama – beda od sna. Umesto da me obgrli prisno i pošteno, san me samo malo opseni i tako me smantana drži na korak od jave da se prevrćem i obrćem kao po nalogu nekog tajanstvenog mučitelja, zlog prelata zaduženog za moje kruto i bolno telo. A po glavi mi se motaju kojekakve vizije, sve nakaznija od nakaznije – sav onaj nemir (muka dnevna) nastavlja svoj posao i noću, na svirep način. Toliko me izgnječi da ono što dan dočeka nije nizašta. Teško nama ako tako biva posle smrti, ako nemir od života i tamo nastavlja svoj posao.

Filozofija mirne vode

Brza voda se može nadmudriti. Kako, nije pitanje. Ali šta ćemo s vodom u bunaru?... Ovaj nad kojim stojim je taman i dubok. Na njegovom dnu bi mogla uspešno da se okonča jedna drevna priča, ali bi svako bio budala ko bi i kamenčić ubacio u mir tog tečnog oka. To osećam i po Mesecu, visoko iznad, na nebu zategnutom i modrom.
Neka mi oproste deca. (Negde u Bačkoj, 1962.)

Odlomak iz jednog razgovora

– Ša da činim, Suljaga, bolan? Ubilo me mnogo jada, ka i što znaš: i grom me gađo, i zmija me opijala, i kosti su mi napola prebili, i djecu sam pogubio. Ali ovo srce ne može odavde nikud do sudnjeg dana, ne može pa ne može. Živjet se mora, a onda se mora i pojest i popit i zaspat ka što ostala stoka radi, a je li dugo – jes vala.

— Nemamo što više čuvat, ni ti ni ja, o Lazare. Onijem mojima ne da ne trebam, no sam im na velikoj smetnji, a ti si tvoje ispratio, po božjoj volji. Isto nam se piše, mada je meni lakše — priznajem. U jednom smo, reko bih, na istom — nijesmo ni za što ni jedan ni drugi. I od drveta i od stoke uvijek se može nešto iskoristiti i pošto crkne, a čovjek je samo za smetlište čim nije kadar da sam sebe drži. — Reci da nije tako.

Starac plače...

Ni punih sedam godina nije bio na zemlji. Gospode višnji, pa nije se imao zbog čega roditi. Zašto si ga pozvao iz nigdine, kao da si htio da ti odavde vode donese. Ne dade mu ni da se čestito poigra. Znam da si moćan i da znaš zašto si to učinio, ali kaži i meni. Molih te i dade mi ga, ali kad si znao da ćeš mi ga uzet tako brzo, zašto mi ga dava. Ako si htio da me zaboli bezliječno, potrefio si.

Da je bilo

Moglo je biti ali ta mogućnost je zanavek propuštena.
Eh, da je bilo — uzdahne smrtnik povremeno obasjan svetlom svoje fantazije.
Nema veće tuge od te.
Nije bilo, niti će ikad biti.
Ali umesto da zebe pred tim i zatvori se u svoju ljušturu, čovekova duša stoji razgolićena kao da je to upravo mesto gde se otpočiva.

Pogled iz dvorišta

Kad god sam posmatrao tu kuću iz svog dvorišta, asocirao sam na priviđenje — na nešto što nekad jeste, nekad nije. A kad sam prolazio pored nje, ništa neobično — kuća u kojoj bih čak poželeo da živim. Prolazio sam isključivo danju, a posmatrao je noću, na razdaljini od oko dva kilometra. Jedan prozor je obično bivao osvetljen, i to jedan isti. Ne prebiva li tu teški bolesnik? Predani poslenik? Dete koje se boji mraka? Ma ko bio, on ne može da vidi moj prozor ni kad je osvetljen.

Zakletva

O, zakletvo, moja crvena olovko! Zaklinjemo se na večnu ljubav, prijateljstvo, odanost određenoj ideji. Zašto to činimo i onda kad nas niko ne obavezuje? Možda nismo sasvim uvereni da išta izvan nas može dovesti u pitanje ono što je u nama? U tom slučaju zakletvom potvrđujemo da sumnji nema mesta, potcrtavamo izvesnost, kategorički negiramo mogućnost proboja upitnosti u samorazumljivo. Ali mi se zaklinjemo i u stanju savršene punoće, kad smo apsolutno ubeđeni da ono što jeste – jeste! Niti se od čega branimo, niti šta obećavamo, a zaklinjemo se! Zakletva tu izvire iz same punoće i svedoči o njenom samozanosu.

Tajanstvena jasnoća

Izvesnim tajnama ne možemo nauditi.

Ako ste budili čoveka kom se neodoljivo spava, primetili ste da na vaše navaljivanje on s mukom otvara oči, uverava vas da je budan i da će odmah ustati, a koristi svaki trenutak da ih ponovo sklopi i prepusti se slatkoj napasti sna. I s ovim tajnama slično biva: prošli ste kroz njih s osećanjem da ste ih rasklopili i osvetlili, a one su se za vama sklapale i ostajale ono što jesu. Kad pošteno izmerite to što ste izneli, bojim se da ćete morati priznati poraz.

Retke umetničke tvorevine ponekad vidim kao tajne ove vrste.

Godišnja doba pod znakom Meseca

Mesečinom obasjani jesenji pejzaž osećam kao prirodno jedinstvo stvari i njihovih senki. Iz tog jedinstva izbija neka mirna strava u čijem se krilu svako odmeravanje čini nesigurnim, uz slutnju da se greška mora platiti. Tako je bilo one davne noći dok sam lutao Dolinom ćupova. Tanki oblak bi s vremena na vreme zakrilio Mesec, da bi ga, ubrzo potom, vetar oslobodio – ceo i sjajan.

Ko zna koliko sam ostao sedeći pored porušenog mlina, omamljen dalekom beznadežnošću, sam kao zvezda iznad očeve kuće. Mirni Duh pustare spustio je kapke i drema, tuga mu ne da da zaspi. Bože milostivi, ne dopusti zemlji da se razboli od čežnje; učini da razume samu sebi.

* * *

Mesečina i duh proleća!? Umesto prostranstva pustoši – sferičan, muklo zgusnut svet. Krune drveća – zaobljene i tople kudelje čije senke kao da su ispunjene tamnom sporokolajućom krvlju. Osećam da bilo sveta bije sporo a moćno. Noć stenje nabreklih žila pod teretom probuđenog džina života. Dodirnuh grančicu i ostade mi sluzav trag na prstima.

* * *

Mesečina u letnjoj noći je apsolutna. Nema ništa sa zemljom. Do iznemoglosti prenadražen dnevnom vrelinom, živi svet toli svoju žeđ za odmorom ispod posrebrene koprene. Pogled na nebo ne obećava ništa; nebeska tela samuju u sivoj praznini, saradnja s njima nije moguća. Lepo vidiš da se Mesec drsko šepuri u odsustvu svog Strašnog brata, koji u tom trenutku ispija – jednu po jednu – oaze daleke i bezdušne Arabije.

Senke ćute, tanke i ispošćene. Asociram na kostur otrovnice koju su mravi oglodali vešto i strpljivo.

* * *

Zimi se mesečina najbolje razume u odsjaju oštrih kristala snežne površice koja škripi pod nogom, kao da gaziš po samlevenom belom staklu. Odsjaji su napadni i bolni. Život utekao u klicu i prišutio se. Još ako znaš da su na staničnoj čekaonici razbijena sva prozorska stakla, a voz kasni toliko da nije sigurno da će ikada stići.

Panda

»Ima u malom medvedu pandi nešto tužno« – kaže moja kćerka – »zbog onih crnih kolutova oko očiju ima, ima! Zato je lep mali panda, pandica... Ima i u ledenom dvorcu koji su napravili ljudi na jezeru nešto tužno, ali ne kao u pandi.«

Škorpion

Primetio sam ga poodavno. Ne znam koliko škorpioni žive, ali se nadam da će ovaj potrajati.
Čuo sam da prilagođeni Indijanci nose jakne s rajsferšlusom – i oni su gotovi. Međutim, ako pregljica na toj zupčastoj trakalici ima oblik škorpiona, za njih ima još nade... Škorpion je moćan primer savršenog sklada između izgleda i suštine u svetu živog. Zamišljam da je prilikom stvaranja škorpiona Đavo navukao Gospoda na tanak led i izmamio njegov atest.
Ništa lakše no s tri prsta desne ruke zahvatiti trunku zvezdane prašine i na dlanu levice to vešto ulepiti sopstvenom pljuvačkom, a onda namestiti Svemoćnom zamku i podneti mu tu sidroliku smesicu na overu. (U kafani kod filozofa K. Bog pije raso, a Đavo konjak! Raso upućuje na mamurluk, ej... Izgleda da škorpion nije jedina đavolja podvala, ali je – kunem se – najsavršenija.)
Tu je on, iza sanduka. Juče sam ga uhvatio pincetom i stavio na poslužavnik, da ga osmotrim ne znam ni sam po koji put. Kretao se dosta lenjo – nije lako vući smrt na

lancu – a opet, kad napne rep i savije ga u luk, vidiš da je ta lenjost njegov izbor. Na vrhu repa mutna perlica, gledam je – to je to!...
Crtao sam ga mnogo puta, celo blokče sam potrošio da bih mu se približio. Sad mi preostaje da mu pružim prst, da proverim njegovu naklonost...
Ni sam ne znam na šta sam sve spreman.

Pauk (Arahna)

Zna se zašto pauk plete mrežu, zašto je ozloglašen. Ali ostavljajući Čipika po strani, ja sam sklon da paukov posao pletenja posmatram odvojeno od njegove svrhe. Do ovog gledišta sam došao idući tragom nesrećne Arahne koja je svirepo platila svoje umeće na razboju. Njeno čarobno tkanje izazvalo je zavist premudre i premoćne Atene. Ah, ni tolika moć ni tolika mudrost ne behu dovoljne da ukrote slepu zavist!?

Kuća

Započeo sam je pre mnogo godina i povremeno joj se vraćam, ali gradnja ne odmiče.
Moja neobuzdana mašta je tu sve: i projektant i izvođač radova i tvrda i prosta radna snaga; moja prezaposlena i topla mašta – radilica.
Kad je, trudnu, skoli umor, sklupča se i svoj neizmerivi učinak predaje snu. A san je previše ćudljiv saradnik: katkad gradi, katkad razgrađuje – na način vajkadašnji.
Zaspim li pod teretom umorne mašte u nekom kutu kristalnog dvorca, nikad dovršenog, probudim se na oštrom i suvom grebenu, gladan i žedan.
Da li je moja mašta išta više od imena koje nosi?
Nema, izgleda, rama koji bi bio po meri moje čežnje; i ne tražim ga više.
Kako drukčije da razumem šum peska u srcu mudre tame!?

Na balkonu

Vreme šarovedrasto, oblaci retki i rumenkasti, tu i tamo izlizani i prodrti. A Mesec, onaj Leopardijev, šeta sporo. Kad naiđe na gusti oblak, dođe bledunjav i nejasan kao daleka želja. A kad naiđe na šupljinu, opet je onaj stari, sjajna potkovica nevidljivog nebeskog ata.
Nešto me zove na ulicu.

Poleđina noći

Prostor između neba i mene kao da je satkan od zvezdanih niti, silno zategnutih, gusto zbijenih. Zvuk koji su proizvodili moji koraci ravnomerno se širio i iščezavao u tom zvonkom prostoru. Imam potrebu da hodam što opreznije. Kao da sam primio nalog da se ovde i u ovo doba mora voditi računa o tome.
Kad bih mogao znati šta piše na poleđini noći.

Ja to mogu reći

Meni je teško, Karadža je za to »kriv« — danas se navršila godina otkako je nestao. Ja to mogu reći, ali ne i dokazati. Predlažem, jednu igru. Ako se, slučajno ili namerno, nađete na obali sami, ne dosađujte se no uzmite kamenčić, bacite ga u vodu i pratite koncentrično širenje talasića što pažljivije, dokle god možete. Na nekoj udaljenosti od centra (mesta gde je kamen pao) zamrsiće vam se račun i nećete biti načisto da li je talasanje (mreškanje) vode i dalje izazvano kamenom, ili se u igru umešao još neki činilac — ovo pod uslovom da nije reč o kadi, o savršeno mirnoj, mrtvoj vodi. Vi možete tvrditi, ko vam smeta, da je kamen jedini uzrok, ali to ne možete dokazati.

Pre godinu dana, igrajući se na svoj način, Bog je pretvorio Karadžu u kamen i bacio ga u moj život koji, ma koliko bio isprazan, ipak nije mirna, mrtva voda.

Kako ja sad mogu znati koliki je udeo Karadžinog

nestanka u ovom što sad osećam?! Neko vreme je prošlo... A opet svakog ću razumeti koji, godinu dana nakon smrti drage osobe, kaže da je taj udeo odlučujući.

Pogled iz autobusa

Čekamo zeleno svetlo, gledam kroz prozor. Čovek ubacuje smeće u kontejner, nekako nespretno. On je čini se uveren da niko u autobusu nema drugog posla osim da se njim bavi, a ne zna da mnogi od onih koji su uperili poglede prema njemu, ne vide ništa – oni zure. Zakleo bih se da se oseća krivim kao da je uhvaćen u nečistoj radnji. Smeća se već oslobodio, ali mu muku zadaju flaše koje vadi iz nekakvog torbaka. Hteo bi da se zakloni od pogleda i okreće nam leđa, a izdiže svaku flašu ponaosob, da se jasno vidi šta radi.
On zna da siromasi prekopavaju kontejnere.

Navikavanje

Jedan poseban vid navikavanja je nepodnošljiv; navikavanje drugih, naših bližnjih pogotovu, na nas same. Teško nama ako bilo šta preduzmemo što nije po meri očekivanja tih drugih. Dovoljno je samo da ostavimo duvan, obučemo novo odelo, ili da prestanemo da se viđamo na mestu na kom smo se dotad pojavljivali, pa da mnoge bacimo u brigu, a ne daj bože da o nečemu promenimo mišljenje ili se počnemo baviti nečim čim se dotad nismo bavili. Jednom shvaćeni kao fiksirani i zakonomerni deo nečije životne šeme, mi nemamo prava na odstupanja, jer šta ako njenom »vlasniku« pritreba da nas nađe a mi više nismo tamo gde nas je on ostavio? Možda se postupno i oprezno i možemo izboriti za izvesne promene, ali naglo i bezobzirno uvoditi kojekakve novotarije – to je zaista nedopustivo. Često se kaže da svako ima pravo da radi šta hoće ako se to tiče samo njegove kože. Pokušamo li da napravimo spisak tih mogućnosti koje nam stoje na raspolaganju, ispašće da je navedeni iskaz najgnusnija laž. Evo ja već počinjem da se pribojavam da me i ovo što rekoh ne uvali u grdnu nevolju, jer vrlo lako može biti ocenjeno kao svojevrsno podrivanje ustaljenog reda stvari.

(Ulazi konj u kafanu, naručuje ljutu – ispija na eks, plati i odlazi. Zaprepašćeni skorojević traži od kelnera objašnjenje za tu neobičnu pojavu. Kelner mu odgovara da je i sam zaprepašćen, jer je dotični dotad pio konjak.)

Ima nade

Jedan sankilot mi je rekao: »Mladi su danas, nema zbora, višestruko ugroženi. Ali za njih ima nade sve dotle dok ne počnu da ustupaju mesta u gradskim vozilima starim osobama, invalidima, majkama s decom, trudnicama i kojekakvim piljarima i zembiljarima koji se drže pijace. Ukoliko bi se desilo da neko od mladih, u bilo kom stepenu obnovi napuštenu konvenciju ustupanja mesta, on je ništa drugo do petokolonaš i kao takvog ga treba bojkotovati sve dok, u znak pokajanja, ne očisti s mesta barem sedmoricu povlašćenih, makar mu i mitski Ganimed mogao pozavideti na mladosti. Jer, krajnje je vreme da se zna ko je ko.«

Iskušenje

Moja draga rođaka, nesrećno udata, došla je da mi se požali; da potraži savet.

– Gde mi odoše godine?!

Ovim rečima je završila podužu priču o svom podmuklom, okrutnom i sitničavom mužu; priču tešku i ubedljivu. Pomislio sam na dete koje je izgubilo prste na ruci kako, u jednom trenutku, pita svoju majku: gde su njegovi prsti, hoće li ponovo izrasti. (Niti će prsti izrasti, niti će se godine vratiti; ništa neće biti kao što je bilo!) A onda sam se stresao kao da sam za sve to lično kriv.

– Razvešću se... nadam se da nisam sasvim propala.

Da, tako stoji u knjigama, pomislih, i moje osećanje krivice naglo smeni opasno, tamno zadovoljstvo što nikad neće biti kao što je bilo, dođe mi samo žao deteta.

— Ne lažem, ništa ne lažem... bojim se da sam propala.
— Kako?
— Napunila sam trideset pet! — a htela sam nešto od života.
— Nešto nije mnogo — rekoh i pogledah je pogledom čoveka kom je tesna uloga koja mu je namenjena. Ona je ćutala oborene glave, vrteći u desnoj ruci palac leve... Palim cigaretu, a u pepeljari stoji tek zapaljena.
— Više ne znam ni koliko pušim — jebem li ga...
— Dosadna sam, znam, ali morala sam da ti ovo ispričam — reče i izvuče palac, uzdahnu, pogleda me brzim, nervoznim pogledom, ponovo stište palac leve ruke i ućuta.
I ja sam ćutao. Svako na svojoj strani stola!
Njena bluza od žute svile blago se nadimala...
Nikad nisam bio toliko udaljen a tako blizak ni s jednom ženom.
/Imao sam petnaest godina. Moj otac i naš komšija kopali su minske rupe u kamenu-stancu poviše kuće. Umesto dinamita punili su ih minerskim prahom, uvlačili kapisle, a onda bi ih zatvarali stucanom ćeramidom i — umešanom glinom, na kraju. Nabijanje ćeramide okolo štapina, povrh praha i kapisle, izazivalo je u meni žestoku strepnju. To je činio komšija, majstor, oprezno, zarubljenim drvenim štapićem. Otac je stajao pored njega. Ja sam poizdalje sve to posmatrao, mada su oni povremeno vikali na mene da se udaljim jer mi tu nije mesto. Na trenutak bih se i udaljio koji korak, pa bih se opet primakao koristeći njihovu obuzetost poslom. Majstor je lagano kuckao malom macom u vrh štapića i nabijao ćeramidu. Kakva tišina!... Zamišljao sam da je dovoljan samo jedan neodmeren kucanj, pa da ta tišina preraste u večnu, za tri čoveka na kamenu-stancu. Da ostanem, bojim se; da odem, ne mogu. Podrhtavao sam u stanju dinamičke ravnoteže između straha od smrti i snažnog osećanja obaveze da se nađem u njenoj blizini (osećanja solidarnosti, u stvari).
Magično polje u kom sam se našao sa svojom rođakom moglo se, donekle, uporediti s tim davnašnjim

iskušenjem: da ostanem u ulozi rođaka i utešitelja i odolim plimi strasti koja se podizala u meni bilo je moralno, a da se ko pas s lanca prepustim silnoj i slatkoj želji i obgrlim tu ženu-kentaura (s dušom unesrećenog deteta i bogatim zrelim telom rasne bludnice) – bilo je neodoljivo privlačno./

Delfijsko proročište

Ispunjava se posredstvom »zacrtanog« pravca u nečijem životu. (»Do naših zvezda, Brute, nema krivice...«) Recimo, Pitija saopšti nasilniku da mora propasti, i on propada; uspostavlja se kosmička pravda. Sva je tajna u tome da takvom čoveku njegova vlastita narav i njoj primeren način mišljenja zaklanjaju svako značenje teksta proročanstva, koje je u suprotnosti sa zacrtanim pravcem u njegovom životu. Kakav jeste, tako i čita.

Osim toga, Pitijine reči su tako neodređene da je uvek moguće naknadno čitanje koje će ih uzdići do istine.

Nemogućnost drugačijeg

Nema goreg saveznika od iskustva iza kojeg stoji nemogućnost popravke. Ono, doduše, može da se priča drugima sa setom s kojom se prelistavaju stari albumi, ili s ogorčenjem s kojim se čitaju spisi o nepočinstvima mrtvih tirana, ali je zadivljujuće nemoćno. Nedelotvornost iskustva očituje se i u pogledu saveta drugima: onima koji imaju moć saveti uglavnom nisu potrebni, a onima koji je nemaju pogotovo – jedni ih preziru, a drugi ne mogu da ih provere. Tako ispada da je imati nešto a nemati ništa – zaista tužan imetak.

Niko ne voli ljude koji raspolažu takvim imetkom. Oni pesmu pretvaraju u prozu, cvet u bašti je već u vazi, svakoj čašici vide dno pre nego je ispiju. Budućnost je za njih bila.

Kod Tihona

- Govori, kćeri.
- Oče, Tihone, jednom sam poklonila telo, drugom dušu.
- Znači, bilo ih je dvojica.
- Ne, bilo ih je dva reda.
- To je zagonetno...
- Nimalo, oče, ja sam tražila onog kome ću pokloniti oboje.
- Odjednom?
- Da!
- I nisi našla?
- Da sam našla, bio bi samo jedan.
- A kamo bi se dela dva reda?
- Ugasila bi se u sećanju.
- Zanimljivo.
- Kad ode život između dva reda, šta je tu zanimljivo?
- Iskustvo koje ostaje.
- A šta će mi ono?
- Da ga meni pričaš.
- Znači, propala sam?
- Ni oni nisu bolje prošli.
- Zbunjena sam, ne razumem.
- Oni koji su imali tvoje telo, tražili su dušu negde drugde, i obrnuto — jedno je malo, ne samo tebi.
- Ali vidite, oče, dušu niko neće samu.
- A telo ide, a?
- Da, a recite mi zašto.
- Sama duša je esencija, prejaka je; s njom se može suočiti samo Bog, a da se ne uplaši. Čovek je mora uzimati sa malčice tela.
- A telo je samo dovoljno.
- Telo je hleb, a hleb je neophodan.
- Treba li da se kajem što nisam čekala?
- Da si čekala, sad bi moj antipod razgovarao s tobom.
- Đavolov sluga?
- Da.
- Ne bih dočekala, pa bih se kajala što sam čekala?

— Gorko.
— Niko ne dočeka?
— Nije rečeno. Neko juri, pa stigne; neko čeka pa dočeka; poneko ni jedno ni drugo. — Tako je na zemlji.
— Nema saveta?
— Ima ih mnogo, ali...
— A Bog?
— Njega se to ne tiče. Duša je ionako besmrtna, pa kad se njeno jednokratno bludničenje završi, Gospod je uzme i dâ na korišćenje drugome.
— Onako prljavu?
— Što je od Gospoda, ne može se isprljati, a ona je od Gospoda. Prljav može biti samo njen privremeni gospodar. Tako glasi naša nauka.
— Šta sad?
— Jesi li čitala Džojsa, ima tamo jedna rečenica koja udara nisko.
— Znam: »I Bog ima međ nogama...«.
— Zaključaj vrata.

Tako smo udešeni

(Ako je žena koja mi se dopadala bila drugom odana, to me dovodilo do očajanja. A ako je ona koja mi se nije dopadala bila meni odana, voleo sam ceo svet osim nje.)

Tako smo, izgleda, udešeni da je, kad nam je stalo do toga da u nešto verujemo, naša sposobnost prosuđivanja prinuđena na ulogu dželata nad svim što se tome suprotstavlja.

Ja sam želeo da verujem u njenu krivicu, ali se mojoj želji suprotstavljala svest da je ona u stvari ispravna. Trebalo je potrebu za samoobmanom podržati, a ne povrediti moć prosuđivanja. Pošao sam od toga da je sasvim dovoljno da ja to želim i hoću. A ako ja hoću da ona bude kriva, onda ona tek što nije kriva. I to samo zato nije što se to od nje traži. Ona bi u stvari bila kriva da svoj život nije stiskala i udešavala tako da ne da dokaza o svojoj krivici, smatrajući da će je takvo ponašanje najbolje preporučiti u jednom sistemu nazora o životu koji se faktički smatra vladajućim. Ona je ispravna namerno, sračunato. Da sebe nije izgrađivala na proterivanju krivice, ona bi živela neposredno i morala bi biti kriva. Ali to ne dokazuje njenu faktičku krivicu u odnosu na mene. Dokazuje u odnosu na nju samu: ispala je najveći krivac zato što je ne mogu optužiti, ja sam otišao dalje i optužio sam je za mnogo više. U stvari, ona je kao i druge, samo bezdušnija. Na kraju, toliko dosledna suvislost ne može a da ne bude sumnjiva. Zaboravila je ona neku svoju »getsimansku moć« koju je podelila s nekim o kom se ne može znati ni toliko da li postoji. Ona je znači kriva jer je mogla biti kriva. Gledano tako, ne postoji niko ko nije kriv. U čemu je onda njena – i svačija – krivica? U tome što to ne priznaje. A šta bi bilo kad bi priznala svoju krivicu? Onda bih ja bio u pravu, a ona to što jeste.

Est modus in rebus

Rizično je nadmudrivati se sa životom u svako vreme i na svakom mestu, pa i na plaži.

Ako ti se desi da zaćoriš u mladu i lepu ženu, a pri tom znaš da nisi Ivan Carević, uputno je da je poizdalek potkopaš. Est modus in rebus, zato budi strpljiv.

Ako si pušač, preporučujem ti ne samo da se dobro snabdeš duvanom, nego i jednom praznom flašom. Zašto flašom? Ne pitaj no sedni u blizinu svoje izabranice, zapali cigaretu i, polako, ispuštaj dim u flašu. I to krajnje mirno, kao kakav opsednuti istraživač iz zabavnih priča. Pri tom moraš ostaviti utisak potpune nezainteresovanosti za sve okolo, naročito za nju. (Vodi računa samo o tome da ti cigareta ne dogori do prstiju.) Ako primetiš da te krišom merka, nisi primetio ništa. S vremena na vreme podigni flašu i osmotri kako se dim ponaša, a onda izvadi notes i nešto zapiši, ili skiciraj. Za taj dan je dosta, pod uslovom da tvoja izabranica ostaje barem tri dana.

Ako si dobar šahista, obavezno ponesi šah na plažu. Nađi se u njenoj blizini, kao i u prethodnom slučaju, namesti figure i analiziraj bilo koju varijantu, neko će ti, verovatno, ponuditi igru. Ako je taj slab, naći će se malo jači, ili više njih, ali ti si toliko jak da ne prezaš ni od male fore, uz predvidljiv ishod. To deluje. (Nemoj da se laćaš šaha bez pokrića, bolje drži se flaše.)

Čitaču knjiga savetujem da se krokodilski udubi u neki priručnik iz oblasti crne magije, uz već pomenute uslove predostrožnosti (samo u njenoj blizini i nezainteresovano!). Ovaj način se izvanredno dobro kombinuje s duvanjem u flašu.

Kad odlučiš da se okupaš, gledaj da to bude u vreme kad ona nije u vodi. Ako pođe za tobom, ne trzaj, još nije zagrizla. Uostalom, ponešto zavisi i od tvoje invencije.

(Svi ovi metodi i još mnogi, njima slični, mogu se naizmenično upražnjavati u odmerenim dozama; to je čak i poželjnije no se držati jednog.)

Ukoliko ne upali ništa od preporučenog, prošetaj svojim umnim pogledom po lazini nagih telesa, s posebnom pažnjom na ona debela i otromboljena, ispečena od sunca i sjaktava od sluzavih krema i mirisavih ulja. Ne ispusti iz vida ni smotuljke novina, masne hartije i celofana, svakovrsne ogrizine, upotrebljene prezervative za vreme čulnog noćnog mira, prazne kutijice od pomade, ljudska i pseća govna okupirana nervoznim i gladnim muvama; ne propusti ni to da se upitaš gde toliki svet, kršteni i nekršteni, piša, od čega sve boluje i koliko mu je još ostalo da se koprca; vuče i presipa iz šupljeg u prazno; sve pažljivo i hrabro osmotri, i zaključićeš da je biti čovek zaista malo. A to je već dovoljno da se izdvojiš i postaneš čovek-filozof, pun svetog prezira prema toj animalnoj kaši, i da potražiš usamljeno mesto za kupanje. Ako u kojem od senovitih uglova svog pamćenja držiš neobične podatke o kakvom velikom ženomrscu koji je krupno zadužio ljudski rod, prizovi ih u pomoć protiv tupe i zarazne ostrvljenosti života koji kao da nema drugog cilja osim da ponižava tvoj fini i ironični duh. Ako ti sve to ne pomogne da konačno shvatiš bedu tog kraljevstva telesa sa svom njegovom nečišću, u rasponu od mlade kraljice tvoje žudnje do njene odvratne perspektive – nadute starice koja, do pola ukopana u toplo žuto blato, okružena tubicama i flašicama, s jastučetom ispod potiljka, još samo žmirka; ako te sve to ne natera da se postidiš svog posrnuća, onda je tvoj đavo crnji no što izgleda.

Pošto, očigledno, želim da ti pomognem, preporučujem ti još jedno sredstvo u čiju blagotvornost imam poverenja. To sredstvo je zlatna knjižica mnogo poštovanog majstora o mladiću kog su morili jadi nalik na tvoje. On je doduše bio umetnik, »obeležen usudom«, kako kaže njegov tvorac, ali u tome i jeste stvar. Šta te košta da vidiš sebe u njegovom društvu, osim malo bezobrazluka, a to je za čoveka koji nema izlaza sasvim oprostivo. Ti si sad taj koji je »obeležen«, i sve se menja iz temelja. Stil svetog prezira nije tvoj stil! – idemo dalje. Ako nisi uspeo da se izdigneš iznad kraljice tvoje požude, a nemoćan si da ovladaš njom, onda ništa prirodnije od toga da se s njom izmiriš: na svoj način. A taj način proističe iz tvog samorazumevanja i pretpostavlja traženje oproštaja s tvoje strane, jer krivac si ti a ne ona; ti si »obeležen«. Ti ćeš taj oproštaj i zatražiti duboko i smerno, priznavši joj sva prava kojih si je hteo lišiti, i otad ćeš opstojati pored nje (ne s njom, ni iznad nje); opstojaćeš udvorički i setno, s prikrivenom zavišću u srcu i ranjivom nezavisnošću u duhu – tom večno nestabilnom kraljevstvu. Ona je glavna a ti si sporedan, ali vaše međusobne raspre su tako žive i uzbudljive, obećavajuće i neutešne istovremeno, da jedno bez drugog ne možete. (Evo položaja u kom nisi ni domaćin ni gost, a ipak jesi nešto poštovanja vredno – da li možeš da ga zauzmeš, zbunjeni prijatelju?)

Ako ti ni ovo nije od pomoći, uzmi onu istu flašu u koju si ranije duvao, zaputi se od jedne do druge i pitaj snishodljivo – može li miš u flašu. Ko zna? – ovako nemaš ništa. Est modus in rebus... zato budi dosadan kao stenica.

Je l' pošteno

Mladić se zvao Reks, a utopio se u Bosutu iste one jeseni kad se I. M. vratio iz malene i precizne Švajcarske.

Pecaroši su našli telo mladića tek sutradan. Trebalo je ispitati stvar sa stanovišta lekarske službe i, eventualno, još neke.

Zaustavili su prvi auto i zamolili vozača da oveze utopljenika do doma zdravlja – na uviđaj. Vozač, Vaske

po imenu, to nije prihvatio. Vadio se da ne zna čoveka, da je sedišta u autu skoro presvukao, da je čovek vlažan, te konačno i na to da mu lekar nije potreban. Pecaroši su smatrali da nešto treba odmah preduzeti, a sad nije važno ko je za takve slučajeve neposredno nadležan – lekari ili policija. Najzad nisu imali ništa protiv toga da ga odveze pravo u policiju.
— Ali utopljenik je vlažan, razumete li? – ponavljao je Vaske.
Pecaroši su to priznavali, ali za njih je, izgleda, bilo bitnije to što je on čovek od toga da je vlažan.
Najzad je Vaske predložio sledeće rešenje: istina je da je utopljenik čovek, ali je sada mrtav i može da sačeka; neka se prosuši pola sata, pa će ga odvesti tamo gde oni predlažu. — Je l' pošteno? – upitao je, na kraju, Vaske.
Kad sam ovo ispričao I.M., iz momenta je zakukao nad raspadom morala Južnih Slovena.

Svak ima svoj način

Ako se bogovi ne smeju – a uvek ima onih koji veruju u njihovu apsolutnu ozbiljnost – onda im ljudi ni u čemu nisu pomogli. Teško mi je da zamislim toliku nezahvalnost.
Što se tiče careva, njih uveseljavaju, mada je to rizičan posao – velika je poledica, ej... Obični ljudi se dele na mrtve i žive. Mrtvi se ne dele, izgleda, a i ne smeju se, za razliku od živih. E sad... Šta sad? Nije to moj način – za razliku... gluposti. Hteo sam reći da se muškarci smeju petougaono, romboidno, retko koji trouglasto. Debele žene, okruglo... ko je video obruč – eto tako. Mršave, u obliku divljeg šipka u cvatu. Da, ima i takvih koje se smeju kao kad kažeš – maslačak; one obično znaju šta hoće. Deca se smeju poskakujući, sam smeh im je malo; dečji smeh je ringišpil.
Slažem se da sve utiče: profesionalna, nacionalna, rasna pripadnost... samo dodajem da to nisu moje reči, i koristiću ih kao tuđe. Trebalo je da pođem obrnuto, ali dobro... Filozofi se smeju u skladu sa svojom orijentaci-

jom, uglavnom se osmehuju jer mnogo je toga kod njih u pitanju. Smeh pesnika me podseća na živu, mada bi ovde trebalo izgovoriti još neku reč... Opomena? – ne ide bez malko ljubičaste. Slikari se smeju kao kad pomisliš na Helijeva goveda. Muzičari, kao kad se otapa sneg u proleće. Naučnici se smeju kroz durbin, zanimljivo ih je gledati. (Istoričari citiraju smeh vladara, ili nekog od svoje sabraće, počev od starih Grka.) Političari se smeju kad odluče da zaprete (civilizacijska tekovina). Sitniji obično nose smeh u tašnama, a ponekad se prihvate i popularizacije smeha svojih šefova. Diplomati razvlače usne u crtu, ruke moraju biti skrštene. Trgovci se smeju uvežbano, oni najveći mestimično s pogreškom – da bi bili uverljiviji. Njihov smeh poskupljuje nadu, a pojevtinjuje užad. Satiričari se smeju iz suterena, krvnički. Kurve se smeju zajedljivo, kao kad kažeš mekokitić. Obućari, kočijaši, mesari, užari, kožari – smeju se uz pivo, dok slušaju radio. Spremni su da i najelegantniju damu nazovu oćkom ili ćapikurom. Ništa im nije sveto. Ugljari i katrandžije se izdvajaju: njihov smeh se približava smehu crnaca, a ovi se smeju zubima, bez obzira na zanimanje. Cigani se smeju mjedenim smehom i kolektivno. O Francuzima je teško govoriti posle njih samih, Nemci su turobni, a Englezima se izvinjavam. Za Ruse i Kineze nemam prostora, ali se nadam da je to razumljivo. Mnogima nisam vešt, a i dokurčilo mi je da trućam.

E, da! – ovde moram da se priberem... Kažu da se ludaci smeju na brašno?! Zamisli brašno, sipljivu belu masu. Oči su im pri tom sjajne i vlažne, ne može biti da nisu. Kapu svima koji ciknuše.

* * *

Sve ovo što sam rekao mećem na jednu stranu, a samog B. na drugu. On me naterao da drugo slovo azbuke pretpostavim prvom.

Kad sam ga prvi put video, rekoh evo ga: radoznao i neoprezan momčić iz vesterna kome je pisano da pogine u početku. (Durut mi je rekao, tu skoro, da je B.

negde u južnoj Kataloniji – živ. Drago mi je ako je to istina, ali to nikad nije bilo dovoljno za njega.)

Kako se smejao B.? Jebem li ga ko to može znati, ej... Rekao bih ultraljubičasto, mada tu mora biti i malko žute. Da odvalim: smejao se bez kukavičjih jaja. Ne, nije se smejao, on je prosto zapadao u smeh, iznenada, pa bi rastegao srčano i dureće, povremeno menjajući ritam, bez izgleda da će se zaustaviti do Filadelfije. Ako još uvek postoji Malajski arhipelag i ako se tamo ljudi smeju, komotno im poručujem da prestanu... Ali malo bih rekao ako ne bih naglasio da se B. smejao opasno po druge, a bojim se i po samog sebe.

Kako po druge?

Svako ima pravo da odabere nečiju biografiju, pa da živi prema njoj. Nije lako kroz celac sneg, ej. Ima pravo i da nauči Komunistički manifest napamet, da kupi kožni mantil, ili da se zakune. (Izbor biografije, doduše, može biti klizav s gledišta reda i poretka, ali zanemarimo sad to.) Hteo sam da kažem sledeće: koristiti ta i njima slična prava, a naći se oči u oči sa B., značilo je jebati orla.

Kad prođe glavnom ulicom, predveče, i pronese svoj smeh, da ti je samo videti šta ostane iza njega?! Ljudi i dalje mogu – nije rečeno da ne mogu – da slobodno prolaze, pojedinačno, u parovima, u grupicama, koliko god hoće, mogu i da trguju, psuju, pljuju, da duvaju jedan drugom za vrat, da ugovaraju sastanke poslovne i druge; sve to mogu što se tiče B. – ali, ne piši! I sâm sam toliko strepio pred njim: i na ulici, a pogotovu u zatvorenom prostoru. Svi su strepili, i D. i N. i I. i S. i onaj Arhimed, jedino je Milika bio nekako na svome.

Kako i zašto po samog sebe?

Ne znam, onako rekoh...»Ako so obljutavi, čime će se soliti?« To može biti samo uzrok, a ne posledica. Razumete? – so je već obljutavila, zato se on i smejao tako monumentalno. Da li je odustao?

Kad bi moglo

Ako bi neko od mene tražio da mu ustupim dan, jedan jedini, iz onog (neodređenog) fonda koji definiše moj život u vremenu, a to znači da jedan dan živim manje no što mi je »pisano« – ne kažem da ne bih pristao, ali bi me takav zahtev zbunio i zabrinuo. S druge strane, sudeći po tome kako koristim vreme, koliko verujem u njegovu vrednost – ne bi se našao nijedan valjan razlog za zabrinutost. Štaviše, bilo bi sasvim primereno da mirne duše ustupim čudnom potražiocu i celu sedmicu. Mogu otići i dalje, pa kazati: Ova godina mi je prošla *onako*, ništa u njoj nisam učinio što bi iole odredilo dalji tok mog života i, kao takvo, bilo preporučeno pamćenju. Nisam se suočio ni s dobrom ni sa zlom. Za nekog bi ona predstavljala dragocen dar, makar samo iz kreveta kroz uski i zamućeni prozor gledao na svoje dvorište, a ja bih smanjio težinu dosade koju prazno vreme sobom nosi; obojica bismo bili na dobitku.

A opet ima dana koje zaista pamtim, koje moram pamtiti. Ako bi sad neki radoznalnik zahtevao da ga upoznam sa sadržajem jednog od takvih dana, siguran sam da bi ono što bi čuo za njega značilo vrlo malo ili ne bi značilo ništa. Strogo rečeno, to samo za mene ima vrednost. Dan za pamćenje je dan s jakim naglaskom, saborni dan u kom je zbijena energija više godina – decenije, čak.

Da zaključim: dan je ništa, a može biti sve; može to biti i sat, minut, sekund! – zašto sam se uhvatio za dan. Život ne sluša uvek jednako ni najveće miljenike, a kamoli sluđene izgrednike i raznoraznu samorast koja se koti i ostrvljuje bez ikakva smisla. Uz to, intenzitet življenja raste i opada u rasponu od praznog hoda do najpregnantnijeg pokreta. Zanima me kakva je uloga zamišljenih trenutaka u toj igri punoće i praznine.

Šta je zamišljeni trenutak ako nije mirisni i zavodljivi plod moje bludne čežnje!? Ali samim tim što sam ga zamislio, ja sam ga, makar stidljivo, uveo u život. Sadržaj takvog trenutka, iako imaginaran, može bitno da utiče na realne sadržaje i njihove međusobne odnose. (Pričao mi je jedan uporni ovovremenić da je godinama negovao u svojoj svesti predstavu o tome kako sedi na balkonu lepe vile na skrovitom i impresivnom delu jadranske obale. On odskora i živi u takvoj vili! I meni se ta slika dopada, jer nije nezanimljivo pljuckati s balkona u predvečernjim časovima, ali u mom životu ona nikad ne bi mogla imati onu funkciju koju je imala u njegovom. Za njega je ona bila ono pravo i jedinstveno čemu se ne postavljaju uslovi. Onog momenta kad je stvorena, ta predstava je unela pojam plana u život mog dotad neumerenog i zbrkanog poznanika.)

* * *

Bilo bi i lepo i mudro kad bi se vremenskim rokovima moglo raspolagati kao god i stvarima. Recimo, meni ova godina ne treba, ne ide mi od ruke, pa bih je rado pozajmio tebi ili nekome kome je vreme tesno, s tim da mi se dug vrati onda kad mi bude odgovaralo. Doduše tu postoji izvesna teškoća, jer se može desiti da vreme potraživanja duga ne odgovara dužniku, ali se uvek može naći neko kome *ne ide* – da to učini za njega. Prenosi se samo obaveza vraćanja duga. Ako nekom baš toliko krene da ne ume da stane, nisam za to da se sakati takvom obavezom, a ako dužnik u međuvremenu umre – slava mu.

No možda je zavodljivija ideja koja potiče od dr Hauptfelda. Taj izvanredni čovek je držao da je svako poslovanje s ljudskim bićima manje-više nepouzdano i najčešće donosi glavobolju. Stoga je on uveren da bi bila bolja uredba kad bi naš životni staž mogao da miruje, kao što to može radni ili partijski. Jednostavno: čoveku *ne ide* pa za to vreme malo umre, a kad mu krene – opet oživi. U stvari, on se sve vreme računa u žive, samo je privremeno odsutan – gospodin na izletu. Tako bi se ublažila stroga podela na mrtve i žive, a i međusobne veze dva carstva postale bi daleko tešnje i kreativnije. Smrt bi tu bila na dobrom kontu, jer bi pored *stalnih* dobila i *prolazne* koji će takođe postati stalni – kad im dođe vreme. Što se života tiče, dobitak je upečatljiv: ljudi bi živeli kad im se živi, živeli bi svesrdno, ne bi se vukli i potucali po životu kao što većina danas čini.

U krajnjoj liniji cela zamisao svodi se na preraspodelu vremena u ime poboljšanja kvaliteta života.

(Iz pisma prijatelju D.)

UVOD U BIOGRAFIJU (3)

— Ipak si izabrao umetnost crtanja, zašto?
— To je bio greh trenutka. Kad su nekog kauboja upitali zašto je ubio Indijanca, odgovorio je da je sekiru držao u ruci a Indijanac se našao na korak-dva od njega. Više ne crtam.
— Šta si sve mogao da budeš, ili još uvek možeš?
— Šahist, mađioničar, mogao sam da podmećem požare, da osnujem neku versku sektu, političku stranku, da ukinem arapsku azbuku i ponovo uvedem klinasto pismo, a mogao sam i da doprem na Severni pol i da budem prvi varvarin koji bi tamo uzviknuo: Živela Bosna i Hercegovina!
— Priča se da tvoj prijatelj Durut sprema ekspediciju na Južni pol.
— On bi to davno učinio da je imao uslova.
— Zašto su te poslednji put uhapsili?
— Držao sam predavanje u jednoj kafani o slobodi kao našoj konstituišućoj moći, vrlo stručno mogu ti reći, ali nisam završio.
— Šta si im rekao kad su ti prišli?
— Pitao sam ih — je l' bilo jasno.
— Držiš li podstanare?
— Tu je Grgur, ali ženi se.
— Pozdravi ga.
— Hvala, pozdravi i ti svoju cuku.

ISKUŠAVANJE

I

Zamislite božića koji je usled ozbiljnog afektivnog sukoba zaostao u razvoju. Pošto nije mogao da se uklopi u elitni, strogo protokolisani način života božanske porodice on se, kad je poodrastao, izdvojio i zaputio ka ogromnim naslagama gustog i toplog blata koje je preostalo kao škart, nakon što je njegov veliki Pater stvorio ovaj okrsni svet. Božić je otpočeo da se igra... Izvajao bi stablo s rukama ili sa životinjskim šapama umesto grana i s krošnjom od očiju i ušiju umesto lišća. Sledećeg dana bi se okušao u oblikovanju ljudskog ili životinjskog tela s granama umesto ruku, cvećem umesto kose, a vrh svega bi tom čudovištu nakačio krila, i šta sve nije radio u svojoj beznadnoj nesposobnosti da razlikuje stvarnost od sna, opipljivo od slućenog i zamišljenog. Božić bejaše previše obuzet igrom stvaranja, da osta sasvim po strani od božanski korisnog rada na privođenju ljudskih duša poslušnosti i divljenju nebeskim gospodarima, čime i otpoče briga moćnih o nemoćnima, koja kroz teške i bezbrojne nebeske i zemaljske lomove traje i dan--danas. Možemo pretpostaviti, s dosta razloga, da je Pater na to njegovo nevešto i suludo mešenje gledao s lakim prezirom, komotno, bez senke straha, jer je morao biti siguran da besmrtni žabac ne može ništa pomeriti u redu stvari čiju postojanost garantuje njegov moćni žig.

Božić-žabac je još uvek na gomili škarta, predan poslu uobličavanja i razobličavanja – po svom unutrašnjem automatizmu. Tog blata-škarta je uvek bilo, ima ga i biće ga diljem Planete (smem li reći – i šire). Može se prepoznati na pogled, a još pouzdanije – pod prstima. Ali ne može ga prepoznati svako, već samo onaj koji je obeležen istim znakom kao i božić – žabac.

* * *

Kako mogu znati šta sam i od koga naučio, kad ne znam ni gde sam šta pojeo i popio. A ne pamtim ni žene koje su mi bile bliske, osim naravno jedne koja me naterala da se okupam, jer »smrdim kao jarac devetak«. Sve se to u meni nekako podmuklo pretakalo u iskustvo – da bi se formirao moj potez, moj način. Njuškao sam ćud papira kao lisica zamku, savladavao strah od beline, mučio muku s nervima, kalio škripava pera u zmijskom otrovu, prinosio žrtve Dionisu – kozonogom božanstvu – i, iznad svega, oslanjao sam se na *ono što mi je bilo dato:* na sklonost da osmotrim stvar s one strane s koje ni đavolu u snu ne bi palo na pamet da je osmotri. Pri tom je za mene imalo ogromnu važnost mnogo toga što je, na izgled, daleko od umetnosti, jer ja bejah i ostadoh čovek pešak. A o pešacima se može reći sve najgore, osim to da izdaju život. (Poznavao sam sijaset umetnika za koje je potpuno normalno to što ptica leti, izbija pupoljak na grani, što suncokret okreće glavu suncu ili što dete progovara, a ja, vidiš, ni to ni štošta drugo ne razumeh nikad, a trudio se jesam. I šta mi je preostalo no da osećam strah pred njima i potajno nezadovoljstvo samim sobom. A opet sam toliko krvnički voleo svoj poziv da sam često žalio za tim što ne mogu da uzmem kredu veliku kao bandera i da povučem liniju pravo od praga košare u kojoj sam rođen, pa sve dokle izdrži kreda ili se prekine nit mog života. Zamislite takvu belu rečenicu, pa će vam postati jasno koliko strast može biti drska.)

II

Ja nisam majstor, ne smatram se majstorom. Ja sam prevashodno opsednut čovek koji je nastojao da o svojoj opsednutosti dâ verodostojan dokaz. A to čim sam opsednut jeste »nemoguće«, shvaćeno kao bitan momenat zbiljski postojećeg. O njemu se ne može ništa kazati izvan postojećeg, već samo na njegovoj osnovi. Tek posredstvom postojećeg, nemoguće se prevodi u moguće (realno).

* * *

San je jednako bitan deo strukture sveta kao i java, vidljivo koliko i nevidljivo, opažajno koliko i zamišljeno. Svi ti elementi su uzajamno prepleteni i međusobno se pretpostavljaju. Prema postojećem (vidljivom, opažajnom) ja sam u zavisnom odnosu utoliko što od njega polazim, da bih ga uključio u viši kvalitet u kom su nevidljivo i vidljivo sintetizovani u jedno.
Mora se imati intuicija nečega da bi se do toga stiglo. Ta intuitivna predstava doziva se u oblik kroz spor s viđenim, iz poteza u potez, shodno osećaju da je trag nanjušen, da si na pravom putu. Svaki naredni potez prima energiju iz tog slućenog, višeg konteksta, osećajni luk se stalno napinje, to je ravno nagonskom čaranju. Tamo gde osetim da onom što stvaram moram priznati samostalnost – stajem, nek se dovrši samo od sebe. Jer odatle je samo korak pa da se sve raspusti. (Staje se onda kad se ugasi svećica u glavi.)

* * *

Radeći na ciklusu »Bežanijska kosa« bio sam opsednut magičnom vezom između živih i neživih formi. Možda u tome mestimično ima previše setnih lirskih preliva, golubije nežnosti i zanatskih pikanterija?! Ako je i tako, ja se od toga ne želim braniti. Uostalom, ja ovde iznosim ono što sam hteo, što je pokrenuto u ognjištu mog doživljaja sveta. A to je da sam se trudio da crtež razvijem u tančine, do opčinjavajućih poetskih nagoveštaja. Tada sam se više nego danas stideo trivijalnosti i opore oskudnosti sveta, pa nisam umeo da stanem – svega mi je bilo malo, od broja slova u azbuci pa dalje. Crtao sam neumorno i energično, takoreći iz petnih žila, ne bih li na opasnoj belini papira obrazovao magično, oniričko polje u kojem će to raznovrsno mnoštvo formi izbiti nekako samo od sebe i uspostaviti dinamičko jedinstvo. Ovo *samo od sebe* se čini zagonetnim, pa ću pokušati da budem određeniji. Mašta ničim suspregnuta je lepršava, suva i neplodna, dok je mašta u magičnom polju u tvoračkoj ulozi; ona je usmerena dubokim emotivnim podtekstom i služi mu pitomo i verno. Crtež tu vlada mnome i ja se povinujem njegovim unutrašnjim intencijama – atmosferi, ritmu – sve dok se ne završi. Svako dodavanje ili oduzimanje, iz spoljne perspektive, s ambicijom da se nešto pojača, obesmislilo bi sve što je dotad postignuto.

* * *

Dok sam, crtajući i rascrtavajući, komponovao viziju međusobne isprepletenosti živih i neživih formi, ponekad bi mi se oteli ispod pera i odskočili ustranu pojedini detalji, nudeći se svaki za sebe kao svojevrstan punkt (čvorište) – kao nov i silovit početak. Ja sam za njih našao metaforu u nabrekloj semenki, na ivici nemirnoj i uzbuđujućoj da iznedri *nešto*. Zamišljao sam šta bi se zbilo kad bi se čvorište raspuklo samo od sebe, gotovo da sam bio pripravan da u to i poverujem, iako negde svestan setne nemogućnosti da se u umetnosti zbude ono što se zakonomerno zbiva u prirodi. U stvari, čežnja me navela na greh, pa sam neoprezno »poverovao u predmet« i počeo da »zaključujem iz jednog sveta u drugi«.

III

Kostur prema telu (mesu) ima se kao crtež naspram slike: on uslovljava stabilnost forme. Otud je s pravom rečeno da može svako da nauči da slika, ali da crta – niko.

Linija je nastala iz potrebe za razdvajanjem, za određenošću; njena priroda je definišuća. Linija potencira čistotu. Ja sam opasno naglašavao liniju, naročito u početku, u vreme učenja, kad je ona kod mene imala prevashodno studijsku, istraživačku ulogu. Kasnije, kad sam ovladao njom, spontano sam je podređivao emotivnim nabojima. (Uostalom, i ptica u početku leti radi samog leta, istražujući to čudo ulaska u svoj krilati svet. Kasnije se letom služi, ne osećajući da to čini.) Tamo gde me nikakva finoća linije nije zadovoljavala, pribegavao sam laviranju, obojenju, utrljavanju. A šta danas da radiš s linijom u zamagljenom i isprljanom svetu, koji bi najpre trebalo oprati u »devet voda«?«

(Kad je posegnuo da linijom izrazi toplu dubinu ljudske puti, Pikaso se vratio dionizijskoj duši grčke antike.)

Čista linija više ne ide, osim kao vežba. To kažem ja koji znam šta je čista linija. Doduše, crtača može da navede na čistu liniju mnogo toga (samoljublje, profesionalna gordost, nostalgična vernost starima, pretenciozno koketiranje zanatskom veštinom i sl.) ali kad bi ozbiljnije razmislio, morao bi doći do zaključka da je on, čineći to što čini, slika i prilika čoveka koji ne oseća u kakvom svetu živi.

(Jednom sam hteo da nacrtam most na Savi čistom linijom. Ali kako da ga nacrtam kad to nije most da po njemu čovek hoda ni obuven, a kamoli bos?! Ne može da se nalakti na njegovu ogradu i spokojno zuri u reku. Taj zvučni haos, krka i lomljava što se bez prestanka valja njegovom tvrdom kičmom, užasava me i tera da se uvučem pod zemlju poput krtice. Nema zbora o čistoj liniji tamo gde više ništa ne miriše na ljudski koren. Nek crtaju oni koji umeju da se služe lenjirom i šestarom.)

IV

»Ti, čiko, ne umeš da crtaš kengura. Kengur nema uši, već torbu za bebu; magare ima uši.«

Primedba jedne devojčice

I kad sam se držao ozbiljno, ja sam u stvari glumio ozbiljnost: da opštinske ili ko zna kakve vlasti u meni ne bi prepoznale igrača u »neigrajućem vremenu«. Ja igram i kad ležim na podu (jednu noć u nedelji provedem ležeći na podu), i kad hodam i kad spavam; ja sam čista igra. Kad mi ovde ponestanu uslovi za igru, nastaviću na nebu, izvući ću sve bogove iz kosmičkog dremeža. (Nisam pijan, kunem se, a jeste mi lepo.)

* * *

Toliko glava pronosi sebe gradom po najzamršenijem pravilniku o životarenju u svakodnevici (carstvu sitnih svrha i velikog bespuća), a ja se vrtim ukrug – besposlen. Daj, pomislih, da nešto učinim od njih i za njih. A i da se malo poigram, ne bih li prekrio ovo oskudno postojanje koje tegobno vučem. I tako nasta ciklus *1001 glava*. Da nije bilo ove ideje o igri, verovatno bi sve ostalo na saosećanju s poštovanja dostojnim glavama. A ideju mi je dao niko drugi do onaj isti gavran kog sam, svojevremeno, iz čisto infantilnog hira, poželeo da ofarbam u belo. Kako se to zbilo? Jednom dok sam ga posmatrao kako čuči u golemom kavezu natučenom na vrh debelog koca, poput drevnih pustinjaka (stolpnika), videh da mu je dno kaveza gotovo prekriveno žutim sitnišem koji su ubacili daroviti posetioci (deca, ko bi drugi). Mаších se poduže olovke i prionuh da izguram nešto od tog sitniša. Ali, avaj, ta preopevana, drska pтičurina ili nije razumela da mi je taj novac preko potreban za autobusku kartu, ili joj je srce boje perja? – ne znam, tek hitro kandžama zgomila sav sitniš na sredinu kaveza, izvan dometa moje olovke. To me toliko oduševi da zaboravih na svoje jade. Ako ovaj ugursuz, pomislih, ume tako da se igra, zašto to ne bih mogao i ja, na svoj način?!

* * *

Nauka glave trpi takve kakve jesu. Njoj je konačno svejedno s kakvim glavama i u kakvom stanju ima posla. Umetnik je tu u velikoj nevolji.
Vidim nečiju glavu i osetim da moram da je »odvag-

nem«. Ako je to glava kojoj se ne može doskočiti (takvu glavu nosi Mihail Talj, recimo), onda mi preostaje samo da potenciram njenu zagonetnost. Jer ona se ne da okrenuti i prevrtati kao glava kakvog površnika, već sama sobom obuzdava moju sklonost ka poigravanju. Jasno, valja imati čulo da se to oseti (za mnoge su sve glave iste, a opet crtaju). Ima i takvih glava kojima se mora oduzeti nešto što im ne dopušta da bi se videle u pravom svetlu. Moj zadatak je, tada, da takvu glavu, koja uostalom može biti sasvim solidne građe, oslobodim tog zaklona. Ili je glava nedovršena, sasvim nezasluženo. Lepo vidim da je šteta što je ostala takva, i šta da radim – moram da je dovršim.

Glave su, prosto rečeno, nezahvalna stvar. Uz neku ne ide ništa, a druga, opet, ne može sama; mora se nešto prisloniti uz nju, da je bliže odredi, da se vidi o čemu je reč. Na nekim sam otvarao rupice, vidim ne ide bez toga. Obični, humanistički nastrojeni gledaoci ne vide te rupice, ili ih vide kao manu, a ne mogu ni da slute šta bi se desilo s glavom kad ih ne bi bilo. Neka bi (po unutrašnjem nalogu) zadimila, druga bi se preobrazila u bacačku kuglu, u najboljem slučaju ostale bi takve kakvim ih je Bog dao, a ima i onih koje ne bi propustile toliku neopreznost slikara, pa bi se usmrdele na platnu.

Ako je neki detalj na glavi u nepomirljivom sporu s ostalima, a sam se nameće kao bitan, umetnik je dužan da to zaokruži – likovno. Za razliku od laika koji ono što zapazi pokaže prstom, slikar postupa drukčije i ide dalje: on taj deo izdvaja kao polazište za stvaranje jednog novog konteksta u kom je moguće pomiriti nepomirljivo, a da u biti sve ostane kakvo jeste. (Pre desetak godina crtao sam lice jedne devojke, ne mogu reći gde ali se dobro sećam tog lica, jer je crtež za mene još i forma pamćenja. Imala je nozdrve! Svi, naravno, imaju nozdrve, ali se to može reći samo za onog čije nozdrve nešto nose. Ona se nozdrvama smejala, izražavala zabrinutost; izgledalo je da sva njena raspoloženja prolaze kroz ta dva mala otvora, i tu se mogu uhvatiti – na uskom. Kad sam počeo da je crtam shvatio sam da moram iznova da stvorim to lice, ali tako što ću sve na njemu podvesti pod vlast nozdrva a da ne narušim sklad. Drugo je pitanje što u tome nisam uspeo. Verovatno sam bio previše zanesen njom, nedopustivo bolećiv. Ili je, možda, odgovor sadržan u rečima kurve Manuele: »Muškarci se plaše da upropaste nešto za što smatraju da je lepota.«)

* * *

Da bih prekomponovao jednu ljudsku ili životinjsku glavu, ja sa stvarne podloge moram iskočiti u sferu »nestvarnog« jer drugog načina nema. Ta nova struktura, umetnička tvorevina, opstoji u vlastitom imaginarnom prostoru. Ona se može posmatrati, u nekom ključu, i kao objašnjenje predmeta koji izražava, mada ja to ne bih olako prihvatio. Objašnjava se nešto što se smatra neobjašnjenim, dalekim, a svrha umetnosti, slikarstva posebno, je u tome da ono što se smatra bliskim i objašnjenim učini izuzetnim. I to tako da u objašnjenje više niko ne veruje, bez velike rezerve.

* * *

Kad sam se već glava dohvatio, ne mogu da odolim potrebi da ispričam dve pričice.

Prva se tiče Morija i Modija, mojih dragih i veselih prijatelja. Obojici sam izložio glave, u »obojenju«, u ciklusu *1001 glava.*

No, gle čuda, Morija sam smlatio u desetak poteza, dok se Modi uporno otimao. Nikako glava da mu legne, pa sam bio prinuđen da je utrljavam u papir celo popodne. A utrljavanje je – stručnjaci to znaju – toliko pipav, jeben posao, da sam sedam puta kanio da odustanem. Ni sam đavo ne zna koliko bih se s tim guzio da se predveče ne obrete Galić kod mene, te mi svojski priskoči u pomoć – i stvar privedosmo kraju. (Bilo je i drugih glava koje sam mestimično utrljavao, jer ako ih ne utrljam landaraće na podlozi, ali mi je Modi najviše jada zadao. Njegova glava je tipično zakarpatska, inspirativna u božju mater, ali mu to popodne ne mogu zaboraviti.)

Druga pričica govori o mom porazu, usled nesporazuma, i možda o još ponečem. Ispričaću je potanko i iskreno, jer to je jedna istinita priča. Pri tom sam, dakako, svestan rizika koji preuzimam, jer »iskrenost«, kako reče Konrad, »predaje čoveka u ruke njegovih neprijatelja«. (To bi se još i moglo podneti, pod uslovom da pojačava naklonost njegovih prijatelja.) Ali, da počnem.

Jednom prilikom – daj Bože da se ne ponovi – bio sam na velikim mukama, pa sam zatražio pomoć od vedrog i dobroćudnog čoveka. Nismo se razumeli. Od tada mi je bljutava priprosta bolećivost dobroćudnih stvorenja.

Na društvenoj pozornici ranih šezdesetih godina pojavio se izvesni Stojičko Jegejac, okrugao i samotvor dvonožac u crnoj trenerci. Ispalo je tako da sam čvrsto odlučio da ga nacrtam. Danima sam ga opsedao da mu nađem tačku iz koje bih pošao, ali svi moji napori behu uzaludni. Stojičko ostade to što je i bio – samotvor i otporan na svaku zamku koju bih ja uspeo da smislim.

Tih dana se u Beogradu obreo i moj zemljak Daskalović, ne sećam se kojim poslom. Ponudio sam mu gostoprimstvo, kao što je red među zemljacima. No baš uoči odlaska u presvetlu Bosnu, Daskal trefi dobro kosište na nekoj beogradskoj pijaci. »Valjaće« – reče – »majstore, nikad toga nije mnogo.«

Gledam ono kosište, pa mi sinu ideja da je kraj mojih muka upravo tu.

– Daskale – rekoh – da se nešto dogovorimo, ali da mi učiniš.

– Kaži, majstore, spreman sam ako je do mene – reče on.

– Video si onog čoveka što je pre neki dan bio ovde, da ti ne pričam ko je on i šta radi, hteo bih da ga nacrtam.

– Pa dobro – reče Daskal.

– Kakvo dobro, nesrećniče, vidiš da je samotvor – ne možeš mu prići kako god da ga zaskočiš.

– Pa, šta ja tu mogu? – reče on.

– Slušaj, Daskale, ovo možeš: ja moram da mu uhvatim izraz, ono posebno što svaki čovek ima, a upravo je to kod njega previše skriveno, pa sam smislio, ej, dobro je što si nabavio to kosište.

– Ko zna, majstore?!

— Mani to tvoje ko zna, no slušaj: kad on ujutru dođe i sedne, ja ću početi da ga crtam, a ti mu se privuci s leđa i otalači ga kosištem po temenu, samo nemoj prejako.
— Ne mogu ja to, majstore, ne ide, a i kako da odmjerim.
— Na moju odgovornost, platiću ti kosište ako se slomi, a neće — nemoj prejako. Veoma je važno da mu nađem tačku — ... učini mi to, Daskale.
— Teško mi je da ti ne učinim, ali razumi i ti mene, čovjek sam seljak...
— To je jedini način, govedo — rekoh — a njemu je isto stalo da ga nacrtam, sve će podneti, a i originalno je, zar nije.
— Ma jeste — reče on — originalno, ali ako se tako mora crtat nije dobro, ima i drugog posla za školovana čovjeka, a ni sud ne sjedi džabe.
Eto ti! Kuku, niko li ništa ne razume. Zar je moguće da je svet toliko nedarovit!?

V

Sa stvarima ide drukčije, ali i one se opiru. Sve se manje-više opire, to je neverovatno. (Sto je sto dok ne počneš da ga crtaš, a onda se pretvara u ukočeno, nemo čudovište. Kao da mu jasno biva da hoćeš da ga rasklopiš, da mu zaviriš u dušu i saznaš sve i o njemu i o onima koji se njim služe; on se ne da.)

Ako za ljude valja imati više strpljenja i lukavstva, za stvari je neophodno više mudrosti; stvari su dublje, a njihovi odnosi tajanstveniji. Da bi shvatio stvari nije dovoljno da zapažaš, da meriš, već ih moraš poštovati, imati razumevanja za njih i ne ugnjetavati ih. (Ako ne umeš da objasniš prostor, izgubljen si za stvari.) Neke stvari vole da se međusobno dodiruju, druge to jedva podnose, a neke opet stenju u prisustvu drugih. Objasniti prostor ovde znači omogućiti stvarima da se izraze ne samo u svojoj funkciji, već i pre svega u svom formalnom integritetu. Budala stvari može da uništi prosto fizički, ili da ih ponizi neprikladnom upotrebom, a loš slikar to postiže tako što ih zgomila, utamniči, ili im se udvara sledeći iskustvo s ljudima. Prvo se može oprostiti, jer mora da bude što jeste, a drugi je »do nogu« kriv jer je hteo da bude ono što nije.

* * *

Stvari ljubomorno čuvaju svoju tajnu. Kad čovek juri za nekim praktičnim ciljem on protutnji kroz »mir stvari« ne videći u njima ništa više od neposredne i neoplemenjene svrhovitosti. Na žalost, to je »neizbežna sudbina većine«. Stvari se moraju »saslušati«, i to prijateljski a ne policijski, niti naučno. Policijsko saslušavanje svodi se na grubo i tendenciozno katalogizovanje stvari u unapred pripravljenom ključu, ono je primarno ideološko, dok je naučno (objektivno) ravnodušno. (Prijateljsko »saslušavanje« je poetsko, zasnovano na poverenju; ono omogućuje stvarima da se otvore i, u činu osećajne uzbuđenosti, vaskrsnu u čovekovom duhu, čineći s njim integralnu, mada i dalje tajanstvenu celinu. Prijateljsko »saslušavanje« konačno valja razumeti kao savlađivanje oštre oprečnosti koja se, po Pjeru Mabiju, »danas ustalila između hoda čudesnog i kretanja nauke«.)

U približavanju stvarima nastojao sam da doprem do one granice na kojoj se predajem utisku da ono što vidim nije to, ili nije samo to, a onda se jako trudim – koliko mi dopušta stvaralačka moć – da tu opojnu začaranost predočim, ili barem nagovestim.

* * *

Ovaj sto koji crtam jedan je od momenata u preobražavanju oblika stola koji se odigrao u ljudskom duhu i koji će se odigravati i dalje, te je kao artefakt svojevrsno svedočanstvo o hodu duha. Crtajući ga, ja u stvari činim da se pojavi nešto tamo gde nije bilo ništa; i to na način ličan. Prizivam na nevidljivu scenu jedan oblik koji ima svoju povest i kao pragmatična i kao estetska tvorevina (setite se Van Gogovih »Cipela«).

* * *

Znao sam da sebe pojmim kao medij posredstvom kojeg će se otvoriti i prikazati *misterija realnog*, tajna lepota u stvarima, a da pri tom ništa ne konstruišem. U tom smislu sam kao relativno mlad i uvrnut predavač savetovao jednom zbunjenom studentu šta i kako da crta: Sedi bilo gde, otvori blok i izvadi olovku, a ono što ti možeš nacrtati – naći će te samo. (Stoga, a i zbog mnogo čega drugog, stali su da me optužuju da izvodim kojekakve burgije. A ja nikad ništa nisam izmišljao, izmišljanje je nepotrebno. »Obično« jaje je veće čudo od bilo kakvog tehničnog jajeta. Igrao se jesam mogućnostima, ali izmišljao nisam.)

Smatram da traganje u našem poslu mora imati prirodan tok, bez trikova i jevtinih maštarija kao kod vašarskih cirkuzanata, čiji je cilj da zamreže oči i zabaštraju um. Oni koji na jevtin i nepošten način hoće da dođu do slike lažu i u svakodnevnom životu, i rečima i načinom ponašanja. Cilj takvih licemera je da priprave atmosferu u kojoj će sporazumevanje biti otežano, pa i sva merila nepouzdana. Znam da je rizično ovako govoriti u vreme kad i uz imenicu govno moraš dodati atribut *dobro*, da se vlasnik ne uvredi. No, dok se vešti drže veštih ili još veštijih, meni ostaje da se nadam da će mi se, kao »nepunoletnom smetenjaku«, progledati kroz prste.

VI

Ne znam koliko sam uspeo u oblikovanju svojih vizija, nikad ne znam... A nisam upućen ni u ono što su drugi o tome rekli, mada načelno poštujem svačije napore. Znam samo da sam povremeno imao hrabrosti, a verujem i moći, da siđem u koren stvari. Pri tom bih tiho osetio rast zadovoljstva sobom, s više sete nego gordosti; takav sam nekako.

Čoveku koji poželi da se upozna s mojim crtežima – ako takav postoji – preporučujem da se u njih uvlači pažljivo, da ne bi izazvao pometnju i tako nesmotreno učinio da se ispred njegovih očiju skrije sve ono zbog čega je imalo smisla da se tu nađe. Jedino mu pažnja može omogućiti da se ono što gleda pred njim otvori, slobodno. Neka sve šeme kojima raspolaže ostavi kod kuće, na skrovitom mestu, da mu se nađu. Da bi se u domu Indusa evropski namernik osećao ugodno poželjno je da ima indijsku dušu, dok su znanja o običajima koji tamo vladaju manje važna. Naravno da je osobna stvar svakog pojedinca da li će ovaj moj savet prihvatiti ili će ga odbiti s prezirom, kao i svaku banalnu mistifikaciju; ja nikom na put ne stajem.

* * *

Dok sam crtao držao sam se svoje stazice, s velikim koricama ispod miške i debelim svežnjem belih listova između njih. Tim listovima, od kojih su mnogi iscrtani s obe strane, uz put sam popločavao stazu. Korice su danas moja lična svojina, a crteže neka kupi kome je do toga.
Zašto sam ostavio umetnost crtanja?
Pikaso je oštro ukorio svog prijatelja Domingina zato što je ostavio koridu:»Prepao si se, Luj Migele, da te ne ubije bik. Ja bih bio najsrećniji da, dok slikam, padnem sa skele i razbijem glavu. Izabrao si svoju umetnost i obavezan si da u njoj istraješ.« Da li je ovaj prigovor velikog majstora opravdan? Bez sumnje, on je dosledno izveden. Zavetovati se jednoj stvari i mnogo imati od nje, a posle joj okrenuti leđa – šta je drugo ako nije izdaja!? Domingin je na početku morao biti svestan težine rizika svog izbora, bez obzira na mladalačku i sto puta špansku strast koja je u stanju da zakloni mnoge očiglednosti. A opet je izabrao! Nije li, onda, ono što ga je navelo da izabere sadržano u samoj prirodi izabranog, u onom intenzitetu koji se postiže hvatanjem ukoštac s opasnom stvari!? Igrati na ivici smrti, znači mnogo. Tu su čista posla: neuspeh se plaća direktno, često radikalno, a to čini uspeh neizmerno dragocenim. U krajnjoj liniji: život se gubi, ili se umnožava. To je prvo, dok sve ostalo – slava, novac, prijatelji, žene – dolazi nakon toga. Ja se lično veoma divim izuzetnoj ljudskoj sklonosti da se život

ostvaruje kao opasna igra, pa sam stoga i spreman da verujem da je takva sklonost i Domingina navela da izabere to što je izabrao. Zašto je, onda, Domingin ostavio koridu? Pričalo se da ga je na to nagovorila jedna od njegovih žena, prelepa Lučija. Nije mogla da zamisli svoju sreću raspetu na rogovima bika? Ili nije mogla da podnese konkurenciju te mahnite rogate tvrđave, pa je odlučno postavila uslov: ja ili bik? Šta je od toga tačno, to su znali Domingin i Lučija. Kao čovek sklon pretpostavkama, ja idem dalje. Nije li Luj Migel napustio koridu zato što je osetio da više nije u stanju da igra opasno? Dok je njegova strast išla harmonično s osećanjem moći, strah od pogibije bio je sveden na meru koja nije uznemiravala njegovu svest — s njim se moglo živeti u granicama spokojstva. Kad je harmonija narušena, strah se uvukao kroz pukotinu i prišapnuo slavnom toreadoru da se obazrivije odnosi prema svojoj budućnosti. Ako je ova pretpostavka uverljiva, pitam se šta je moglo motivisati Domingina da posluša nalog svog zemljaka, i vrati se koridi? Osećanje povređenog ponosa — viteškog, španskog!? Umirovljeni toreador?! — reputacija nimalo privlačna. Najzad, valja imati na umu ko je čovek koji je povredio njegov ponos. Sve u svemu, moglo bi se zaključiti da se ceo Domginov odnos prema koridi odvijao u vlastitom ambijentu te umetnosti, i to je ono što smatram glavnim.

Da li sam ja tražio od svoje umetnosti približno isto što i Domingin od svoje? Ako jesam, a izgleda da jesam, onda se moram suočiti s pitanjem da li sam na to imao pravo, budući da se moja i njegova umetnost bitno razlikuju. (Zajedničko im je — momenat igre. Ali, u njegovom slučaju je igra prepletena s borbom, s rafiniranim sredstvima prevare, dok u mom slučaju ona ima drugu svrhu, njene mogućnosti su drukčije upošljene, a njena funkcija se odvija na višem duhovnom stupnju.) Ja sam, izgleda, hteo da me umetnost oslobodi ispraznosti sopstvene životne povesti, da mi nadoknadi ono što u životu gubim, da konačno u njenoj sferi rešim svoje pitanje. Šta reći ako je taj zahtev preteran? U tom slučaju, ja sam izvlačio svoju umetnost iz njenog autonomnog ambijenta, pa se ona morala pokazati nedostatnom. Da bih joj se vratio, trebalo bi najpre da se istinski pomirim s tim da se moj život odlučuje izvan umetnosti, a da od umetnosti tražim ono što mi ona može dati. Ova rupčaga u meni uverava me da je to malo. Stoga mi se čini privlačnijim da se oslonim na svoj provereni »smisao za nestvarnost« i da čekam da me jednog dana neki bog uhvati za ručicu i pokaže mi prstom gde da kopam, da bih iskopao neku novu dimenziju postojanja.

PRIČA O ĆEZERU

Od januara do maja brojali smo mesece umereno pevno (moderato cantabille), a onda: juni, juli, juni, juli, juli... avgust! To je bio naš radni ritam. Šmoka, Mirza, Iković, Cile, Mele Buđavi, ja i ostali gunjaši započinjali smo svoj posao na zemlji ili u hladnoj Brzici, a završavali ga na nebesima – u slatkom beutu.

Ime mu je bilo Čezare a zvali smo ga Ćezer, po naški. Nespretnije među nama poučavao bi na svojoj budži, dok ne uhvate korak. Za ciglo pola minute njegova budža bi potresno zabalila i, lipsavajući polagano, pretvarala se u mrtvu štuku. Tako usahla i presamićena podsećala me na futrolu malog braon kišobrana jedre Milkice, kćerke nekad bogatog trgovca stokom Ise Nebrigića, kod koga je Ćezer najpre izbijao hleb svoj nasušni.

Behu to mutna vremena, za mnoge poslednja. Ljudi su se i tada delili na prave i krive, mada je podela na srećne i nesrećne bila ispravnija. Kad je došao red na Ćezera, rešio sam da učinim za njega sve što je u mojoj moći, s iskrenom privrženošću malog drugara.

Kako je bilo?

Ponovo prolazim svojim životnim putem, u meni se bude zadremale senke; je li sve to moje?!

Dim siv i prozračan dizao se nad vodom u ranojesenjem sutonu. To rečni duh ispreda svoju pređu, priča nemuštu priču o nečemu što se davno zbilo. Zvezde visoke i česte... baš su male, a znam da su strašno velike. Koliko su samo stare! Trebalo je da pređem Brzicu da bih se dohvatio puste lužanske ravnice. Kad sam se primakao reci, video sam da je kerep na drugoj obali – neko sedi u njemu! Tegljača pomoću koje se on mogao dovući, bila je presečena. Sklonih se u gustiš... Redovi vrba s obe strane reke. Između njih hita tamnosjajna neumorna voda. Tu su i zvukovi-pratilice: bućkanje i kreket žaba, lepet krila noćne ptice, šum vetra u granju vrba... Oblačići se razbiše, mesečina prisija, i ja videh jasno da u kerepu više nema nikog. Bio je tamo čovek, nije moglo biti ništa drugo. Otac je uvek govorio da nema duhova, a ako ih je nekad i bilo, nisu mogli opstati uz ljude... a zveri se ne voze kerepom. Dobro, čovek je – ali ko je on i kakav je? Okrećem glavu nebu, kao da otud očekujem odgovor... Opet zvezde, daleke Astrajeve kćeri – tako ih je zvao Ćezer. One ne znaju za nas, za Ćezera i mene, niti nas vide, a čini se da nas nadziru; ne znaju ni za onog koji je do malopre sedeo u kerepu, a bilo bi dobro da njega prate. Izdaleka dopire odjek nekakve teške i zamršene graje, pomešane sa psećim lavežom, kao u vreme lova.

Šta mi je preostalo? Ili da idem kilometar uzvodno, na brvno, ili da, držeći se za sajlu, pređem reku? Kilometar, to je dugo! A opet, sajla nije baš kratka, a čoveku mogu da klonu ruke iznenada... Ko je i zašto presekao tegljaču? U kerepu je bio čovek, ali je to mogao učiniti i neko pre njega. Ako pokušam da pređem reku pomoću sajle, moram skvasiti noge do kolena, sajla je jedva metar iznad vode... da idem kući, to ne bi bilo važno, ali... neka sajle, mnogo je nisko. Moje ruke ne bi klonule, to je sigurno.

Krećem obalom, uzvodno, ka brvnu. Noć je već nalegla svom težinom, ali mesečina je tu. Ko zna je li to dobro? – mesečina je oličenje nebrige, pusta, puna jeze. No moje je da idem za svojim poslom, i da dišem... šta se mene tiče mesečina. Noge grabe džombastom obalom... Ali, šta se to odjednom zbilo sa mnom? Primećujem svaki kamenčić, žbun, busen trave, i čudim se kao da to prvi put vidim. Sve to postoji za svoj račun, ali nekako i protiv mene! Znam šta tu raste – pelin, kržljava smrdljika, tanka i pegava piskovina, čičak – ali kao da nikad pre tuda nisam prolazio... sve se čini drukčijim no što mi je ostalo u sećanju. Ubrzavam korak, hoću da ne gledam, a ne mogu, svaki predmet mi privlači pogled. Napola zažmurim, ne vredi, opet vidim više no bih hteo, više no što ima... i sve se nekako kreće zajedno sa mnom, grmen koji sam već prošao i dalje je tu, u mom vidnom polju; ja idem i vidim i čujem sebe kako idem... Može biti da je to nekakva igra mesečine, da nije zbog mene, meni se samo čini jer tako vidim. Put mi se odužio, da nisam prošao brvno? Gluposti, imam ja još da hodam... Šmoka se ne bi usudio da krene sam, to je sigurno; ni Mirza, ni Cile, a Iković možda bi — bi Iković. Ali zašto nisam pozvao Šmoku da pođe sa mnom? da bih pokazao da sam veći, da bih se učinio Ćezeru jedinim drugarom? Ja bih, izgleda, hteo da je Šmoka strašljivac! Taman posla. Ne plašimo se ni ja ni Šmoka, ni Mirza, ni Cile; baš niko se od nas ne plaši.

Ded, otac, tetka, pa i baka — svi oni putuju noću kao da je to dan, a ja sam se nekako smeo. Čuo sam od popa Luke da je Hrist išao po vodi, a sv. Petar ni da mrdne. On je govorio da je to stoga što je Hrist verovao da može, a sv. Petar nije. To je mnogo važno... Kako je Iković preskočio onako širok klačinar? On se zaleteo i nije imao kud, morao je preskočiti. Iković se nije dvoumio, verovao je da može. I ja ću uspeti, samo treba da verujem... to je najvažnije. Ali mesečina je, a sâm sam, zamislim se, otme mi se korak, a sve je nekako isto... mada se ovde ne može zagubiti ni ovca. Dva puta sam išao s tetkom, prošle godine, brzo smo stigli, a ovo se ipak oteglo... brvno mora da je tu, samo što nisam stigao do njega.

Nisam kazao ocu kud idem i šta sam namerio, bojao sam se da bi me sprečio. Zašto, kad je on mene slao i na mnogo duži put, po mrkloj noći, da učinim nešto od koristi za kuću, ili za njega lično? Ako je tada imao poverenja u moju hrabrost i spretnost, a bio sam i mlađi i slabiji nego danas, zašto je ne bi imao i sada?! Mislim da je on malo vodio računa o mojim mogućnostima. Jednostavno, izbije potreba u trenutku kad je on zauzet drugim poslom i tu nema dvoumice: potapše me po ramenu i kaže — idi. Ja sam se i tada plašio, mnogo više nego noćas (noćas se ne plašim ničeg), ali sam bio ubeđen da me otac voli i da me ne bi poslao tamo gde nije siguran da ću stići. Nimalo ne sumnjam da me on voli i danas, a opet bi me sprečio... Ovu odluku sam doneo ja, a ne on! Može li biti da bi se on tako poneo prema mojoj odluci zato što je moja, ili zbog nečeg drugog? Ako je tako, onda postojim i ja a ne samo on. A šta ako nije, ako je u pitanju nešto drugo? Šta je to nešto drugo ako nije sam razlog zašto sam ovo učinio! Ali moj razlog je pošten! Zar nije pošteno saopštiti prijatelju da mu se sprema pogibija! Naravno da jeste, ali ko je taj prijatelj? Vojnik, tuđinac koji je došao da pali i ubija... ko može znati šta je on sve učinio, i nije li pogibija koja mu se sprema – pravedna osveta?! Kako bi onda otac mogao odobriti moju nameru? Sve to može biti, ali zna se da Ćezer nije ratni zarobljenik, on je begunac koji je rešio da živi baš tu gde je doveden da ubija, a to mora nešto da znači. Smotao je Milkicu! Dobro, i njoj se htelo. Svejedno, rekao bi otac, stvar je takva da se u nju ne treba petljati. Vreme je više nego opasno, pa zlo može da pričepi čoveka otkud se najmanje nada. Otprilike, to bi on rekao meni a i svakom drugom ko bi ga o tome pitao. Ali, ja sam siguran da bi ovo što činim bila sitnica za samog njega. Ne bi se on dvoumio, no bi sve već obavio – da je znao. Tačno je da on najviše veruje u sebe.

* * *

Kad sam prešao brvno, oprezno vukući stopala, da neka daska nije natrula, pobo sam puteljkom ka đermu.
Gde je sad čovek koji je izašao iz kerepa?! Okrećem se, za mnom pusto i mirno. Nastavljam, put se jedva razaznaje... Dobro, kad se neko boji psa to razumem, ali ja ne vidim ništa čega bih se bojao. To važi za psa i, možda, za čoveka; važi i za zver, mada nisam siguran za psa i čoveka, a probaću. Šta ću probati?! Otac me ne bi pustio, to je sigurno... A kakav je ovo strah kome ne znam ni oblik ni ime, ne znam čak ni da li je u meni ili izvan mene, kad o njemu govorim, ko zna o čemu govorim! Odrasli kažu da nema ničeg, a otkud onda strah? Ako pitaš, rugaju ti se... Za njih je ova ravnica jednako široka i noću i danju, a za mene kao da se rastegla, ispada mnogo šira noću, ona je široka kao i strah ni od čega... Ima straha u vidu strašila na njivi, u vidu vuka, pa i psa, a evo im i straha bez oblika. Kad bi postojali vampiri, onda bi strah imao i oblik vampira.
Poput divovskog kantara nasred poljane, crn i stra-

šan, zvrjao je u zvezdanu noć stari đeram! Pružio svoj lad po zemlji, obasjanoj mesečinom. Ne čuje se ništa.
Pričalo se da je to nekada bilo glavno pojilo okolnih sela. Pošto je voda »pobegla«, mnogi su zaobilazili to mesto kao »nečisto«.
Dah pustoši, teška pretnja nadolazi izdaleka! Pričalo se i to da je taj bunar iskopao, po kazni, neki podmukli ubica, u davna vremena. Kopao je i danju i noću, a prolaznicima bi se ponekad učinilo da kopaju dvojica. No, čim bi se približili, »drugi« bi nestajao.

Vijugavi put je zaobilazio đeram, i ja ne znam zašto sam svratio s puta i obreo se tamo gde je malo njih i danju viđeno. Možda me baš strah tu doveo! Ne znam... Kažem ne znam.

Oko bunara kamena korita, izmeštena iz svojih negdanjih ležišta, pokoje okrnjeno – ćute kao i svako kamenje. No sve bi to izgledalo daleko običnije da nema dugačke crne motke, uglavljene između dva takođe crna i obla direka, koju drži uprtu u nebo teški kameni teg, uvezan železnim obručima za njen donji i deblji kraj!

(Nagađaš da si se sasvim slučajno nadneo nad otvor bunara, noge su te same odvukle, ali ništa ne tvrdiš. A šta si pomislio u trenutku kad si se trgao nazad? Pobojao si se da te neko ne zgrabi za noge i sunovrati u crnu jametinu. I još nešto: pomislio si da je to zgodno mesto za izvršenje Isine pretnje, jer ko će tražiti jednog bezveznog tuđinca u bunaru čije dno još niko nije video. Ili sam ja ovo drugo izmislio? Slažem se: ljudi često izmišljaju kad hoće da nešto objasne.)

– Koji si da si, kad si već tu, pomozi mi da ustanem.
Ni kapi krvi u meni ne osta.

– Ne boj se, pruži mi ruku. Znam da nije lako sresti čoveka u ovaj vakat i na ovom mjestu, ali ako ćemo pošteno, nijesam kriv. Ja sam se sklonio da se malo odmorim, a ti si svratio s puta i nagazio na mene. Ne boj se, dijete si izgleda. Uh, baš sam bio prikunjao, odavno nijesam oka sklopio. A i noga me boli, rana mi još nije zarasla; evo pola godine kako su me ranili, pa pobjegli. Tada su mi i psa ubili, a juče mi je izgorjela kuća, može bit oni isti, a ja ne znam kome toliko smetam... pomozi mi da se dignem. Uh, uh – baš sam baksuzan.

Dok se držao za moju ruku, iznenada je zevnuo kao stara zver. Učinilo mi se da ima samo jedan zub, mrk i krupan kao kočić.
— Idem preko Brzice, kod kuma; primiće me, nadam se. Jesi li otud na kerep?
— Kerep je ovamo, ja sam morao preko brvna. Tegljača s one strane je prekinuta.
— Uh, taksirata — žao mi je, mališa.
— Poslao me otac da potražim u Baošića...
— E baš si sila, dobro si se našao starome Ivu, sad ću polako na kerep... U Baošića, kažeš, onda upriječi desno, na kamenolom — znaš put?
— Znam.

Starac odgega, potpomažući se motkom. Izgorela mu kuća, a nema nikoga. Žao mi ga je, ali noć je... noću može da žali samo jak čovek, onaj ko se ne boji. Može biti da taj baksuznik ništa drugo ne želi do da metne kamen pod glavu i sklopi oči zanavek. A to što sad traži sklonište, druga je stvar... živ je i mora. U stvari, on je dobar... a i onaj što je bio u kerepu, možda je takođe dobar... za sve je kriv moj strah, niko drugi.

Idem varljivim putem, prati me moja senka... i to me nervira. Stanem, stane i ona, pokorno; pomerim ruku, pomeri je i ona... Da noć nije mesečna, bilo bi mi lakše: skrio bih se u tami i tako se provukao, na sreću; ali kao za inat — oblaci se razvukli, i Mesec caruje u izvrnutoj pustoši, okrugao, hladan, dalek. Oduvek sam ja voleo Mesec, a sad mi smeta... Šta bi se desilo kad bih se zakašljao, vabnuo psa?! To je vrlo snažan pas, a izgleda mali zato što je kratkodlak... kako se nisam setio da ga povedem? Osećam da bih mogao da viknem, i to jako... šta bi se stvarno desilo? Kukavica sam, ja da spasim nekoga! Nije tačno... trgoh se, stisnuh šake, poskočih, a opet se pobojah da sam preterao. Možda je ova široka i jalova poljana samo poklopac na ogromnom loncu u kom su zatočeni duhovi, i ja hodam po tom poklopcu sam, a on negde propušta, ne pasuje dobro, pa to duhovi koriste?! Ili ko će znati, izlaze kroz bunar... bunar je za sve kriv, tako i izgleda... Kakvi duhovi? Zar nisam sto puta čuo od deda, od oca, da noću nema nikakvih duhova, ničeg osim zverčice koja plaho hvata svoj put, ptice ili sitnog gmizavca u žbunu? Naravno da jesam. Ljudi ima, i to svakojakih (ded je govorio da za ljudski nakot potop nije bio od velike štete, pa ni ratovi; to je govorio popu Luki), ali ma kakvi da su, ljudi su slični meni, s njima se mogu sporazumeti. A Ćezer je govorio da je noć dan u svečanoj haljini, mora da je mislio na Milkicu. Ali, kada je noć mesečna, onda je to Milkica u spavaćici... hm, to je lepo. Svejedno, nekako sam ubeđen da mesečina može da izludi čoveka ... ali ja neću odustati, neću jer ne mogu, nije pošteno. Pop Luka kaže da to Bog vidi, a on drži konce pravde u svojim rukama. Ipak, ne treba se na pravdu pozivati, jer može biti da nisam sve pravo činio... i nisam. Istukao sam Ivicu na mrtvo ime samo zato što me poprskao vodom pred Milkicom. Nisam prijavio Ćopu kad je namerno slomio nogu kravi sirote Luce, nisam... ne mogu da se setim, a sigurno sam kriv za mnogo šta. Kriv je možda i Ćezer, on je bio vojnik, neprijatelj... drao je zmije i štavio kože... Ali dobro, nema ga ko nije kriv, barem ovolicno. Kriv jesam, bio sam, a sad sam prav. Kad sam juče prošao pored Isine kuće, Isa je tukao Milkicu i govorio joj: »Kurvo talijanska, vešaj se za vrbu, druge ti nema. Tvoj pastuv neće dočekat zoru, da znaš.« Sve sam to čuo, i zbog toga sam i krenuo na put u Baošiće, da kažem Ćezeru, što mu se sprema... Možda me baš pravda tuda okrenula, da spasim čoveka!? A, opet, dođe mi nelagodno da se pozivam na pravdu, lepše je da molim da se sve završi kako sam naumio. I ako tako i bude, ne smem reći da je po pravdi; ja mogu to osećati, ali ne smem reći. Ne smem kazati da me nije bilo strah, ni da je Ćezer prav, niti da sam ja dobar; smem samo priznati da mi je bilo žao Ćezera, i ništa više. I sve dalje mora ostati ovako kako sam rekao. Obećavam da će tako i biti, eto... neka se zemlja poda mnom otvori ako ovo što kažem nije potpuno iskreno.

(Zakleo si se na iskrenost, jer ti je tako odgovaralo, a osećao si da lažeš. Čim se oslobodiš straha koji se opasno skružio u tebi oko gole klice života, sve ćeš to preokrenuti u svoju korist, upisati sebi u zaslugu, jer podlac si od rođenja. Pred tvojom taštinom zakletva ne može izdržati ni koliko krunica maslačka pred podrugljivim naletom vetrića, kao god što nisu izdržala ni tvoja oskudna i tanušna znanja o tajnama prirode, koja si uz put napabirčio iz priča odraslih, već su se razvejala pod naletom straha. Jer, strah ima osobinu da, kad nas ophrva, utrostruči u nama sve ono stidno i nerazumno što se ne usuđujemo da ikad iznesemo na svetlo dana. Za razliku od taštine, strah otkriva našu unutrašnju stvarnost; on nam ne dopušta da se ravnamo s predstavama o sebi. Kad se uzme u obzir na šta je čovek sve spreman da bi izmakao strahu, onda se pokazuje da u njemu postoji nešto što *zaslužuje* i sažaljenje i prezir u isti mah.

Mnogo godina kasnije pročitao sam kod jednog stoika: »Treba tražiti lozinku od svega što se pojavi u čovekovoj uobrazilji, kako ne bismo bili iznenađeni.« To ti nisi znao, a i da jesi ne bi ti pomoglo koliko ni meni.)

Nešto frknu... svitnu... prhnu!? Konj, ptica, svitac?... Konj frkće danju, ali šta frkće noću? Čovek se i danju boji nečega, ali strah postoji samo noću. Ded Darijus je govorio: »Kad te strah, uštini se za obraz.« Ne pomaže, kao da to nije moje telo, ali idem... Znam da se ne valja okretati za sobom, ali da odolim ne mogu, sigurniji sam kad se okrenem... a neću makar umro, obećao sam da neću. Okrenuću se tek kad budem napravio sto dvadeset koraka; ako se okrenem pre, veće kukavice nema od mene. Brojim korake:... deset... trideset, ma nije trideset nego dvadeset... samo da se malo okrenem, a neću... okrenuću se tek kad budem napravio sto pedeset koraka, za kaznu... sedamdeset, rekoh poluglasno, a već sam odavno prestao da brojim... neko se kikoće iza mene, srce tuče da iskoči, a svaka vlas kose pretvorila se u bodlju, u glavi najčudnije slike iz priča o duhovima sve brže smenjuju jedna drugu... Okrećem se: mirno, mesečina polegla po dolini... ne vidim đeram, mora da sam dosta odmakao, gde sam? Nisam skretao s pravca koji od đerma vodi ka kućama Baošića, a gde je onda kamenolom, nisam mogao proći da ga ne vidim, on treba da mi ostane s desne strane. Samo da dođem do kamenoloma, a odatle nije daleko do kuća Baošića. Ali, važno je da sam prošao đeram! Za koliko bih se sad vratio do đerma?! Kad bih znao da ću spasti Ćezera?! Vratio bih se pod opkladu, mada se ne valja kladiti noću. A zašto da se osim zverčice koja plaho hvata svoj put, ptice ili sitnog gmizavca u žbunu? Naravno da jesam. Ljudi ima, i to svakojakih (ded je govorio da za ljudski nakot potop nije bio od velike štete, pa ni ratovi; to je govorio popu Luki), ali ma kakvi da su, ljudi su slični meni, s njima se mogu sporazumeti. A Čezer je govorio da je noć dan u svečanoj haljini, mora da je mislio na Milkicu. Ali, kada je noć mesečna, onda je to Milkica u spavaćici... hm, to je lepo. Svejedno, nekako sam ubeđen da mesečina može da izludi čoveka ... ali ja neću odustati, neću jer ne mogu, nije pošteno. Pop Luka kaže da to Bog vidi, a on drži konce pravde u svojim rukama. Ipak, ne treba se na pravdu pozivati, jer može biti da nisam sve pravo činio... i nisam. Istukao sam Ivicu na mrtvo ime samo zato što me poprskao vodom pred Milkicom. Nisam prijavio Ćopu kad je namerno slomio nogu kravi sirote Luce, nisam... ne mogu da se setim, a sigurno sam kriv za mnogo šta. Kriv je možda i Čezer, on je bio vojnik, neprijatelj... drao je zmije i štavio kože... Ali dobro, nema ga ko nije kriv, barem ovolicno. Kriv jesam, bio sam, a sad sam prav. Kad sam juče prošao pored Isine kuće, Isa je tukao Milkicu i govorio joj: »Kurvo talijanska, vešaj se za vrbu, druge ti nema. Tvoj pastuv neće dočekat zoru, da znaš.« Sve sam to čuo, i zbog toga sam i krenuo na put u Baošiće, da kažem Čezeru, što mu se sprema... Možda me baš pravda tuda okrenula, da spasim čoveka!? A, opet, dođe mi nelagodno da se pozivam na pravdu, lepše je da molim da se sve završi kako sam naumio. I ako tako i bude, ne smem reći da je po pravdi; ja mogu to osećati, ali ne smem reći. Ne smem kazati da me nije bilo strah, ni da je Čezer prav, niti da sam ja dobar; smem samo priznati da mi je bilo žao Čezera, i ništa više. I sve dalje mora ostati ovako kako sam rekao. Obećavam da će tako i biti, eto... neka se zemlja poda mnom otvori ako ovo što kažem nije potpuno iskreno.

(Zakleo si se na iskrenost, jer ti je tako odgovaralo, a osećao si da lažeš. Čim se oslobodiš straha koji se opasno skružio u tebi oko gole klice života, sve ćeš to preokrenuti u svoju korist, upisati sebi u zaslugu, jer podlac si od rođenja. Pred tvojom taštinom zakletva ne može izdržati ni koliko krunica maslačka pred podrugljivim naletom vetrića, kao god što nisu izdržala ni tvoja oskudna i tanušna znanja o tajnama prirode, koja si uz put napabirčio iz priča odraslih, već su se razvejala pod naletom straha. Jer, strah ima osobinu da, kad nas ophrva, utrostruči u nama sve ono stidno i nerazumno što se ne usuđujemo da ikad iznesemo na svetlo dana. Za razliku od taštine, strah otkriva našu unutrašnju stvarnost; on nam ne dopušta da se ravnamo s predstavama o sebi. Kad se uzme u obzir na šta je čovek sve spreman da bi izmakao strahu, onda se pokazuje da u njemu postoji nešto što *zaslužuje* i sažaljenje i prezir u isti mah.

Mnogo godina kasnije pročitao sam kod jednog stoika: »Treba tražiti lozinku od svega što se pojavi u čovekovoj uobrazilji, kako ne bismo bili iznenađeni.« To ti nisi znao, a i da jesi ne bi ti pomoglo koliko ni meni.)

Nešto frknu... svitnu... prhnu!? Konj, ptica, svitac?... Konj frkće danju, ali šta frkće noću? Čovek se i danju boji nečega, ali strah postoji samo noću. Ded Darijus je govorio: »Kad te strah, uštini se za obraz.« Ne pomaže, kao da to nije moje telo, ali idem... Znam da se ne valja okretati za sobom, ali da odolim ne mogu, sigurniji sam kad se okrenem... a neću makar umro, obećao sam da neću. Okrenuću se tek kad budem napravio sto dvadeset koraka; ako se okrenem pre, veće kukavice nema od mene. Brojim korake:... deset... trideset, ma nije trideset nego dvadeset... samo da se malo okrenem, a neću... okrenuću se tek kad budem napravio sto pedeset koraka, za kaznu... sedamdeset, rekoh poluglasno, a već sam odavno prestao da brojim... neko se kikoće iza mene, srce tuče da iskoči, a svaka vlas kose pretvorila se u bodlju, u glavi najčudnije slike iz priča o duhovima sve brže smenjuju jedna drugu... Okrećem se: mirno, mesečina polegla po dolini... ne vidim đeram, mora da sam dosta odmakao, gde sam? Nisam skretao s pravca koji od đerma vodi ka kućama Baošića, a gde je onda kamenolom, nisam mogao proći da ga ne vidim, on treba da mi ostane s desne strane. Samo da dođem do kamenoloma, a odatle nije daleko do kuća Baošića. Ali, važno je da sam prošao đeram! Za koliko bih se sad vratio do đerma?! Kad bih znao da ću spasti Čezera?! Vratio bih se pod opkladu, mada se ne valja kladiti noću. A zašto da se ne vratim onako, pa video sam da tamo nema ništa. Koliko sam samo puta ovuda prošao danju, a šta je sad to drukčije? Mesečina, vidim jasno, zar da se plašim ptice, kornjače, zeca, ježa?... A čoveka? Pa svi znaju moga oca i niko se ne bi usudio da mi išta učini, ja bih rekao da sam zalutao... Moram da požurim da spasim Ćezera, a inače bih se vratio kod đerma, čak bih i pljunuo u bunar. Idem, a noge mi teške, šta mi je to prionulo za opanke?... ništa, samo sam se malo umorio. Kad stignem do kamenoloma, odmoriću se minut-dva, a odatle put vodi kroz dubravicu pravo ka kući Ćirakovoj.

Više me nije strah, baš me briga za strah... Šta sam to rekao i kakav sam ja to čovek? Baš sam gad! Naravno da me briga, a to što me nije strah ne znači ni da sam hrabar, ni da sam dobar, niti da Ćezer nije kriv, to je samo stvar sreće koja, eto, hoće da tako bude... ali ja nisam došao ni do kamenoloma! Iako me nije strah, treba da se stidim toga što sam rekao. A možda me toliko strah, da više ne znam šta je to strah?! Kad bi me majka čekala kod đerma, vratio bih se... ona bi htela da se vratim, a ne zato što me ne bi bilo strah. Ili, kad bi tamo bio Ćezer. Dobro, to bi bila moja obaveza, moj zadatak... Mesec odozgo sve gleda, a baka Ikonija je govorila da mesečina nije zdrava za decu... da veštice po mesečini snuju svoju pređu i raznim čarolijama odvode putnike s puta i sluđuju ih, a oni posle dugo boluju... Ali ja nisam dete; ipak da sam poveo psa bilo bi mnogo bolje, kako se nisam setio? Nema veštice koja može da udari na psa a da ne nastrada.

(Slutnja izlaska koja se budila u tebi podseća me na plamičak koji se sporo izvija iz zapaljenog sirovog stabla, i tako nesigurno da ga želja može pregrabiti. Ti se tom nagoveštaju nisi smeo prepustiti, da se ne bi izložio urokljivosti zlih sila, već si ga morao kriti od sebe, držeći se uske ivice između nade i beznađa. Okretao si glavu od jedinog blaga koje si imao, jer si osećao da bi te pritisla teška šapa straha ako bi preterao i zeru na bilo koju stranu.)

Kamenolom, gde je? Dve uspravne senke grabe ivicom šume, podaleko od mene! Nisu me videle... ni ja nikog nisam video. Samo da neko ne kaže: *ko si ti?* Pa šta i ako kaže? – svi ovde znaju moga oca, i deda, zašto zaobilazim deda... Šta je sad to? Vraćam se, ulazim u svoju kuću, pričam gde sam bio, da sam uspeo, a otac me ne grdi jer mu je drago, a niko me nije video... ali ovde nema nikakve kuće, ni oca, nema nikog... to je bilo nešto drugo... Grlo mi se stegnu, a suze mi udariše na oči. »Čega se imaš bojati, bruko, mi smo muškarci?« Setih se da je to ded više puta govorio, pa se postideh. Ali, opet, nekako ne mogu da se prikupim... vidim kako je sve zbrinuto i mirno, sve se uklapa u noć i ima svoje mesto i svoj put, jedino sam ja izvan, i na mene strah kidiše. Prepoznat sam, šta me to otkriva i izdvaja? Mesečina, ili sve zajedno? A ja, naprotiv, želim da se što dublje skrijem, da potonem u noćnu dubinu i da hodam nečujno, ne bi li strah zaboravio na mene. Tu sam ja, ako me baš strah potraži, a sve sam za korak bliže cilju. Tako moram, jer osećam da ono što nada zagreje i osvetli, strah rashladi i zatamni. Nada mora da se ukurvi ko Milkica... kakva je samo gola! Idem sporo, a iznenada napravim dug korak – da se ne primeti da bežim, a da ipak bežim. Ne znam više šta da preduzmem, nego ću ići pa neka sudbina brine o meni... i o Ćezeru. Sudbina, šta je sudbina čisto uzev? Ne znam, ništa ne znam. Taman toliko i mogu da učinim, a hteo sam da se kladim da mogu više.

Ako ja toliko volim Ćezera i ako je on prav, onda ću ga sigurno spasiti. A tako jeste, mora biti, iako mi se ponekad učini da je sve uzalud, da se s Ćezerom neću sastati, nešto tu ima što ne dâ. Može biti da je to isto smetalo sv. Petru!? To nešto je kao krpelj, baš tako...

Kad bih mogao prebrinuti sebe, pomiriti se s tim da mogu nestati, možda bi nestalo i straha, ali ja to ne mogu. Smeta mi i nervira me to što ne mogu... Ili još bolje, kad bih mogao da poletim... zamahnem rukama, izdignem se iznad straha i preletim do Ćirakove kuće! Što čovek nije biljka, životinja, ptica, pa i kamen, kad mu zatreba, barem noću?!

(Tada si hteo da kažeš iz punih usta: »Ako me i odnese ovaj naplav noći i pohrani u svoje tamno izvorište, život neće ništa izgubiti od svoje širine, dubine i smisla. Došao sam slučajno kao god što mogu i otići.« I hteo si da nastaviš u tom smislu, ali si se zagrcnuo. Ispao si prekrupan zalogaj sam sebi, pa si se počeo gušiti u bezveznim sanjarijama i samosažaljenju, i dokazao si da si sićušno i plačno biće, pa te nezadovoljstvo sobom, uz osećanje gorčine, dovelo do samoprezira. Nisi znao koliko se može ceniti go život, ma koliko da je ništavan. I mnogo godina kasnije, kad se tvoj život događao a ti skupljao ogrizine i prerađivao ih u svojoj samoljubivoj uobrazilji u ukusne obroke, ništa te nije moglo uveriti da to što je ostalo od tebe ne treba žaliti.)

Zemlja prelivena mesečinom, krećem se kroz blagu sumaglicu, držim se nekog pravca... Nadomak slepčeve kuće čovek, kao da iz zemlje iskoči! Ide k meni. Kad se primače, vidim na glavi mu nekakva kapuljača. Dobro veče, ote mi se. On me i ne pogleda, no prođe. Ja priživnuh, navre mi krv u glavu... uštinuh se za desni obraz, da se priberem... Šta tu ima, prošao je neko iz sela, možda ga i poznajem. Rekao je dobro veče... nije, lažem, ja sam rekao a on je odgovorio, ili smo rekli u isti mah. Zašto lažem kad je... kad sam rekao samo ja, a on nije odgovorio niti me pogledao! Opet pomislih na onog u kerepu, ali gde je on išao i kuda te se tako brzo vratio? Ne, to je neko iz Baošića.

Dok sam prolazio pored kuće slepog Vidoja, bi mi lakše. Mala je to kuća, pokrivena šindrom, znam je dobro. Pogledah kroz mutno osvetljeni uski prozor, poizdalje: stari Vidoje i njegova starateljka sede pored vatrice kao dva panja. (Vidoje se najlepše smejao u srezu, dok je bio zdrav i mlad. Tetka je jednom rekla da se Vidoje smejao kao kad se otvori kutija puna bisera. Ja ga oduvek pamtim kao starog slepca. (Nisam napravio ni pedeset koraka od kuće, a strah me ponovo ščepa... Kuća, ognjište, ljudi, pas, mačka – sve to olabavi snagu noćnog putnika, pa mu je još gore. Kao što mu je teško, kad se duže odmara, da ustane i nastavi put. Otac se uvek odmarao samo toliko koliko bi ispušio duvan. A lepo se odmoriti i lepo je videti osvetljenu kuću noću, što jest – jest. U momentu sve dođe manje tuđe.

(Kad si prvi put video globus i kad su ti rekli da on predstavlja zemlju, požurio si da pronađeš svoju kuću, svoje selo i ovu džombastu poljanu kojom sada drhteći hodaš. Nisi znao da je ta šarena lopta pravljena tako da nije bilo mesta za ono što je tebe jedino interesovalo. Globus kakav ti želiš još niko nije napravio. Žao mi je zbog tebe, Šmoke, Cileta, Ikovića i ostalih gunjaša; iskreno mi je žao.)

A šta bi bilo kad bih se na kolenima pomolio noći? Lepo kleknem i kažem da sam pošten, ako sam nekad i pogrešio to je bilo iz neznanja i neće se ponoviti... a i nisam na ovaj put krenuo poradi svoje koristi. Pristajem da me drugom prilikom stigne kazna za sve što sam zgrešio, samo kad od mene ne bude zavisilo nešto tako važno kao što je Ćezerov život. Ja pristajem?! – ko mene pita. A i kome da se pomolim? Noć je niko... neka bi me sprečio... gde je kamenolom? Mora biti s moje... s koje strane? A Mesec? – baš je lep. Zašto mi se činilo da bi bilo bolje da ga nema? – kako sam bio glup. Grlo mi se steglo, jezik mi se osušio, ali ja ću stići ako je suđeno da stignem. Baka je govorila da Gospod vodi one koji se nađu u nevolji bez svoje krivice... bez velike krivice, a ona je još živa mada je mnogo stara. Treba da verujem baki, i biće dobro. Onda je i Mesec od Boga, njegova snaga drži kam i drvo; on me čuva da ne zalutam. A to što drhtim, čovek i treba da drhti kad ne veruje... I opet mi se čini da nisam iskren, već podmuklo podastirem nekakvu smernost kao moj komšija Mikailo, ne bih li izvukao sažaljenje... ali gde sam sad? Ovaj šumarak treba da dođe iza kamenoloma! Nikako nisam mogao proći kamenolom da ga ne vidim, to je veliko razvalište... ili zar jesam? Može biti da sam zašao okolo, pa sad ispada da se vraćam ka kamenolomu, ili sam ga zaobišao poizdalje? – ne znam sad, ali šumarak sigurno dođe posle. Ovako: sever je ispred mene, jug iza leđa, istok... otkud mogu znati gde je sever? Da mi je da čujem psa ili petla od kuća Baošića, lako bih se avizao. Ali, ko zna, možda su podavljeni svi psi i svi petlovi, možda su kuće Baošića izgorele... a gde je onda Ćezer?!

Baka je govorila, ali to ne mora da važi uvek i za svakoga... A zašto me toliko brine kamenolom? Ako sam ga prošao, dobro jest, a ako nisam naići ću pored njega... nemam šta da čekam... zašto podavljeni?... pa ovo nije vreme kad pevaju petlovi, a psi su se slučajno primirili.

Mesečina, bela jeza... dobar je Mesec, ali me navodi

na pomisao da razlika između živih i mrtvih, između mene i moje senke, nije tolika kolikom se smatra... i da je naš život nekako tužan. Tako je naznačeno i tamo gore, u praznini izvrnutog bezdana, a opet to me se ne tiče, neću da me se tiče...»No, nije lako sklopiti oči pred licem nebeske knjige i prepustiti se, s neokrnjenom voljom, svojoj ljudskoj dužnosti«— govorio je otac popu Luki, kad smo ono gledali zvezde ispred naše kuće. Zato pohitah da se što pre dohvatim šumarka, da me ovde ne zateknu. Ko da me ne zateče? Ne znam ko, niko, ali požurih. A, opet, koraci mi teški i spori... ne da mi bela jeza! Da nije straha, ona bi me umamila u preširoko i preduboko *nešto*, jer je lepa, ali strah je drugar. I cilj je drugar, a ja imam i cilj. Kaže se: dobro je dok rana boli... Strah je neodoljiv, ali baš zato je drugar. Ali gde je sad strah? Nema ga – ni ispred ni iza mene, ili je postao drukčiji, pretvorio se u ko zna što. Koliko još treba da idem, kad ću stići?... Milkica sad sedi na kamenom koritu kod đerma, čeka Ćezera, a Šmoka i ostali broje mesece kako nas je Ćezer učio, ona ih ne vidi... samo mene nema. Ali, ja najpre moram proveriti da li je Ćezer kod Ćiraka. Možda su Milkicu nagovorili da baš tu čeka, a tamo nema ni Šmoke, ni Mirze, ni Cileta... tamo čekaju skriveni drugi ljudi, da izbroje Ćezerove dane za Isine pare... a šta ako je on kod Ćiraka, ako uveliko spava, a na đermu nikog ni od korova!? Ne znam, ja moram kod Ćiraka, da ga tamo ne nađu, a posle ću ga tražiti kod đerma... Milkica mi je uvek u glavi kad brojim mesece, od *onog dana* u štali kad je Ćezer udesio da Šmoka, Cile i ja gledamo, skriveni, kako je on nateže na ponjavi, u senu. Gaćice joj je bio okačio kravi o rog. Zbunjeno govedo je to posmatralo velikim mekim očima. Mi smo brojali mesece u sebi, šta bismo drugo. ... I sad bih, ali se plašim, na brzinu... neću, nije pošteno; Milkica je gad, zapamtiće ona mene samo da ovo prođe – da se Ćezer izvuče. Ako ga već nisu sredili?! Jedan je izašao iz kerepa, on je i prekinuo tegljaču... ko zna; dvojica me nisu primetili, a onom sam vikao dobro veče... starac sigurno nema s tim veze. Ili je sve to slučajno?!

Dok sam prolazio kroz šumarak, osetih da pirnu vetrić, a lišće zašušketa zvukom uštavljene kože! Šta je govorila baka, šta mi se to sprema? Možda su već ubili Čezera, pa sad čekaju mene, znaju što sam hteo... ali ja to nisam hteo, već me otac poslao da uzajmim soli pa sam zalutao... a oni me neće ubiti dok me ne ispitaju, zašto bi kad me se ne boje. Naravno da sam to hteo, ali je glupo da priznam – šta mi vredi.

Ponovo se dohvatih čistine, a da nisam ni primetio. Tad sam je ugledao u ogrtaču belom – nju, moju mladu mater! Ide laganim, mekim korakom, rekao bih da joj stopala ne dodiruju zemlju. Čeka me... je li to ona? A ja, jesam li ovo ja?

Došla je da bdi nada mnom kao nekad u jadu i boleštini (pričali su mi da sam prve dve godine bio gotovo stalno bolestan, teško i sporo sam se otimao). Ona se molila Bogu za moje zdravlje, zalažući svoju nedužnost. Kasnije sam zamišljao kako se savila oko svoje nade kao vosak oko platnene vrpce, čineći tako sveću nad mojom kolevkom, i ja nikad nisam bio u tami dok je nje bilo. Ali je niko nije mogao sprečiti da ode tako rano, nije smela da se ne odazove pozivu, nije mogla... a sad je opet došla, dozvoljeno joj je da dođe kad mi je teško... A ipak je neverovatno da je ona mogla znati da sam ovde, a još je neverovatnije da je to ona, jer ne može biti da se neko vrati. Jednom sam je sanjao kako šeta po krovu naše kuće, noć je bila isto ovakva, a posle se pretvorila u belu pticu i otprhnula... Bio sam mnogo tužan, jer su ptice toliko različite od nas; i još zbog nečega, ali sam ne mogu da objasnim. Tog proleća je počeo rat.

Idem oprezno, kako moram, hteo bih da stanem, da se priberem, a ne mogu. Ona nije živa, to znam, ali ona je ta koja hoda, čak drži nešto u ruci... ne vidim jasno šta, ali vidim nešto... a ovo sam ja, onaj isti. Ide korakom sporim, tako da se između nas ne smanjuje rastojanje... a tišina moćna i duboka, ispod nogu mi je neko prostro vunu... Ona me vuče za sobom na nevidljivoj uzici, a ja pokorno kaskam za njom tamo kud ona hoće, u daljnu daljinu... Pokajala se što me nije pogledala onog dana dok sam je posmatrao u maloj sobi, kad sam hteo da skrenem sunce na njeno lice – i došla je da me povede. Dugo sam verovao da će se vratiti, a onda sam nekako prestao... A sad? Kako da verujem ponovo kad znam da to nije moguće, to je samo moja stara, pritajena čežnja... sad kad mi je teško... a šta to drži u ruci? Nije li to ona ista činija s orasima iz koje sam poželeo da uzmem samo jedan, a nisam se usudio? Rekao bih – ona ista! Kad bi se okrenula, sve bi mi bilo jasno, ali ona odlaže, ili uopšte ne namerava da se okrene, kao i onog dana neće da me vidi; neće jer bih ja video da to nije ona... zašto neće? Ne može biti ona, čak i ako jeste... kako može?! A može, jer je to ona, niko drugi.

Ubrzah korak, ubrza i ona... i opet rastojanje između nas osta isto. I sve tako dobar komad puta idemo nas dvoje, kao jedno, a da se nijedna reč ne zametnu... Reč! – to je mnogo. Da se samo okrenula hitrinom lastavice, ali nije...

Više ne koračam po vuni, već vučem stopala po nečemu tvrdom, uglačanom... kao da sam se obreo u nekom polutamnom hodniku! Opet zašušta lišće zvukom suve kože... nje više nije bilo. Gde sam? Spuštam pogled – ispred mene popločana stazica, po njoj drhtave senke izvode ples... S obe strane staze po red tankih stabala, čije se krošnje grle iznad moje glave.

Ubrzo sam shvatio da sam se približio kući Ćiraka Baošića, Ćezerovog novog gazde. (Kako naći Ćezera?)

(Kasnije si uvideo da noć liči na ljudski život; ona se ne otkriva naglo i odlučno, već toliko sporo da se čini da joj nikad ne bi bilo dosta vremena da se cela otkrije. A ti, stari dečače, hteo si da ti se ona prikaže odjednom, povoljno po tebe – da to lako prebrineš. »Bože, daj što daš, samo daj brzo i dobro!« – to je bio sadržaj tvoje neme i nesvesne molitve.

Sad, kad mislim o tebi, mogao bih štošta da ti zamerim, ali šta to vredi? Tebe sve manje ima, a uskoro neće biti ni tebe ni mene.)

Zakucao sam na vrata oprezno, pa malo jače... kad bi otvorio Ćezer!

– Ko si?... nije to Ćezer.

Kazah se.

Ćirak otvori, stade na prag, prošeta pogledom okolo, pa me osmotri i reče:

– Kojim dobrom, prcko?

– Nemamo ni zrna soli, došao sam u zajam.

— Zar nema ni u kog soli u selu?
— Otac me poslao kod tebe.
— Poslao te baš kod mene?!
— Nije mu milo da zajma u selu.
— Dobro... moraćemo probudit Talijana, so mi je u magazi — on tamo spava. Idem da upalim fenjer.
Kako da obavestim Ćezera, da Ćirak ne sazna?
Magaza je bila otvorena, pas udavljen telegrafskom žicom i obešen o vratnik!
Ćezerova posteljina zgužvana...
Gde je Ćezer?
Ćirak postavi fenjer na oniski nagoreli stočić, zavrte glavom i opsova: »Majku im kurvinu jebem!« A onda se okrenu prema meni, drmnu me za rame svojom ogromnom šapom, posagnu se i, gledajući me pravo u oči, reče: »Za so si poranio, a za ostalo si, izgleda, zakasnio... Dok je čovjek živ, ratuje sve po s nekim: s Bogom, s đavolom, s drugim ljudima, sa samim sobom — rat je naš posao, sinko; ti si veliki, mogu ti reći...
»Napuniću ti ovu torbicu, oskudno je i kod mene. Pozdravićeš mi oca, neka vrati kad mogne.«
Ni reči više ne izgovori — ni o Ćezeru, ni o psu!
Kad smo izašli iz magaze, Ćirak iskrivi vrat put neba, mene kao da nema.
— Još je dobar komad noći, zvijezde su česte. Ajd' sad da malo dremneš, pa ćeš zorom... Nikoga nijesi vidio?
— Nikoga.
— Ajd' da prilegneš.
— Ja bih išao, nije me strah.
— Znaš, dijete, ali noć je noć: niti što tvrdi, niti što pamti.
Ćutimo.
— Put znaš, momčina si ti. Reci ocu da sam te ustavljo.
Rastasmo se. Kad odmače ka kući, učini mi se da izgovori: »Sad smo kvit.«

* * *

Isa i Ćirak se međusobno nisu mogli gledati. Još davno, Ćirak je ubio Isinog brata u nekoj teškoj svađi. Baošići su bili moćna kuća, a Ćirak posebno, pa biće da stoga i nije došlo do osvete. Nakon Čezerovog nestanka, videli su ih u društvu, uz bosansku šljivovicu i mezeluk.

»Bilo je što je bilo«, objasnio je Isa.

Poneko je to dovodio u vezu s Čezerovim nestankom. To se, doduše, nametalo, ali nikad ništa nije dokazano.

Što se mene tiče, znam da je naš čovek iskusan – i u životu i u smrti.

A što se Čezera tiče, sumnjam da je ikad više video svoju rodnu Lombardiju.

* * *

Ta noć je davno prošla, ali je njen talog ostao na dnu tebe, na dnu mene. On mi je kasnije pomogao da ne izgubim obzir prema silama koje sapliću ljude, da se držim neke svoje mere. I sve dok je tako bilo, bilo je nekako. Otkad sam počeo da prestupam, često i grubo – otad je nikako.

Bunar u čije si prazno oko pogledao one noći, nije više nikakva tajna za mene. Njegovi pretpostavljeni stanari su moji povremeni sustanari. Kad koji dođe, dobro došao, svako ima svoj ključ.

Težina taloga koji noć ostavlja u nama, zavisi od građe duše. Kakva duša, takva joj je i noć! Noć, sama po sebi, prirodna je pojava – nevidelica, u najgorem slučaju.

Jutros sam sanjao oca. Vidim ga kako sedi na onoj mrkoj ploči ispred stare kuće. Iza njega napukli zid, obrastao mahovinom. U stvari, vidim ga samo do pojasa, a zamišljam ga da sedi, jer ga u tom položaju i na tom mestu najviše pamtim.

Otkad ne crtam, sabiram snove; snovi su deo moje zaštitne povelje.

CRNA KUTIJA

Ko je ko?

Imao sam devet godina. Podaleko od kuće nalazio se uvek zagonetni gustiš u kojem je rasla zova. Od njenog »šupljeg« drveta pravio sam puškarice i svirale. Želju da se domognem krastavo-sivog zovinog štapa pretpostavljao sam strahu da zađem u gustiš, mada je borba bila teška...
Dok sam se jednog dana oprezno uvlačio tamo, s nožićem u ruci, na pedesetak koraka sam primetio dvojicu naoružanih ljudi kako vode trećega vezanih ruku. U stvari treći je išao na korak-dva ispred njih, pognute glave i zastajkujući.
– Gde ćemo ga, Karamajkoviću? – reče jedan od njih.
– Odmah tu u prisoj – odgovori drugi.
Ubili su ga na dvadesetak koraka od mene. Uvukao sam se u gustiš što sam dublje mogao. Srce mi je tuklo, da iskoči... Ko je ubijeni, ko su ubice, zašto se ubistvo odigralo? Otac mi je rekao da su to dvojica koji mogu i jedan koji ne može.

Nesmotreni Faeton

Uzeo je kočiju svog oca Helija i jurnuo nebeskim svodom. Kad je izgubio kontrolu nad kočijom i previše se približio Zemlji, Zevs ga je, da bi spasio ljudski rod, ubio gromom.
Ova drevna priča kaže da je Zevs brinuo o ljudskom rodu, i to žestoko.

Ko je ko?

Imao sam devet godina. Podaleko od kuće nalazio se uvek zagonetni gustiš u kojem je rasla zova. Od njenog »šupljeg« drveta pravio sam puškarice i svirale. Želju da se domognem krastavo-sivog zovinog štapa pretpostavljao sam strahu da zađem u gustiš, mada je borba bila teška...
Dok sam se jednog dana oprezno uvlačio tamo, s nožićem u ruci, na pedesetak koraka sam primetio dvojicu naoružanih ljudi kako vode trećega vezanih ruku. U stvari treći je išao na korak-dva ispred njih, pognute glave i zastajkujući.
 – Gde ćemo ga, Karamajkoviću? – reče jedan od njih.
 – Odmah tu u prisoj – odgovori drugi.
Ubili su ga na dvadesetak koraka od mene. Uvukao sam se u gustiš što sam dublje mogao. Srce mi je tuklo, da iskoči... Ko je ubijeni, ko su ubice, zašto se ubistvo odigralo? Otac mi je rekao da su to dvojica koji mogu i jedan koji ne može.

Nesmotreni Faeton

Uzeo je kočiju svog oca Helija i jurnuo nebeskim svodom. Kad je izgubio kontrolu nad kočijom i previše se približio Zemlji, Zevs ga je, da bi spasio ljudski rod, ubio gromom.
Ova drevna priča kaže da je Zevs brinuo o ljudskom rodu, i to žestoko.

Nije sporno zašto je Zevs tako postupio. Kao vrhovni bog, on je morao voditi računa o svom vladarskom integritetu. Ljudi bez bogova su malo, ali bogovi bez ljudi, izgleda, još manje. Sporno je nešto drugo: pod kojim uslovima je Zevs brinuo o ljudima toliko da je jednim apsolutnim potezom prekinuo opasnu igru svog unuka, zanesenog božanskog mladenca? Na ovo pitanje odgovara druga, još slavnija, drevna priča – priča o Prometeju.

Ovog prijatelja ljudskog roda – ko zna kakvog i kolikog – Zevs je prikovao za kavkasku stenu i dodelio mu pernatog mučitelja da mu, na svoj način, čini društvo. Šta je to Prometej učinio Zevsu? On je samo omogućio ljudima da se autonomno odnose prema svom vlastitom bivstvu, a to je valjalo razumeti kao otvaranje puta ka humanom dovršavanju sveta. Zakoniti gospodar nad slepim poretkom je to tako i razumeo. A onda se zamislio nad činjenicom da će ljudi otad brinuti o sebi. Takvo mešanje u tuđi posao Zevs nije mogao da podnese, pa je poslao dvojicu čuvara reda koji bdiju nad mirom stvari – vlast i silu – da velikog pobunjenika kazne po zasluzi.

Prometej je, prosto rečeno, darovao ljudima istoriju. A Zevs? On je hteo da taj dar opovrgne, kako bi ljudi ostali ono što su i bili – slepi poslušnici upisani u trajanje. Svako je, dakle, imao svoj račun, a sukob između te dve računice ne prestaje ni do dan-danas. Ono što je istorija donela ljudima nezaboravno je po mnogo čemu, ali i po tome da je *briga o sebi mešanje u tuđi posao.*

Bitka koja je započeta na Nebu preneta je na Zemlju, ili obrnuto. Zašto bi, uostalom, bilo od značaja samo šetanje scene!?

O čoveku

O čoveku, pa o čoveku?! Krajnje je vreme probosti ga »glogovim kocem« rugla, neka izduši. Čovek kao pojam nešto je sasvim drugo od podmukle i opasne živuljke koja čepa zemljom. Te živuljke vekovima kopaju oči i slućuju um jedna drugoj na najgnusniji način, a pri tome stalno trube o ČOVEKU kao nečemu blistavom i velikom. Čovek je velika reč! Ko je naučio da se

njom služi, ostaje mu samo da odabere cilj. A to se da naučiti od humanista, pogotovu onih koje krasi bestidnost političkog umeća.
(Onemogući ćemo svakog ko potkopava ovu revoluciju, ma ko bio. Stepen znanja ili zvanja tu neće pomoći. Jer, krajnje je vreme da čovek ovlada sopstvenom sudbinom, i tako se približi viziji vlastite sreće. Itd...)

Semper idem

Visoki činovnik obraćao se najširim slojevima narodnih masa, odrešito i s dirljivim poverenjem, kao da se sa svakim pojedinačno unapred dogovorio o sadržaju svoje reči. Govorio je sigurno, u najboljoj tradiciji frazeološkog optimizma.

M.N. se u početku uplaši, ustuknu korak-dva, a onda se iznenada pribra: seti se da je nešto slično davno čuo, pre dvadesetak godina, prigodom otkrivanja nekog spomenika, ili nekim drugim povodom, nije tačno znao, mada je kao uredan i savestan građanin to morao znati. Čuo je čak više puta, ali kad i gde? Drugi put je, izgleda, to bilo kad se otadžbina našla u opasnosti. Ali kad? I zar to nije bilo treći put? I zar sme tvrditi da je baš isto? Ne, ovo je nešto sasvim drugo, daleko inspirativnije pomisli M.N., a onda mu se učini da je predaleko otišao u pohvali, pa se postide. Govor je, kao što se moglo očekivati, tekao mirno, zastrašujuće sigurno, kao svi govori koji ostaju bez ikakvih prigovora.

M.N. kao da dođe jasnije kakva je to moć koja sistematski razdvaja čoveka od njegovog života. To je podmukla i slepa moć praznih reči s kojom nema nagodbe... Tu skoro napisao je basnu o magarcu koji se udvara svom tovaru da se skine s njega. U poređenju sa sobom učini mu se da su šanse njegovog junaka velike, pa požele magareću sudbinu.

Prometej

Opasno je ulagati na njegovu kartu. Jer, kad se prometejski duh skrši, ostaju sredstva koja je on proizveo. A kome je onda povereno rukovanje tim sredstvima?! I Grgur je, kao aktivist, stalno vitlao Prometejem, ne znajući, budala jedna, da je između Prometeja i njegovog moćnog tamničara – samo jedan korak.

I u životu i u smrti

On je na vlasti, moj je prijatelj, učestvuje u oblikovanju moje sudbine; tu me rasteretio. Ja doduše mogu da prigovorim da mi se ta sudbina ne sviđa, ali on je i nije oblikovao da se dopadne meni, već po svom ukusu. Nas dvojica možemo da govorimo naizmenično ili istovremeno, da razgovaramo ne možemo jer polazimo od različitih premisa. A razgovor o premisama on smatra izlišnim, sumnjivim čak, i pored sve blagonaklonosti koju ima prema meni. Njegov predlog treba za mene da ima važnost naloga, moj predlog je za njega samo reč, valuta bez podloge. On može da obeća i da ne ispuni obećanje, ja mogu da obećam da ću raditi ono što moram. Moja aktivnost je privatna, a njegova od opštedruštvenog interesa. Ja preko njega učestvujem u nečemu, iako ne znam u čemu, kako ni koliko. Zauzvrat, ja sam njegova veza sa haosom, neznanjem, zaostalošću i, konačno, sa smrću; sa svim onim od čega bi on rado digao ruke. Osećam da moj prijatelj počinje da veruje da je nešto drugo, nadindividua; da mu je više dozvoljeno. To što ima protekciju kod policije, kod lekara, mesara, pekara, konobara, on razume kao dokaz svoje neodoljive moći, a ne kao dokaz njihove razumljive snishodljivosti. On je taj i taj, favorit, ono što većina nas nikad neće biti – misle mnogi, a ne upuštaju se u to da bi za njih bilo bolje da ni on nije to što jeste, a možda i za njega samog. Sve u svemu to je jedna banalna priča, pomalo teška za osetljivo uvo.

Jednom mi je rekao – čemu za to da zahvalim – da mi ne možemo jedan bez drugoga. Ko bez koga manje može i da li uopšte može nije jasno iz njegovih reči, ali takav je njegov način izražavanja. Rekao je da je gotovo zanemarljivo ono što ja mislim da nas razdvaja u odnosu na ono što nas spaja. Pribegao je i jednoj slikovitoj usporedbi: »Mi smo dve kugle povezane lastišem, koliko god odvajali jednu od druge one se ponovo spoje.« Reč lastiš mi je ostala zagonetna, tako da me i dan-danas steže neugodnije od stvarnog lastiša. U takvim trenucima počinjem da se sa zebnjom pitam: kakvo je to prijateljstvo koje se ne može raskinuti.

Sokrat i Alkibijad

Atinski vojskovođa Alkibijad, sudeći po nekim svedočanstvima, bio je moralno nezrela ličnost. Njegov život je prepun raznoraznih nepočinstava, od kojih se mnoga tiču ženskog sveta. (Ovaj neprizornik beše neobično lep, a lepota nema boljeg društva od neprizornosti ako je verovati mnogim upečatljivim stranicama istorije ženskog srca.) Elem, jednog dana, taj i takav Alkibijad dovede svog psa na atinski trg i odseče mu rep.

Bizarni potez proslavljenog generala toliko je fascinirao građane atinske, da su danima o tome pričali. I ko zna dokle bi to trajalo i kako bi se završilo da ne bi Sokrata.

Sokrat je u stilu *amicus Plato*... objasnio Atinjanima da taj Alkibijadov postupak znači nešto drugo od onog što oni misle. Alkibijad je, po Sokratu, hteo da zaseni svoja rđava dela i preporuči se potomstvu kao valjan – mada čudnovat – državnik i vojskovodja. Alkibijadov način uklanjanja tragova, iako inteligentno zamišljen, nije mogao da izdrži probu znamenitog atinskog hipika; Alkibijad nije uspeo da podvali istoriji.

I pre i posle toga, Alkibijadi su se čuvali i čuvaju se svojih Sokrata. Što bolje umeju i mogu! Neki njihovi evidentni neuspesi (ukoliko nisu namerni) na tom planu ohrabruju. Ali, ko može znati, koliki su i kakvi njihovi uspesi?!

Dok su vaše misli, poštovani sugrađani, tim pitanjem opsednute, ja žurim da izrazim divljenje Alkibijadu na tome što nije pokvario prijateljstvo sa svojim velikim potkazivačem.

Danas, kako stvari stoje, Sokratov posao moraju obaviti sami Alkibijadi i njihove svite. Jer, tvrđava koja se previše osigurava spolja – pada iznutra. Bolje iko nego niko.

Zbor građana

Kad bi svi građani samo moje opštine povadili dokumenta kojima dokazuju svoj identitet i svoja višestruka prava, i sve to pobacali na jednu gomilu, kakav bi to ubedljiv dokaz bio o brizi države o svakom članu društva!

* * *

Onaj koji u politici zapaža svakovrsne bezobrazluke, a želi uistinu da se njome bavi, već je pristao na to da i sam čini sve ono što je zapazio. A nikad to neće priznati.

Sloboda

Don Đovani drži da svakog i sve treba iskoristiti kao sredstvo u vlastite svrhe. Ideja svrhovitosti za nj je uređivački princip života, u kontekstu te ideje on razume slobodu. Don Đovani razume slobodu kao ropstvo za sve ostale, pojam slobode nespojiv je s pojmom jednakosti. Sloboda se meri aršinom potčinjenosti drugih, ona je tako identična sa moći.

Ništa tačnije i prizemnije u isti mah!

Diskretna provera

Profesor Samardžić kazuje da je veliki vezir Piri Mehmed zamolio sultana Selima da mu najavi kad bude nameran da ga pogubi, kako bi se dolično pripremio za sjedinjenje s Bogom. Sultan se na to grohotom nasmejao, pa mu je odgovorio jasno i glasno: da bi odavno s njim završio, ali, eto, nije uspeo da mu nađe dostojnog zamenika. *Da li je veliki pravnik Porte dobio zadovoljavajući odgovor?*

Znamo da se on celog života trudio da bude što mudriji i državi korisniji, tumačeći i sledeći sultanovu predstavu o mudrosti i koristi. Velika moć koju je imao nad drugima ni trenutka mu nije zasenila svest da to nije ni delić one moći kojom raspolaže njegov zloćudni i krvavi gospodar. Zato je i nastojao da svojim ponašanjem stalno održava sultana u uverenju da on, veliki vezir, radi ne samo ono što sultan želi, već mu i blagodari što opstoji na zemlji. U tome je, verovatno, i našao opravdanje za svoju na izgled previše smernu molbu. Kažem na izgled, jer biti unapred obavešten o kraju svog života nije mala privilegija tamo gde mnogi završavaju gluvo i iznenada.

Šta se da pročitati iz sultanovog odgovora? Priznanje da je veliki vezir bio nezamenjiv podanik, i da ga je to održalo u životu. A što se samog sultana tiče, posredno saznajemo da je njegova volja, ma koliko proizvoljna i nečitljiva, bila ograničena brigom o dobru imperije kojom je upravljao. Ali sultan nije rekao ništa što bi smanjilo razmak između njih dvojice: svemoć zapovesti i bespogovornost prihvatanja ostaju nedirnute. Ako je verovati sultanu, vezirove zasluge su odlučile o onom što je bilo, ali one nisu sigurna zaloga za ono što može biti. Sve kad bi vezir i uspevao da i dalje bude nezamenjiv (što je malo verovatno), ništa nas ne uverava da njegova nezamenjivost neće jednog trena dojaditi sultanu. Da li sultan namerava da ga pogubi i da li će ga, eventualno, o tome obavestiti? – vezir nije saznao. A upravo je to jedino što je hteo da sazna.

Veliki vezir je svojom molbom diskretno udario u sferu koja za njega mora ostati skrivena.

Progon (1968)

Te noći, na mostu, bio sam okružen četvoricom policajaca. Zečić se našao u polju dejstva hrtova, pa su se s njim poigravali, sigurni da im ne može umaći. Poželeo sam da se pretvorim u pacova, da šmugnem u neku rupu (u takvom obliku bih je morao otkriti). U šta bi se oni tada pretvorili, a opet u šta ja u tom beskonačnom progonu, jer nijedan oblik nisam video kao dovoljno bezbedan da bi se progon okončao?.... Ali, i moji progonitelji su progonjeni, i progonitelji njihovi, i progonitelji njihovih progonitelja! I onaj koji je najbolje čuvan, progonjen je. Samo čuvanje to dokazuje.

Psi i zvezde

Ljudi drže pse, između ostalog, zato što laju. A i tuku ih ponekad zbog tog istog njihovog svojstva. Jer, njima se laje i onda kad to ne odgovara njihovim gospodarima – makar na zvezde, zašto da ne. A gospodari se zalažu za strogo kontrolisano lajanje.

Legenda kaže da se Marko Kraljević naučio junaštvu od pasa, ali ovde je reč o tome čemu bi trebalo da se psi nauče od ljudi. Zasad su oni još uvek sumnjivi kolaboranti.

Pobeda

Šta to znači nekog pobediti? Odgovor na ovo pitanje ponajviše zavisi od vremena i zgode. Onemogućiti nekog da se bori javno! – to može biti vid pobede. Ali ma koliko bio efikasan sa stanovišta političke pragmatike, ovaj način je samo presvučeni, maskirani poraz koji će kad-tad pokazati svoje pravo lice. Ta njegova nepouzdanost je i dovela do stanovišta da su mrtvi podanici najbolji podanici.

Recitali i dr.

Slušam recitale povodom praznika slobode. Muka mi je, najblaže rečeno, a ne znam zašto. Nekad sam, kao dečak, palio prazničke vatre, drhteći od uzbuđenja, i slušao pesme u kolu o hrabrim i smelim. Šta se tu promenilo kad za njihov zemni prah i danas osećam duboko poštovanje? Moje gađenje nije upućeno njima, ono se tiče načina na koji se živi odužuju mrtvima. Ima u tome nečeg dozlaboga kvarnog. Svet u kom živim nema spone sa svetom o kom oni sanjahu. Nije u pitanju ona doktrinarna razlika između idealnog i stvarnog, već nešto mnogo gore: razlika između sveta u kom je idealu bilo mesta i sveta u kom ga više nema. I, što je najčudnije, drago mi je što ga nema.

Traži se baš to

Dve trećine njih govore isto. To im ne smeta. Niko nikom ne može uzeti njegovo. Ne traži se tu nešto novo, ne traži se ni da se kaže isto samo malo drukčije; traži se da se kaže *baš to*, da se pruži dokaz o jedinstvu u mišljenju. Ritual je ritual, tu nema vrdanja. U sitna odstupanja ne treba mnogo verovati, ona su u funkciji prikrivanja, a mogu biti i rezultat razlika u pamćenju. A ako je ponešto i drukčije, to drukčije nije istovetno s *našim* drukčije. To drukčije je obavezno konstruktivno, znak stvaralačkog pregnuća u službi vere, pa se stoga i tako odlučno približava istom. Naše drukčije je sumnjivo i razbijačko, ono nije ono pouzdano, zbijeno drukčije. Naše drukčije je rasplinuto i mora biti suzbijeno. Naše drukčije ne treba nikome, čak ni nama.

* * *

Progon političkih neistomišljenika sofistički se zaodeva u odgovarajuću pravnu formu, oni se proglase neprijateljima. Apsurdnost postupka izgleda ovako: neki čudak našara divlje magare i onda ga lovci tretiraju kao zebru. Kad bi znalo latinski i počelo da njače:

»Nulum crimen, nula poena sine lege«, ne bi mu to ništa pomoglo pred lovcima na zebre.
Pod objavom istrage zebri mogu nastradati sva divlja magarad.

Lik i maska

Lik: Na većoj si ceni od mene. Znam i to kako bih se bez tebe proveo, pa te danju svojatam – a noću, ah noću!... Odvratna si, ukočena, mrtva.
Maska: A noću sam ti mrska! Ja nisam, nezahvalniče, stvorila samu sebe da bih za svoje postojanje snosila odgovornost.
Lik: Šta hoćeš time da kažeš?
Maska: Samo to da je kriv onaj čija sam, a to si ti. Ako si nezadovoljan mnome, potraži drugu masku. A ako te žulja svaka maska, pokaži se! Ti dobro znaš da sam ja najsigurnija investicija u tvoju sadašnjost (o budućnosti ćemo se dogovoriti), ali, kao i svaki podlac hteo bi da ti donesem dobit a da ti ne uzmem kamatu. Strpi se; to što te malčice žuljam nije strašno, navići ćeš se.
Lik peva Internacionalu...
Maska: Pevušiš, Dorijane, na to bih se nasmejala da mi te nije žao.
Lik: Ti si govno. Ja sam te samo pozajmio iz prašnjavog muzeja starina, nisam te stvorio. (Nastavlja da peva...)
Maska: Ja sam tvoja kućica, pužiću moj. Učinila sam da te se jedni boje, a da ti drugi veruju. Mužiću–pužiću, otkad nisi video zvezdu? Prezaposlen si radeći na mom usavršavanju, po meri svog nitkovluka. Ja sam tvoje cenjeno lice, a ti si moje zgrčeno i neugledno naličje. Zato me nosi oprezno i strpljivo; ne dopusti da nas rastave slućeni ikonoborci, njihovi su putevi nesigurni. Na srcu im leži raznolikost sveta, a ti umesto da nastojiš da ih što dublje sabiješ u jednu rupu, rušiš svoju vlastitu kućicu u trenucima gorke nesanice.
Lik: Ti si jedna kretenska maska; u stvari, dovoljno je reći samo toliko da si – maska. Doći će dan...

Maska: Čuje se glas sa Sira u Edomu... je li, Dorijane?! Ne koprcaj se, no zapamti: Veštak u nošenju maske ima samo jedan cilj – da prepozna druge pre nego što oni njega prepoznaju.

Čuvari kulta (hramovnici)

U registar ovih vitezova upisani su pretpostavljeni neprijatelji. Klasifikacija je unapred izvršena. Kasnije može doći do izvesnih korekcija. Kad se pojavi neko previše sklon zapitkivanju i naglabanju izvan duha i slova dogme, hramovnici ga prevrnu, obrnu, poput paketića prilikom utovara, samo s manje mara jer je i rizik manji – i strpaju ga u jednu od rubrika. Nazivi rubrika su preuzeti iz fonda političke retorike, s tim što je njihovo izvorno značenje često izmešteno, shodno interesima hramovnika. Izmeštanje značenja postiže se ili spajanjem nespojivih pojmova, ili prenaglašavanjem onog što je u jeretičkom mišljenju sporedno, da bi se na kraju izveo zaključak kako je sve to daleko opasnije no što se da opisati.

Hramovnicima nije lako: stalno se moraju dokazivati na svojim protivnicima, a protivnika nije malo i različiti su među sobom. Stoga, da bi bili na visini zadatka, hramovnici se moraju držati nepokolebljivo i postupati nemilosrdno. Legitimnost delovanja oni ne izvode iz zakona no iz svog internog pravilnika, a to je veoma čudan pravilnik. Krivoverni, ma koliko bio domišljat, ne može predvideti šta će se zbiti s njim. A kako bi i mogao kad on nije ni optužen za ono što je počinio, niti mu se odmerava kazna po onom za što je optužen. Na delu je uvek *nešto više*, a to više određeno je proizvoljnom procenom opasnosti koju čuvari kulta vide u postupku okrivljenog. A što je najgore, ta procena može biti danas ovakva, sutra znatno drukčija. Ni gledanje u bob ne pomaže. Od volje čuvara zavisi da li će i kad bog prodavati bozu, a kad će se bozadžija ogrnuti plaštom na koji samo oni polažu pravo. Ko je lakše prilagodiv, bolje je nagrađen. A to je obično onaj čiji je moralni i intelektualni prtljag siromašniji. Hramovnici su procenili kakav im je materijal potreban. Što se samog hrama tiče, najvažnije je da ne padne pre njih.

Opomena

»Podsmevati se jednoj ideološkoj dogmi koja je u stanju da zaokupi toliko ljudskih bića i da bitno odredi njihove živote – neoprostivo je«, reče uvaženi profesor.
Zaćutao sam pred tom opomenom, a u sebi sam mislio da se ja ne podsmevam ni samoj dogmi, ni onima čije je živote ona odredila, ja prosto zabavljam svoju setnu dušu.

Lažljivo uvo

Onaj koji dostavlja na uvo, čak i kad se trudi da bude što precizniji, košta svoje žrtve više no što se da predvideti. Kad sprava zabeleži, to je u redu, a uvo je nesavršeno. Živeti danas od uva, pri ovom stupnju tehnike, zaista nije uputno. Najzad nije ni fer s humane tačke gledišta! Razumem i neophodnost štednje, sve razumem, ali, drugovi... Evo, spreman sam da »rasparam slamaricu« i da uložim trećinu svog imetka u fond za nabavku prislušnih sredstava za dostavljače iz Novog Beograda.

* * *

Svestan sam moći, njenih atributa, njene gradnje; svestan sam i njenog dejstva: da me može za tren strljati u prah, ili uzdići do neba, okrenuti mi usta za vrat, naterati me da kažem ono što nikad nisam ni sanjao a nekmoli mislio, i šta sve još ne. Ali, pored svega toga nikako nisam mogao, niti mogu, da nalog moći shvatim kao nešto ozbiljno i nužno. Ima u toj svemogućnosti moći neke nemoguće lakoće koja može da inspiriše na sve, ali na poštovanje nikako.

Ništa me ne okrepi kao divljenje ljudima koji su bili u stanju da bez ikakve tajne kalkulacije odbiju neopozivu zapovest kao najobičniji zahtev.

Tašna

Kakav je to uglednik koji nema tašnu! Reč je o tašni s velikim T, o tašni simbolu.

Jednom prilikom sam, bez ikakve lične zasluge, video tašnu čiji je vlasnik bio propisno odeveni gospodin postarijeg izgleda, mada je time malo rečeno.

Putovao sam iz Sarajeva u Trebinje, ne sećam se zašto a neću da izmišljam.

Bilo bi razmetljivo s moje strane kad bih gospodina nazvao saputnikom, pa ću ostati pri tom da nas je slučaj sastavio u kupeu I razreda jednog brzog voza. Iznad njegove glave, na mrežastom prtljažniku, ležala je tašna, crna i sjajna, s poniklovanom bravicom. Između te tašne i šarolikog prtljaga ostalih putnika, nije bilo ničeg zajedničkog. To me navelo na pomisao da je njen vlasnik čovek koji ima svoj put, otporan na sve prepreke, i svoj cilj – o kom se ne razgovara. On nije putnik, već poslat čovek! A ako je sve to tako, onda će i voz kojim putujemo stići na vreme.

Uzalud sam priželjkivao da gospodin izvadi ključić iz skrivenog džepića i, zbog neke potrebice, otvori tašnu.

Sišao je u Mostaru.

Od konduktera, veselog brkajlije, saznao sam da je dotični gospodin državni funkcioner, poznat po svom svevidećem oku.

* * *

Vlast gasi ognjišta duha, To je samo pripremanje terena za ono što želi provesti.

Ja strah od vlasti doživljavam kao što sam nekad doživljavao strah od noći. A nije li prvi samo produžetak drugog – ponornica koja vaskrsava pod novim imenom... O, mirna vesela kućice u kojoj slobodno svetli lampa, a ljudi razgovaraju ne pomišljajući na to da je neko pred vratima; neko ko zbog nečeg i za nekoga radi svoj posao. Onog trenutka kad na njega pomisle još uvek imaju izgleda da sačuvaju život, ali više nikad neće biti ono što su bili – ljudi koji slobodno razgovaraju. A ni lampa više neće biti ona ista.

Sulejman i azep

Zamišljam azepa, čoveka-krticu, kako potkopava bedeme tvrđava na koje je jurišalo osmansko carstvo. Pedalj po pedalj zemlje on vrti u mraku, i svaki je skuplji od njegovog života.
Na drugoj strani Sulejman! – prevelik i za samog sebe. Čim je rođen, odelo džina je obešeno iznad njegove glave i on je morao da izraste prema zadatoj meri.
Sulejman i azep!? – kao da ne pripadaju istom rodu. Ipak, ma koliko udaljeni međusobno, oni se sustiču u bitnoj tački: obojica su tragični, s tim što su planovi na kojima se odvija tragedija svakog ponaosob praktično neuporedivi. Sulejman je tragičan zato što ne može biti više od onog što jeste – bog. Azep je antropološki ponižen, sveden na pokret ruke u kojoj drži alatku. Njemu nije dopušteno da bude ono što jeste – čovek.

Ja ih razumem

Svaki veliki vlastodržac opterećen je fiks idejom: niko mu od sabraće nije sličan; maltene, on je iznašao sasvim osoben oblik vladavine. A na delu se iz dana u dan pokazuje kao jedan od mnogih, što navodi na pomisao da se vlastodršci rađaju partenogenetski – iz glava svojih prethodnika.
Originalan vlastodržac teško da bi se održao: podanici ga ne bi razumeli, pa bi ustali da provere o čemu je reč. Uostalom, za njim nema ni potrebe sve dok su ljudi spremni da služe sasvim konvencionalno.
Ma kako zvali ono što čine, ja razumem vlastodršce.

Bulgakovljeva osveta

V. Katajev je zabeležio da mu je Bulgakov uoči smrti ispričao što ga najviše muči.
Njegov prvi komšija bio je takođe pisac, ali i dokazani enkavedeovac uz to. Nečijom voljom tako se namestilo. Veliki mag je izračunao da kovčeg s njegovim telom,

kad ga budu iznosili iz stana, mora kucnuti u komšijina vrata. A sad ga muči samo jedno: da li je dobro izračunao. Nikad se ne zna šta sve živ može da smisli, a mrtav da učini.

Uhvaćeni

Ako nekog uzgred podsetiš na to da je uhvaćen, samo te njegov eventualni smisao za uljudnost može spasiti.

»Uhvaćen?!... a ti si slobodan?« — prosiktaće u besu. Bes ga može odvesti dotle da svoju potčinjenost uzdigne do otvorenog priznanja, samo da bi obesmislio tvoju opasku. Neka se bič sujete obavije oko njegovih leđa! A ti ili odustani od daljeg razgovora, ili menjaj temu.

(Nasilje pretvara ljudski život u puki materijal, okreće tok naših energija u pravcu samouništenja pod vidom samospasavanja. Snagu koju troši da bi se održao, *uhvaćeni* otkida od vlastite supstance, uz lažno uverenje da rezerve stoje neokrnjene. I tako čili polagano.)

Nj.V. Dekret

Prirodno je da onaj koji izgara u provođenju raznoraznih dekreta ponekad poželi da ih bude što manje. I san i odmor su za ljude, ma koliko to izgledalo ponižavajuće. N. je čovek koji je potpuno razorio tu moju predstavu. Bio je uvek zabrinut kad bi se suočio s malim brojem dekreta. Tešio se da sporo stižu, iz tehničkih razloga, ali mu se uteha učinila slabašnom. Jednog dana – ništavnog vala – presedeo je do kasno popodne u svojoj sveže okrečenoj kancelariji, a nije stigao ni jedan jedini dekret!? Lako je vama, ali njemu nije bilo. Otkud je mogao biti siguran da se ne sprema ko zna kakav prevrat i da je s dekretima gotovo? Te noći oka nije sklopio. Ali već sutradan, dok je srkutao kafu spremljenu specijalno za njega, stiže ljuti dekret na memorandumu moćne institucije.

Jednom mi se požalio da mnogi, čak njemu bliski ljudi, drže da on ne ume misliti svojom glavom, a ne znaju da je vreme glave prošlo – dekret ga je nadvladao. Glava je za kafanu, a ne za kancelariju, zaključio je svoju kratku i jezgrovitu ispovest.

Nespretnjaković

»Bio sam aparatčik. Platio sam mnogo... Zato i zavidim onima koji platiše manje, a prođoše bolje. Nisam bio dovoljno gramziv, drzak, uporan i sistematičan, da bih se u sukobu s drugima mogao služiti podlim insinuacijama. Korak jesam podešavao, ali odveć sporo i nespretno: podesim ga prema jednom kadrovskom čudovištu, a zasedne drugo s tablicama na kojima je redosled zapovesti promenjen... Pa giljaj iznova okolo naokolo, nikad da uhvatim prečicu. Na kraju sam zaboravio i vodu da pijem. O, nevoljo služenja!...«

Tiše, pada ministar

Čulo se da je ministar već pao, čeka se samo službena overa. Izdao ga je nos. Sad mu je preostalo da se suoči s krajnostima svoje sudbe, jer svaki pad je naplata. A narod obično ne ume da naplaćuje: ili podbaci, ili preturi. Ta aktivna smeša gneva i samilosti što u različitom omeru određuje ponašanje naroda prema prognanim progoniteljima, rezultat je njegove neisplaćenosti na zemlji i prezaduženosti na nebu.

Muke po Josifu

Što god govorim i činim, veće je od mene: to je ono što narod hoće da govorim i činim. Ja bih, tako mi ideje koju branim, ustupio svoje mesto mlađem i poletnijem od sebe, ali osećam da nemam pravo da se ogrešim o volju naroda. I sama pomisao da ću jednog dana, ipak, morati da odem, teško mi pada.

Sedite, sedite

U malom provincijskom mestu, na sahranu jednog metuzalema došao je i predsednik opštine. Grupica starijih ljudi sedela je na improvizovanoj klupi. Kad im je prišao blizu, predsednik je ispružio ruku i rekao: »Sedite, sedite.« Odmah su poustajali svi i došlo je do pometnje: svako je hteo da predsednik sedne baš na njegovo mesto. Ali kako? Mesta mnogo, a predsednik jedan!

Čovek od uspeha

Da me neko upitao kako stojim sa T., odgovorio bih mu da stojim veoma dobro. A da me taj isti neko upitao šta mislim o tome kako T. stoji sa mnom, malko bih se lecnuo. Teško da oba pitanja imaju smisla. Zašto bi, recimo, bilo besmisleno prvo pitanje? Čovek ne zna kako stojim sa T., pa je sasvim normalno da me o tome pita. Drugo pitanje čini se besmislenim na prvi pogled. Ako neko ne zna kako T. stoji sa mnom, prirodno je da o tome pita samog T., jer je on za to merodavniji od mene. U oba slučaja odgovor unapred nije poznat, ali se u drugom slučaju on ne traži na pravoj adresi. Sve bi to bilo u redu kad onaj koji pita ne bi znao da je T. *čovek od uspeha*, a ja nisam. A ako on to zna, onda samo drugo pitanje ima smisla.

Ovde, na mom delu Balkana, ljudi teže uspehu kao i svuda. Verujem, da ni u načinu i sredstvima kojima se pri tom služe nema bitnijih odstupanja od svetskih standarda. Ali kad je o uspehu reč, sasvim sam ubeđen u jednu našu osobenost. Uspeh ovde ljude obavezuje da okreću leđa ne samo onima koji su im smetali, već i svojim dobronamernim poznanicima, prijateljima, pa i najvećim dobrotvorima. Čovek koji uspe mora korenito da menja krug ljudi u kojem se ranije kretao, pa i sam stil življenja... Ja i ti smo bili drugari, ali ako ti misliš da i posle ovoga što sam postigao možeš da mi kažeš dobar dan onako komotno, grdno se varaš. Ja sam sad, po prirodi svog položaja, okružen drugim ljudima koji su mi ravni, i tako će biti sve dok su mi ravni. Nemoj misliti da je imalo prijatno okretati glavu na ulici od svojih starih drugara, ali to je zla kob uspeha; takvi su njegovi propisi. (A i neuspešni, ma koliko bili prijateljski raspoloženi, često su previše nametljivi: zivkaju preko telefona, hoće da se druže neuporedivo više no ranije. Ne znaju za red: bez pitanja sednu za tvoj sto u kafani, i uvek nešto kritikuju, pozivaju se na Deklaraciju o pravima čoveka; nikad im ništa nije potaman.)

Takvom ponašanju uspešnih moglo bi se prigovoriti, ali samo ukoliko neuspešni nisu i sami obuzeti željom da se kad-tad svrstaju u uspešne. U protivnom, oni taj vid zaštite ne bi razumeli, ili bi ga razumeli kao preispoljnu zavist i težnju da se uspešni ospore. Ako mu je stalo do uspeha, neuspešni će daleko lakše podneti ravnodušnost, ili prezir, od strane uspešnog, no što će se odreći slućenog zadovoljstva da će se i on jednog dana moći na isti način poneti prema svojim neuspešnim. On čak prećutno zahteva od uspešnog da se ponaša upravo tako kako se ponaša, jer kakva je, inače, vajda od uspeha. Ukoliko bi zadržao svoje ranije ponašanje, uspešni bi u očima neuspešnog ispao demagog, licemer ili sumnjivo lice. Cena uspeha nije mala, pa je uspešni obavezan da to uvek i svuda stavlja do znanja onima koji toga nisu svesni, ili im se (ko zna zašto) dogodi da na to zaborave.

Ej bre, čoveče, ja sam ja, a ti si samo ti.

Etikete

Vib je uočio formalnu razliku između lepljenja markice i etikete. U prvom slučaju se pljune na markicu samu, a u drugom — na čoveka. Etiketa se od markice razlikuje i po svrsi, kao i po posledicama neispunjavanja ili neodgovarajućeg ispunjavanja svrhe.

Ako se na pismo zalepi markica čija je vrednost manja od propisane, može se desiti da ono ne nađe adresanta. Ako se za nekog čoveka kaže da je sikofant ili pederčina, onda je veoma važno ko etiketira, ko je etiketirani i da li ga i ko štiti. Tek s obzirom na sve to pokazuje se važnim da li etiketa odgovara istini ili ne. (U ovom kontekstu, posledice se tiču onog koji etiketira.)

Lepilac etiketa (pljuvač) ima najbolje izglede ako je etiketirani prav, tj. ako je etiketa čista izmišljotina. Ne znam zašto ako ne stoga što je prav čovek toliko loše usklađen sa svetom u kojem živi da ga niko ne štiti, ili ga štiti tako da se ta zaštita prima kao vrednost samo u sferi pojavne čitljivosti stvari, a u suštini ne znači ništa. Prav čovek je prosto prav. Osim toga prav čovek nema potrebe da se otima, koprca, da kidiše; on je ubeđen da se istina zna, a ona je na njegovoj strani. Prav čovek glupo shvata pravdu, zato je i prav. Zašto kriti i to da je prav čovek slab, nenaoružan, jer nije kriv. Prav je čovek pešak čim god putuje; teško uči, ma koliko se trudio. Prav čovek je toliko čist da prosto izaziva da se pljune na njega. Etiketa na licu pravog čoveka poprima svoju punu vrednost kao efikasna laž. Kad je prav, eto mu ga. Kad je on takav, kakvi su tek drugi?! Ne kažite ni za kog da je prav, bez izvinjenja.

Etikete su već provereno sredstvo obračuna s protivnicima. Najopasnije su one koje zadiru u političku sferu, koje etiketiranog dovode u sukob sa oficijelnim mišljenjem. Takve etikete najteže pogađaju etiketiranog, dok onaj koji stoji iza etikete ostaje zadugo ili zanavek u senci. Etiketirani obično ne zna što ga je snašlo: etiketa ne boli, pod njom se vene polako. Bolje reći, nema pravila: sve zavisi od prirode političkog trenutka, od sadržaja i osnovanosti etikete. Važno je da je etiketirani u zamci, a to samo znači da će njegova stvar teći svojim tokom; on nije izgubljen, samo je potkopan. Ako je etiketirani čovek od »karijere« možda će mu se ukazati prilika da svoju etiketu otkupi, s dobrim izgledima na zaradu. Ako do nagodbe dođe, sve se odvija tajno i pošteno, u ime viših vrednosti koje odavno branimo.

Osećam da ima i takvih koji bi, na ovom mestu, zabrinuto upitali kako etiketiranje izbeći? Umesto odgovora, koji ne znam, predlažem im da se najpre pozabave pitanjem najezde komaraca ili pacova. Naravno, uz napomenu da je zaključivanje po analogiji sumnjivo. Prilažem i savet mog prijatelja M. Vidaka: »Ne buljite, na očigled sveta, u zabat stare kuće na kom su vlaga i vetar, podmuklo sarađujući, iscrtali ko zna šta; ne budite budala.«

Instrukcija

Nakon mnogo peripetija, istegnuti i sumorni Y primljen je na posao dekoratera u jednoj Ge-Ge firmi. Tom zgodom ga je principijelni X pozvao u svoj kabinet i u četiri oka mu saopštio sledeće: »Trajalo je poduže, ali te stvari ne idu lako. Znam da vas je to koštalo nerava, ali... Shvatite, u ozbiljnoj smo situaciji!... Neću da kažem da je u vas neko sumnjao, ali sve valja proveriti. Ne ljutite se na druga Diplića, on jeste ponešto oklevao... konačno, koliko ih je koji mogu biti krivi. Ovaj, hoću da kažem da smo mi demokratska zemlja i da u to ne treba sumnjati! Uglavnom, sad je stvar okončana – primljeni ste. Ma šta mislili, to nije malo poverenje. Nadam se da ćemo dobro sarađivati.«

Y je promrsio da je zahvalan, ali da ipak smatra preteranim ceo postupak...

»Ostavite to« – preseče ga X. – »Vi znate, da je zavisilo strogo od mene, bilo bi davno sređeno. No, sve je u redu... samo još nešto za vaše dobro. Lično bih vam savetovao da izbegavate društvo nekih individua. Znam, reč je o starim prijateljima po drugoj osnovi, ali naša revolucija je još mlada... Ovaj, bilo bi uputno... da se razumemo, ja ništa od vas ne zahtevam, prosto vam prijateljski preporučujem da imate neke stvari u vidu. Vi ste sada nešto drugo... hoću reći da ste obavezni, a tanak led je tanak led.«

Y se malčice iskosi i reče: »Meni je vrlo teško da ...«

X ga ponovo preseče, ustajući od stola: »Naravno, nije ni potrebno, samo da imate u vidu, je li... I evo vam ruka.«

Krpelj

Toliko želi da živi da njegovoj želji nijedna prepreka ne bi odolela. Živeti u govnima do grla za njega bi predstavljalo visok standard prema onome na što je spreman. Kad bi nesrećnim slučajem pao u jamu bezdanicu, izašao bi na njenu drugu stranu. U zemlju da ga zakopate, ako ništa drugo nići će kao kupina. Toliko je opasan nekom lepljivom zemnom voljom, da će smrt imati s njim veliku krku. A mora mu kad-tad uzeti dušu, ne može se zakon menjati zbog njega.

Sva je prilika da se omakao Bogu, pa je njegovom zakonu suprotstavio prastaru energiju svoje tamne i gluve zemne moći, tako da tu sad mora odlučiti lukavstvo Starijega.

L'enfant terrible

Da li ste ikad videli čovečića kojeg je vlast razmazila? To je čudna spodoba koja lako savlađuje smetnje – od rešavanja najtežih egzistencijalnih pitanja (dobijanja stana, zapošljavanja) do ulaska preko reda kod lekara i smućivanja kelnerice da ga posluži pićem i nakon fajronta, ili prodavačice da dobije flašu ulja bez kaucije. On se ponaša tako da ne izaziva otpore: suvereno špekuliše svojom bajagi slabošću, jezik mu je mek i veoma koketan, pokreti proračunati i dobro odmereni, pa je teško ne ispuniti njegove zahteve.

Žena i politika

Žene koje se bave politikom su debelo sumnjive. Opasna je žena koja se usudi da se podboči, zabaci glavu i vrisne: Dole prokurator Judeje! A nije prijatnija ni ona koja natuče naočari, raširi papir i krene da jednu po jednu osobnu imenicu prevodi u zajedničku. Taj gramatički pokolj je, doduše, upečatljiv znak optimizma, ali ja očekujem s nestrpljenjem da dotična drugarica što pre svrši.

Ćudljivi bolesnici

Ljudi koji su dobar deo života uložili u svoje ideale, nikad dokraja ne priznaju da su izneverani, samo zato da ne bi porekli smisao uloga. I kad se upuste u otvoren razgovor ne dopuštaju ni da im se protivreči, niti da se u kritičkoj oštrini ide dalje od njih. U prvom slučaju, povređeni su što im se ne priznaje da su oštećeni; u drugom, ne mogu da podnesu da je sve to toliko jasno drugima. Ponašaju se kao ćudljivi bolesnici koje bilo kakav stav prema njihovoj bolesti dovodi do besa.

Šifrant

Za šifranta je sve politika. A svet politike je enigmatičan, šifrirani svet u kome ništa nije onako kakvim se pokazuje, niti se pak pokazuje *bez neke*. On čita šifre na svoj način, postulirajući s kobnim prizvukom jednu tešku i mutnu stvarnost koja se valja iza na izgled bezazlene pojave. Sve to liči na dosta vešto izmontiranu tvorevinu opčinjenog fantaste, mada mestimično sasvim nebuloznu. A opet, njegova priča i te kako ima racionalno jezgro. Ona je samo šematski izvedena iz svojevrsnog razumevanja duha politike, uz previše uopštenu argumentaciju da bi bila ubedljiva.

Slušajući ga dok priča, kako nadražuje i upošljava svoju maštu, imao sam utisak da za njega nije toliko važno da li je to što govori tačno ili ne, koliko je važno nešto drugo.

Zašto to ne bi bio način stvaralačkog ispoljavanja, njegov način?!

Naivčina

Obično plaća odjednom, umesto u ratama. On pretpostavlja da je svačiji stepen bezobrazluka manji no što se pokazuje, bilo da je reč o ženi, prijatelju ili državi. Takvom čoveku i najteže iskustvo slabo pomaže: umesto da ga pouči i natera da ubuduće svemu prilazi sa zrnom soli, ono ga zbuni i obezoruža, a ponekad i sasvim upropasti.

* * *

Građanin A.

Kad god pokuša da se osvrne na ponašanje pojedinaca, ili grupa, iz privilegovane sfere, uz puno činjeničko i moralno opravdanje, to *na kraju* ispadne pohvala. Poput čarobnjaka Valama, govori *ono što mora*, a ne ono što hoće. Ponekad mu pođe za rukom da provuče neku sitnu peckalicu, ali je dovoljno da se nađe u društvu moćnika pa da se zbog toga postidi.

Građanin B.

Hteo bi mnogo više no što mu dopušta dužina lanca. Zato se trza, optrčava krug, ali lanac je lanac. Kad mu se to stavi do znanja, sklon je da se silno usprotivi, razbesni čak. Lanac prestaje da bude ono što jeste, a kućica u kojoj je vezan pretvara se u utočište. Breme kog se poduhvatio ne može da nosi, niti može da ga ostavi.

Petlja od čoveka

Neki kažu da je smelost lišena smisla ako stradanje zbog smelog poduhvata nema nikakvog društvenog odjeka. (U nas Balcanicusa, takva smelost ima drukčiju funkciju: funkciju nadoknade za neučestvovanje u krupnim stvarima, pod bilo kojim predznakom. Na to se gleda sa poneše divljenja. Čovek koji je navikao da bude smeo u sitnim stvarima – tamo gde drugi ne čine ništa – opstoji kao *petlja od čoveka*. A to mu je, uglavnom, dovoljno.

Ali, nemanje nikakve smelosti je ništavno. Čak iz estetskih razloga. Ipak zanimljivo je uveriti se na šta je Petlja od čoveka ponekad spreman.

Lojalni

Lojalan građanin ne sme da se buni, da izneveri tako zvučan epitet. I kad stvari idu rđavo po njega, on mora ostati uspravan na braniku sistema; neka kojekakve protuve i smutljivci teraju svoje. Lojalan je više nego lojalan ako pomogne nadležnima da prošire spisak nelojalnih. Lojalan građanin neće izvesti psa u šetnju tamo gde to nije toliko dozvoljeno da je postalo obavezno. Ako upitate lojalnog koji je hleb bolji – beli ili crni – on će odgovoriti da je njegova vlada najbolja na svetu, ako vas uopšte udostoji odgovora.

Naš čovek

Sedim u kabinetu kod K., smerno, kako se u stvari od mene i očekuje zbog počasti koja mi je ukazana. Ostali gosti su ugledni ljudi iz meni tajanstvenog sveta politike. Razgovor se povede o nekom P., po svoj prilici velikom kombinatoru, kakvih je u nas i ranije bilo, ali su tek u poslednje vreme izašli na glas. Slušam, ne mešam se u razgovor... Ugledni ljudi su i iz lične radoznalosti, a i po svojoj profesionalnoj dužnosti bili upućeni u život, stil i rezultate rada dotičnog P., koji je sticajem okolnosti skrajnut sa unosnog položaja... Ispalo je da je P. častan čovek i odani komunista, koji ih je uvek lepo primao: na radnom mestu, kod kuće, u kafani; nije važno od čijeg novca, ali uvek. Takav je P.! Neoprezan jeste, to je fakat, ali mu se mora pomoći. (Pomislih: fakat je i to da kad bih ja bio na njegovom mestu, označili bi me kao lupeža, preispoljnu bitangu i višestrukog špijuna.) Jest pogrešio, ali on je u duši avanturist, pesnik, a zlonamernici i podvaladžije čekaju na svakom koraku, poput »Hekatinih sveštenika«, da pravilno orijentisanom i naivnom zaprže čorbu. Mora mu se pomoći, jer je on *naš čovek*. Čuo se i disonantan glas da P. »ume, nije da ne ume«, ali taj nije uspeo da P. učini ni za dlaku manje našim no što on jeste. *Naš čovek* ostaje naš do daljnjeg, izgleda sve dotle dok se ne ukažu Zemlja nova i Nebo novo, a tada niko više neće razlikovati svoje od tuđeg – svaki čovek će biti »naš čovek«.

Ništarija

Onaj koji ništari. A ništari tako što oskrnavi sve čega se dotakne. Kad malu ništariju naduvate kao balon, do ivice prskanja, dobićete veliku ništariju.
Ništarijin komšija svaštarija u stanju je da postupi valjano, ako mu dođe s noge.

Pokazatelj

Onaj koji padne zbog iste stvari zbog koje se i uzdigao. On najavljuje novi kurs u političkoj igri.

Pravednik

Ljudi mu se dive ako od njega ništa ne očekuju. A ako već odluče da mu se obrate, onda ga upozore da to čine stoga što je on – pravednik. A pravednik je samo onaj koji će njihovu stvar rešiti onako kako im odgovara. U protivnom: da je pravde, on bi vrane iz useva isterivao.
Pravednik nikad ne može biti *naš čovek*, dok je naš čovek uvek pravednik. Tamo gde nema pravde, pravednici su u zatvoru, a naši ljudi na vlasti.

Zaslužnik po dogovoru

Reč je o čoveku koji hoće da bude zaslužan, a ume da nađe svedoke za to. Vreme odvajanja čistog od nečistog ne ide mu na ruku. Ali nama, izgleda, više nije do toga.
Među ovim zaslužnicima sreo sam nekoliko dobričina.

Mali tiranin (poltron)

Od istog je blata umešen kao i njegov pretpostavljeni, ali malo neveštije. Krvoločan je dovoljno kad mu neko padne šaka, ali je nesiguran i plašljiv ako se strogo ne drži svog gazde. Ima izgrađen smisao za prestrojavanje, tako da se po njemu može proceniti ko se uspinje a ko silazi. Dragocen je kao izdajnik, jer niko bolje od njega ne zna bivšeg pretpostavljenog.

Ovaj čovek-leptirica, ipak, ponekad može da pogreši, a onda je na velikim mukama da stvori šansu da se pokaje. Iz njegovih usta seva reč čast poput krstaškog mača.

Ako ima sreću da je inteligentan, poltron je neuništiv; on je upečatljiva potvrda stava jednog otmenog beogradskog ludaka da osobnim imenicama danas preti opasnost, naročito pokretnom delu njih. (Poltron ime i prezime piše velikim početnim slovima još samo po navici.) U njegovom ulagivačkom pohodu ništa ga iznutra ne sme sputavati, jer ako pretpostavljeni zatraži od njega da se okrene u mestu devet puta, a on ne bude na to spreman istog časa, onda grom i pakao.

O poltronu se često čuje da ima njuh hrta, ali s tim da *niko nije čist*. Svrha tog dodatka je da opravda divljenje onih koji su mu slični, samo su nešto uzdržaniji i obzirniji, a ujedno i da pripremi teren za njihovu eventualnu ofanzivu.

Dežurni

On ne sme zadremati, uvek se nešto dešava. Ako baš i nema ničeg opasnog na vidiku, zvezde su tu. A trudi se da ostavi utisak čoveka koji svoju sumnju drži pod kontrolom.

Dostavljač

Moguće ga je izigrati ako se zna kome dostavlja, ko mu je gazda. To je stvar valjano izabrane metodologije i doslednosti u njenom provođenju. Cilj je da dostavljač dostavi akreditoru ono što mi želimo da ovaj sazna. Naravno ima akreditora koji su smršali od lucidnosti, kao i dostavljača koji su krajnje selektivni, tako da je stvar propala ako bar aršin niste kopali dublje. No ako ne možete dobiti, ne biste smeli izgubiti. Dostavljača kog ne uspete okrenuti protiv njega samog, morate držati postrance – da nema što da dostavi protiv vas.

Čovek-oblutak

Bio je toliki debelokožac da mu se nije moglo nauditi. Svaki moj razgovor s njim svodio se na to da ga postidim, ali mi nije polazilo za rukom: bio je prenabijen samoživošću i do poslednje moždane vijuge obeležen tupim, animalnim uverenjem da je apsolutno u pravu u onom što čini. Čovek-oblutak, veliki oblutak čiju debelu mirnoću ništa ne može da poremeti, ali kad je u pitanju njegov interes uvek stigne na vreme!

Odavač tajni

Tajne koje se rado odaju, mada takav utisak odavač ne želi da ostavi, u stvari su izmišljene. One su vrsta uloga, ponekad netraženog (u takvim slučajevima inscenira se traženje da bi se prikrila namera) preko kojeg odavač želi uloviti tajnu onoga kome »odaje« svoju. U toj igri u kojoj se izdaleka oseća miris kobi, uloge su zamenjene: onaj koji pita ponaša se kao da je pitan, odajući se lažno on priprema drugog na stvarno odavanje kako bi ga imao u šakama. A to želi i onda kad nema na umu nikakvu zloupotrebu. Izgleda da je dobitak (preimućstvo) ovakvog odavača tajni nesporan.

Ali zar nije svejedno što je njegova tajna lažna kad može biti istinita? Zar on, izmišljajući tajnu, ne dodaje svom životnom prtljagu nešto što mu ne pripada, ukoliko onaj drugi u to poveruje. Kako se, ako bude poželeo, toga može osloboditi? Nije celishodno priznati da je lagao pred onim koji mu je jednom poverovao. Njegov poverenik bi takvo priznanje pre shvatio kao gest pokajanja nego kao istinu, a to bi upravo bilo suprotno onome što odavač želi postići. Nevolja je tim veća ako je odata »tajna« takvog sadržaja da bi mogla postati krajnje

neprijatna kad bi bila istinita. A ona uglavnom tako izgleda, jer samo osetljive tajne mogu isprovocirati. Uostalom, zavisi od toga kakvi su ljudi u igri. Za sitnu ribu dovoljna je i obična trska. Sve u svemu, odavač je postao zavisan od svoje tajne iako je ona lažna. Kakvi su izgledi izazvanog? On je zaista odao pravu tajnu, pa bi se bez dvoumice moglo reći da je na gubitku. Naravno, i ovde je sadržaj tajne presudan. Ponekad je on takav da bezbednost onoga koji je tajnu odao zavisi od onoga koji je primio. Izazvani je ulovljen, nema sumnje, ali je istovremeno i lovac, kao god što je izazivač i jedno i drugo. Zavisnost izazvanog može biti i manja (funkcionalno uzev) od zavisnosti izazivača, jer onaj koji priča pravu priču uvek zakida na meri.
Čisto se od nečistog retko odvaja, iako je to moguće.

Podrivač

Podrivati se može s malo sredstava ako je podrivač vispren. Uostalom, on se koristi snagom svog protivnika – začepljivača usta. Podrivača nikada nećete videti na vrhu bandere; on udara u temelj. Ako je podrivač od formata, začepljivač će mu ponuditi dijalog, pod svojim uslovima.
Zgrada sveta je postala poprište borbe izmedju podrivača i začepljivača.

Dernier cri

U trenutku depresije ispričao mi je kako je služio svog pretpostavljenog. Služio ga je kako se pretpostavljeni služi – ubeđeno, do daske; služio ga je onako kako je ovaj od njega tražio. A ipak pretpostavljeni nije bio zadovoljan, i to mu je zadavalo veliku muku. Najzad je i poslednje rezerve svog dostojanstva prineo na žrtvenik koji je u sebi podigao Služenju. Pretpostavljeni je i dalje ostao pretpostavljeni – dalek, nejasan i nepoverljiv – jedva da se osvrnuo na njegovu žrtvu. (Tužan je to bilans, može duboko da trone sve meke duše.) Šta mu je preostalo? Da postane odmetnik? Rekao mi je da bi se on na taj rizičan korak verovatno odlučio, što se njega samog tiče, ali je stvar daleko ozbiljnija: dopustiti da ovu revoluciju rasture dogmatičari, liberali, anarho i pseudoliberali, tehnobirokrati, novolevičari, nacionalšovinisti, sitnoburžoaski reformatori, desni eseri, kleronacionalisti, kojekakvi menadžeri i kozmetičari, navijači, pijanice i mrgudi – zaista nije časno. Umesto toga on je rešio da promeni gospodara, a da zadrži veru u služenje iz patriotskih razloga. Da ne bi izdao revoluciju, pribegao je blagoj reformi, čisto tehničke prirode, s nadom da će ovog puta poboljšati svoje izglede.

Poslednja vest o njemu prilično je zbunjujuća. U prisustvu dva proverena svedoka uzviknuo je: Pa, ovo je zaista prevršilo svaku meru. Dernier cri.

Pljuvač u lice

Nesrećno dete za koje je ljudsko lice svetinja. Stoga se nalazi pred velikom neizvesnošću: da li će ikad moći da ikoga razume i ikome oprosti.

U zločinačkim poduhvatima akteri navlače masku na lice da ne bi bili otkriveni. A šta će biti ako te maske jednog trenutka počnu da prirastaju za lica kao živi flasteri; šta će poklonici maski onda izmisliti?

Iskusni ljudi već odavno ne prave razliku između maske i lica.

Očekivač izuzetne prilike

Živi dolično, uredan je u svemu, dirljivo ozbiljan. S večeri ga možete videti u šetnji, s kišobranom u levoj ruci; desna mu je pripravna za slučaj rukovanja. Šeta odmereno i dostojanstveno, kao da je šetnja posao od najveće važnosti. Drugi ljudi bandaju, a on šeta. Birka ulice koje nisu previše prometne. Šeta onoliko vremena koliko je unapred odlučio, ni minuta više. Ako nema nikakvih drugih obaveza, vraća se kući, sigurnim domaćinskim korakom. Večera umereno. Ne zna se pouzdano da li to čini po savetu lekara, ili zato što je još davno saznao da su Rim upropastile gozbe. Njegova ozbiljnost se ogleda i u pripremama za počinak, kom se poverava pobožno i s nadom u sutrašnji dan. Sve dnevne nedaće, ako ih je bilo, nestaju kao rukom odnesene pred uverenjem da je on zaslužio mnogo više nego što ima, i da to Neko vidi.

Kad sretnem ovog upakovanog građanina, ubeđen sam da on očekuje da će ga, čudnim sticajem okolnosti, jednog dana primiti u audijenciju Gorbačov lično.

Kad bi svi ljudi poštovali svoje stvarne obaveze kao on zamišljene, kakav svet ne bi bio!?

Moćnik

Ne personifikuje samo ono što nas spolja ograničava, čemu se pokoravamo. On samovoljno bitiše i u nama samima: mi mu se divimo, zameramo mu, psujemo ga, isterujemo ga iz svojih misli, ali ga priznajemo. Priznanje je osnovni ton koji ne mogu prebrisati ni prezir, ni mržnja; u ravnodušnost imam jedino poverenje.

(A. Bojičin, majstor od sedam zanata, jednom je rekao da ljudi treba dobro da otvore oči kad nekom poveravaju i gram vlasti, jer vlast nadođe kao skoreli hleb u popari. A vlast je popara nad poparama.)

Položenik

Spreman je da ponudi svoje usluge i onda kad to od njega pretpostavljeni ne traži. Kad je zaplašen (pretpostavljeni može da vikne), usluga koju nudi za njega je izvinjenje na blanco. Kad se koliko-toliko pridigne, onda ona prerasta u investiciju. Ako se izlane (njegov izraz za pobunu) pa ga stoga stigne osećaj stida, sklon je da svoju uslugu promoviše u doprinos *svetskoj revoluciji*. Tim retkim trenucima izlajavanja sleduju trenuci žestoke pokore u kojima je uvek tuđa koža na licitaciji, nedužnog svedoka »pobune« uglavnom. Ovaj vitez difamacije ne može dočekati da svane dan da bi se sastao sa istim onim protiv koga je »ustao«, i ponudio mu dužnu priču o nedužnom sagovorniku. On zna šta bi pretpostavljenom moglo biti od koristi bolje no on sam. (Pretpostavljeni ne može sve da stigne, mada može mnogo.)

Rupa, rupica

Moj prijatelj D. Šahović, jednom prilikom požalio mi se da mu predstavlja teškoću da uzima hranu, a mora. Zato smatra da je rđavo udešeno, bar što se njega tiče, što nema rupu, ili barem rupicu, na trbuhu, kroz koju bi mogao, kad je to neophodno, uzeti odgovarajuću količinu hrane ili pića, uz mogućnost da se rupa, nakon toga, hermetički zatvori. On je u fantastičnoj kombinatorici išao i dalje, ali za mene je ovo bilo dovoljno da asociram na one nevoljnike koji po službenoj dužnosti moraju da se šetaju sa sednice na sednicu, a to im preteško pada.

Pošto je i njihov problem na svoj način beznadežan, pitam se da li je iko od njih razmišljao kao Šahović – ovog puta o otvaranju rupice na glavi? Ako jeste i ako se krug takvih vremenom proširi, onda to obećava da će se kad-tad konsenzusom postići da se sednice makar prorede. Verujem da to neće ići lako, da mogu čak nastati i grdni lomovi, jer je teško udariti u višegodišnji ritual koji je poprimio mitsku težinu, ali ja svima želim dobro.

Vešti dželat

Hoću, najzad, da budem načisto s tim kad i gde me zapalo da živim. U stvari, tražim najefikasniji način da otkupim ono što mi pripada – pravo na posao.

Odgovorni drug me pozvao na razgovor. Nisam sigurna da sam ga razumela. Otprilike trebalo je da se sama dosetim što on hoće od mene, da bi bilo sve u redu... Ja sam zahtevala da on otvori karte. Recimo, ako je dovoljno da »legnem«, onda je sve jasno; ako nije, valja precizirati koliko treba da dodam. Ali, reći to značilo bi nešto uložiti: zloupotrebiti svoj položaj bez garancije da će se zloupotreba isplatiti. Od mene se stoga tražilo

»da umrem prirodnom smrću«, da ponudim, a on će odlučiti. Uloga dželata treba da bude strogo odvojena od uloge žrtve. Svako ogrešenje žrtve o to pravilo svedoči o njenoj neuviđavnosti.

Na kraju mi je rekao da je ponos ostatak neke stare prakse, da nije vreme za moralističku izbirljivost i da se svi moramo angažovati prema svojim mogućnostima.

– Na ovom stepenu razvitka – dodala sam.

To rekoh, ali dušu ne spasih. Najzad ću pristati na to čega se gnušam: da je »ponos ostatak neke stare prakse«.

(Iz pisma dipl. profesorke)

Kvalifikovani glasač

– Sutra je subota – izbori! – glasaću među prvima, da ne propustim buvlju pijacu.

– Za koga ćeš glasati?

– Izbori su zakazani, i ja ću glasati – to je sve što se traži od mene.

– Glasaćeš u skladu sa svojim uverenjem, po savesti?

– One koji budu izabrani, to ne zanima.

– Recimo, da ne glasaš?!

– Navikao sam da glasam, da se potvrđujem kao glasač. Uostalom, svakom preporučujem da glasa, pa tek potom neka se pita o smislu glasanja... ako mu je do toga.

Pali anđeo

Ja više nisam ono što sam bio! – ali ko sam sad?

Oni dole su jedva dočekali, da razgrću... »Hoćemo istinu!« A ta njihova istina beše na mojoj strani, dok sam bio... Vrata »Panteona« za mene su zanavek zatvorena. Ispred mog zanimanja stoji – bivši! A to je gore no da ispred mog imena stoji – pokojni.

Kome da se požalim? Žar da nađem saosećajna stvora među tim strvoderima?

Čujem ih kako krešte u horu: Završio je svoje, rasho-

dovan je! Mnogi to proslavljaju kao blagdan, znam ih dobro.
U ovom gradu je previše bašibozuka koji sad pokazuju prstom na mene. Oni?! A najgore je što me mnogi smatraju matorom budalom, bitangom, smrdljivom kreaturom gorom od prosjaka vitlejemskog. Oni koji su me pozdravljali snishodljivo, s kapom ispod pazuha, dok sam prolazio ulicom. Pa i stari užar Rastislav, stid ga bilo, pita me da li sam ovo ja, koliko me jednom beše i gde se to denu – a toliko puta sam mu pružio ruku.

Ovo što se dogodilo sa mnom ne tiče se samo mene, već i moje žene. Ona više ne postoji za svoje prijateljice... Zembilj, pa na pijacu?! Ne, tog je moram poštedeti. Ići ću ja... Dobro je što su mi deca u inostranstvu, to je dobro.

Neću, valjda, sebi dozvoliti da ikog molim za uslugu... Ipak, ja sam nešto drugo; oni bi to morali znati. Ali kako da im dokažem? Kao bivši?! Da im govorim protiv vlasti, da krčmim svoje višegodišnje iskustvo? Ne, to bi bilo i neubedljivo i neukusno.

Juče sam otišao kod Filipovića, da mi centrira »šafhauzen«. Mnogo je sajdžija, ali je Filipović jedan! Kad tamo: radnja plombirana, a na vratima zalepljena čitulja... E neću ja tako, pomislih, imam važnija posla; ne dam se ja. Od penzije mogu sasvim lepo da živim, imam dobar stan i kuću na Primorju... šta mi fali!

Anđeo čuvar

Dolazi kao prijatelj u vreme nesigurno i obećava ti da te neće ostaviti na cedilu. Ti bi hteo da odbiješ ponuđeno, ali kako?! On te svojom dobrohotnošću postiđuje, ti gubiš živce i počneš da drobiš iz inata. Računaš: ako traži posao, eto mu posla. To bi po tvojoj naivnoj računici trebalo da obesmisli njegovo interesovanje za tebe, jer onaj ko iz inata ili gneva govori sve i svašta, zatamnjuje ono što misli i tako uvećava vlastitu neprozirnost. Naravno, niti si ga postideo, niti odbio od sebe. On, budući čovek vešt svome poslu, pravilno čita tvoju maskiranu nemoć i »smiruje loptu«. Počinje: »Nisam ja, prijatelju, nikakav špijun već čovek kome je i samom teško; ako ti smetam ja ću otići kako sam i došao, ali nemoj da me vređaš.« Šta ti nakon toga preostaje osim da svoju naglost stišaš, maltene da se osetiš krivim, mada i dalje pouzdano znaš da je on baš to što negira da jeste. Kažeš mu da nimalo ne sumnjaš u njegovo poštenje, a ako tako izgleda, onda je za to kriva tvoja narav i, dakako, mučna situacija u koju si zapao iz sasvim ličnih razloga. I tu staneš sa izvinjavanjem da on, ipak, ne bi pomislio da mu nudiš prijateljstvo. No anđelku je dosta i toliko od natmurenog čoveka da bi zadovoljan odlepršao prostorom svoga tajnog lovišta. Kad se presabereš, pomisliš da je bilo bolje da si ga razvalio pesnicom po labrnji, no što sad pljuješ na jade ovoga sveta; i dođe ti krivo što nisi. A kad se on presabere, šta će ispasti? Dovoljno za dve rečenice koje ti nikad nećeš saznati u formi u kojoj su napisane. Naravno, ne sumnjam da i ti imaš svoju beležnicu, ali šta se može naći u beležnici jednog ranjivog intelektualca?! Nisi ti prvi koji je zapisao da je cinkaroš šrafčić u sistemu moći, s onu stranu proklamovanog sistema prava, po pravilu ilegalan. On je kvržica na nekom od pipaka »džinovske hobotnice«, monstruozne garancije reda u državi. Hobotnica je materijalizovana noćna strana reda, koja bitno određuje dnevnu, legalnu. Zevs i Had su upućeni jedan na drugog, ma kakvi bili njihovi međusobni odnosi. Braća su po krvi, i tim je sve rečeno.

San mlakog podanika

TV-ekran u boji, tribina. Javlja se Pretpostavljeni sa svojim glavnim opunomoćenikom i drugim velikodostojnicima. Pozornica prigušeno osvetljena, ali raskošna. Pretpostavljeni skida ogrtač tamnocrvene boje i poverava ga jednom od prisutnih, a ovaj ga sa dužnom pažnjom odlaže na čiviluk. Pretpostavljeni istupa na središte pozornice i otpočinje sa osnovnim vežbama. Za njim, raspoređeni ukrug, svi ponavljaju po taktu jedva čujne muzike koja dolazi odozgo, sa stropa. To traje kratko, pretpostavljeni je nezadovoljan... Opunomoćenik mu

prinosi ogrtač, bojažljivo kako dolikuje, a P. naglo vadi iz džepa pomorandžu, čini se natrulu, i obraća se opunomoćeniku: »Vidiš li je, izelico, pre bih je pojeo ovako bajatu, nego što bih tebi poverovao – Judo!« A onda podiže glas strogo i svečano i reče: »Vi ste spremni samo da ponavljate, pritvornici, ni u jednom od vas nema ni plamička vere, previše ste dužnici istorije; stidite se.«
    I rumen stida obli sva lica istovremeno! Zašto ako ne zato što osetiše da ne mogu dokraja da budu ono što P. od njih traži; nisu sposobni za toliki preobražaj, suviše su ljudi.
    »Sećaš li se, izelico« – nastavi P. u istom tonu – »kad ti je moj nespretni sin, igrajući se mojom sabljom, nehotice zakačio levo uho i odrubio ga do korena; sećaš li se svoje zakletve, nikogoviću?«
    Svi pokunjili glave, ćute.
    »Ti si tada rekao, podanički skrušeno, da ne treba žaliti za tim zgrčenim parčetom kože i da će to drugo, zdravo uho, meni verno služiti dok te zemlja ne prekrije. Tada sam te pohvalio rekavši da si zver od čoveka i darovao sam ti mušmulu. Moj lekar ti je zapekao ranu cigarom, po svim propisima. A sad, Judo, istorija ti udarila u glavu, oklevaš, je li? Ah, svi ste vi bedna živinčad, ne date mi da izglavim ono što mi je na duši – da se rukujem s Gospodom. Pitate, samo zapitkujete... Zašto se ljudski materijal toliko opire, šta će čovek sam sebi? Umesto da smo već okončali posao, mi smo ni na čemu; umesto da svako stane tamo gde treba i čini unapred ono što želim, svakog moram osobno da razmeštam i da mu tutkam u tikvinu jedno isto, uvek iznova. Vi ni izdaleka niste završili sa samima sobom, a kamoli sa onima iza bedema. Ako tako nastavite, tako mi Zemlje na kojoj stojim i Neba pod kojim govorim vama, ljudskoj sitnuriji, proći će vam vreme brže no što mislite... Kad bih mogao postići da na jedan moj pokret svi zaspite, a na drugi da se probudite kao novi ljudi, nestalo bi senke sa moga lica, a istoriju bismo ostavili za sobom da joj se više nikada ne vratimo. Ali, avaj: u prvo još i mogu da verujem a u drugo nikako; te zmijske košulje istorije, pripijene za vaša bedna tela garantuju mi da biste se probudili isti, da vas ni smrt neće promeniti. (O, kad bi mogla smrt,

učinila bi ona meni tu uslugu.) Nagonite me, takvi kakve vas ne mogu da gledam, da se zapitam sa užasom: ili ja nisam sila, ili je sila toliko nemoćna. No, hteli vi ili ne, sa mnom se morate peći na istoj vatri, jer majstor je bez građe zaludnik. Ili sam prevarom poslat, ili postoji pouzdan način da se ispune reči proroka? Taj način postoji, jer mora da postoji. Zato izvršite, mudro i nemilosrdno, poslednji odbir i među onima iza bedema i među sobom, pa ono što je krhko i čeznutljivo predajte zemlji crnici, da se konačno zna čim raspolažem. A šta ako ste, kao što rekoh u gnevu, svi isti?! Nećete, nadam se, dozvoliti da ostanem sam u praznom svetu, meni – vašem Spasitelju. Nećete, nećete! Pustite istoriju! Da je istorija valjala, Gospod ne bi poslao sina svoga kao prvu pomoć. Konačno sam tu i Ja, u ime iste stvari. Zato vam i naređujem da skinete teret pamćenja sa svojih grbavih leđa i da se uspravite, laki i čisti. Upozoravam vas i na to da na našem putu nećemo poklanjati nikakvu pažnju nestajanju pojedinaca; sam će put da koriguje ono što ste vi, iz istorijsko-sentimentalnih razloga, propustili.«

Kad je pretpostavljeni završio, ukaza se nov prizor pred mojim očima: velika i sjajna dvorana, u dvorani trpeza, za trpezom onoliko stolica koliko ima dana u godini (podatak je saopštio visoki i suvonjavi gospodin bledog lica koji je otvorio vrata dvorane, da uđu gosti). Ljudi koji su sedeli na stolicama imali su svi izgled Pretpostavljenog.

(Probudio sam se u rasvit i, uz teške muke, po sećanju zapisao san. Ja, grešni sluga Milijan.)

Preobražaj prakse

Usrećiteljske vizije po pravilu završavaju bedno. Sami vizionari ponajmanje su za to krivi. Nesreća je u tome što njihove vizije ne mogu ostati nepatvorene, jednake sebi. Vizionarima su neophodni propovednici, a propovednicima izvršitelji. Da bi vizija dodirnula zemlju, najpre mora biti pretvorena u ubeđenje, a ubeđenje je ambiciozno – traži izvršitelje. Taj put od vizije ka njenoj institucionalizaciji je put posrnuća, ispražnjenja

zanosa i rigidnog ustoličavanja dogme sredstvima tehnologije vladanja. U krajnjoj liniji, prorok radi za inkvizitora. Uzvišena nedelotvornost čežnje preobražava se u preciznu delotvornost policije.
(Uključujem televizor. Na ekranu se ukaza neki od belosvetskih trgova okićen znamenjima, u dnu trga tribina, na tribini govornik snabdeven spravama moderne tehnike i anahroničnom čašom vode – uvežbano izgovara reči. Ispred njega prostor od hektar-dva načičkan šarolikim ljudstvom. Pomisao na drevne proroke izaziva žalostivi podsmeh: celu stvar survava u farsu. Govornik povremeno gestikulira: prema trenutnom raspoloženju, ili je to ostatak zaveštanja minulih stoleća?! Veruje li u to što govori? Podržavaju li ga ovi kojima se obraća? Ili su, konačno, svi tu samo zato što nemaju gde da budu? Mnogo ne znam, o Hermo!)

I to biva

Ugledni predstavnik vladajuće stranke ustao je kao u nekom ruskom romanu, namestio kravatu pred ogledalom i samozadovoljno klimnuo glavom. Čekao ga je važan sastanak, vozač je već pred ulazom; njegov vozač... Odjednom, usred te punoće probi oštar vetrić pravo iz pakla; vetrić burgijica! Predstavnik se trže: nije valjda da ga taj sastanak interesuje zbog mesta u ceremonijalu, a ne zbog cilja kom je posvećen!? I, pošto je bio učen i mudar čovek, seti se opaske koju je nekad čuo: ... »bolje jedna sigurna crkva puna vjernika, nego jedan cijeli nesigurni svijet«. Potom pozva lift i odlučno pritisnu dugme, ne bi li ušutkao nagli i neprijatni izazov koji se podigao u njemu. »Mora da je i to mahinacija iz redova opozicije« – zaključi, pa podiže kažiprst kao toliko puta za govornicom i zapreti u sebi: »Polomićemo im rogove, i to što pre.«

Zakasneli

Teško onome kome pravda naplaćuje po strogim propisima. On dolazi na red baš u trenutku kad se pravda iskupljuje za svoju sporohodnost, pa hoće da se oštro razgraniči sa nepravdom. Tada je brza, precizna, sitničava; isteruje mak na konac. Posle ponovo zadrema. Otud je pravda najgora kad je povremena i sporadična. Nepravda je u odnosu na nju snošljiva.

Kiklop

Objasnite mu, najiskrenije i najpodrobnije, da nešto nećete ili ne možete, ali njemu je i to malo. Klimne glavom u znak potvrde da vas razume, a u sebi ne prestaje da i dalje od vas zahteva ono što zahteva. Ne smatra on da vaši razlozi nisu ubedljivi, da se izgovarate ili da ste – ko zna zašto – promenili svoje mišljenje o njemu; on se prosto tim ne bavi, jer je gluv za sve što se ne uklapa u njegov interes. Ćuti i čeka da iskažete to što imate, da biste se ponašali normalno – onako kako to njemu odgovara. Nije reč o zaljubljenoj ženi, niti o čoveku kog je zaslepila muka, ili o zlonamerniku koji hoće da vas navede na tanak led; nije reč ni o zavidljivcu za kog i najmanji vaš uspeh predstavlja knedlu u grlu, već o nečem mnogo gorem: o teškom egoisti za koga *drugi* postoji samo zato da bi njemu bio na usluzi.

Ako se uhvatite u lovačka gvožđa, dopadnete šaka mafije ili policije, svemu tome se može naći leka, ali ako popustite pred takvim jednoumnim čudovištem (kiklopom) za vaš slučaj je nadležan samo Bog.

Njutro i pričalica

Njutro nastupa oprezno i temenom, pogled mu je poboden u zemlju. Za sobom vuče vreću do vrha nabijenu željama i dobro podvezanu. Ako ga upitate šta ima u vreći, on ćuti. A ako baš insistirate, onda će reći: Ništa... onako.

Za njutra nema gore napasti od pričalice s političkim ambicijama. Pričalica najpre optrči oko njega, pa onda stane i naspe pravo u teme njutru: te ovo, te ono... za koga navija... je li glasao za Lopičića... je li čuo da je Beli pao, a ni Božur se neće izvući... Sebastijan se razveo sa ženom... Svrati nekad da popijemo, ja sam stalno kod kuće... Njutro obećava klimanjem glave, pravi korak nazad, oprezno, povlači vreću desnom rukom, hteo bi da umakne, ali ga pričalica sustiže, širi ruke i kaže mu da navrati sa ženom. Njutro nije oženjen, ali se ne usuđuje da to izgovori... šta da radi... opet korak nazad, povlači vreću, moli Boga da se pričalici pripiša, ali Bog je zaboravio na njutra... i sve tako dok se pričalica ne priseti ugovorenog sastanka na koji već kasni, inače bi ga malo ispratio... Pričalica se pozdravlja i kaže mu: Ne ove nedelje no one druge, da se vidimo... tu smo čućemo se... zdravo, stari moj. Pričalica hvata maglu...

U njutrovoj vreći je ostala samo jedna želja – da se, najzad, uspravi.

Dosledan

Poznavao sam čoveka koga je neopisivo nervirala zima u martu mesecu. On bi početkom marta skidao zimski kaput s obrazloženjem da je sa zimom gotovo. Ali zima nije imala obzira prema obrazloženjima ovog osobenjaka. Čak je izgledalo da tera kapric s njim, bar on je ta prekoračenja zime doživljavao kao neku vrstu diverzije viših sila. Ali se nije predavao u toj neravnopravnoj borbi. Išao je u džemperu ili sakou, skupljen i drhtav, po snežnoj košavi.

Kasnije sam saznao da je jednog takvog marta umro od zime, ali nije popustio. *Zime u martu ne može biti, i gotovo!*

Nepravedno optužen

Kažu da sam dosadan i tup, a nisam; ja samo znam šta hoću. Može se čuti i to da od latinskih izreka znam samo jednu – *Reductio ad absurdum*, da sam veroloman i potkupljiv, primitivan, da brišem nos prstima i da jedino po tome podsećam na stare Grke, da držim liniju čitajući Lenjinova dela, i još koješta što ni najveći zlobnik ne bi mogao ni da sanja. Čak mi se podsmevaju i zbog toga što sam malčice poguren, kao da ja tu mogu nešto da izmenim. To je nasledno, na majku. Otac, kako pričaju oni koji su ga dobro poznavali, bio je toliko prav da je pregonio na suprotnu stranu. Uostalom dok je moja partija na vlasti, ta moja pogurenost će više smetati mojim ogovaračima nego meni. Oni se razmeću nekakvim individualnim mišljenjem, a ja sam im rekao jasno i glasno da je moje mišljenje zapisano u stavovima moje partije, a ako su stavovi za nju izgovor, onda su i za mene. Što se tiče morala, stvari stoje isto kao i sa mišljenjem. Nismo nikakvi Trimalhioni, ali nismo ni asketi. Više puta sam namerno pokušavao da stavim zlobnicima do znanja da smo i mi ljudi, ali oni to uvek preokrenu...

Od čega sve neće da naprave sprdnju. Pročitao sam u žutoj štampi da sam stručnjak za nekrologe. Pa to je čist idiotizam, izvrgavati ruglu jednu humanu i časnu radnju. Zar nije elementarna ljudska obaveza dostojanstveno se oprostiti od čoveka kad umre, pogotovu ako je taj čovek zaslužan. A šta tamo sve ne piše?! Poslušaj ovo: »Provereni stručnjak za *posmrtna slova* mnogo je tražen. Malo, pa umre neko od starih revolucionara. Opet jedna neprospavana noć... Nevolja će tek nastati ako se dogodi, mada smo mi na njihovoj strani, da umru dvojica ili trojica odjednom. Nije dovoljan jedan stručnjak ni u selu, a kamoli u gradu od dvesta hiljada stanovnika.« (Članak je potpisan pseudonimom. Pa zar taj čovek može biti prijatelj ove zemlje. Da, da! Posle dignu vrisku do neba zbog ugroženih stvaralačkih sloboda, a evo kako izgledaju ta sloboda i to stvaralaštvo.)

Jedan kog je pričanje zamorilo

On se, za razliku od običnih cifrića, nije strogo držao predmeta; on je pričao dok je mogao. Niko iz jednog maha nije uspevao da opriča koliko on. Pričao je glasno i uzneseno, ne štedeći se. Mogao je da počne izjutra, pa da okroji ceo letnji dan, čas s ove čas s one strane, sve dok noć ne zaspuči. Bivalo je, kleli su se ljudi, da sa svadbe ode pravo na sahranu, a sa sahrane na opštinski plenum, ili ko zna gde se sve bez njega nije moglo. I sad ponekad uzme da priča, ali vidi se nije to ono: bezub, sipljiv, promukao, preskače reči... Čovek koji ga nije znao, ne može da veruje kakva je to bila ala. Ordenje je doduše tu, ali narod ko narod – ne veruje ako ne čuje. Ili ako ne mora.

Diletant

Obožavam diletante zato što su u stanju da poginu za sve što je pod znakom umetnosti. Ako reši da napiše roman – a diletant obično ne sitničari – on najpre smisli naziv (Krug ili nešto slično), a ni u ulozi slikara nije ništa manje ozbiljan. Sve je u tom poslu kod njega pošteno i legitimno. Dok radi na svom delu, posti. A što se žena tiče, diletant je takođe u prednosti nad umetnikom, protuvom sumnjivom. Uvek nađe onu koja ume da obožava i njega i njegov rad, ponekad do iznemoglosti. Ne psuju ni jedno ni drugo, bilo da su bogati ili siromašni. Kad su bogati letuju u skupom i tihom hotelu, radi koncentracije, a ako su siromašni dele konzervu. Prezervative ne koriste, jer je to protivprirodno. Kad diletant govori o umetnosti, humanizam mu je glavna reč... Rembrant i njegov kontrast svetlo-tamnog... Dostojevski je bio naša bolesna savest, rekao je... i nepogrešivo navede ko je izgovorio tu glupost. I tako dalje, ej...

Imam iskustva: ako vas sudbina upozna sa diletantom, biće za vas daleko bolje da uzmete njegovu adresu, nego da mu date svoju.

Kičerka

Gospođa R. je, o nesreće, videla Andrića kako je pljunuo s prozora. Ona je ostala i dalje ono što je bila, ali veliki pisac nije za nju više bio ono što jeste. On, toliko oprezan, neoprezno je izgubio jednog poštovaoca!

Položaj umetnika u društvu, po svoj prilici, složeniji je no što se misli da jeste.

Ah, ti ljudi

Najveći dokaz poniznosti jednog podanika je njegovo saosećanje s vladarom: Nije mu lako, hoće svima da ugodi, a ljudi su neposlušni, zli – ah, ti ljudi! Saosećanje može ići čak dotle: Neka me pojede, samo da je njemu dobro. Predstavu o veličini tog poniženja možemo steći kad se zapitamo koliko vladar brine o nevoljama svojih podanika – taj koji hoće svima da ugodi – ali mu se ne da, *jer su ljudi zli.*

Jednom mi je jedan seljak rekao o svom predsedniku zadruge: »On je uvek zamišljao cara kao najčestitijeg čoveka koji tanko i malo spava zbog tuđih briga (narodskih). I, što je najčudnije, predsednik je bio ubeđen da je sam car upoznat s tom njegovom predstavom i da bi, kad bi ga sreo, izvadio iz bisaga barem kutiju duvana i dao mu u znak pažnje.

Posle rata je to preneo na šefa države.«

Mnogi gospodari su zaista znali da i takve želje more njihove sirote i bezumne podanike, pa su izlazili u susret ponekom od njih. (Znam za slučaj da je jedan velikodostojnik darovao uglednom meštaninu, seljaku, paricu od suvog zlata. To je kasnije istaknuto na sahrani ovog uglednika kao najsvetliji trenutak u njegovom dugom i poštenom životu, u kojem je bilo dosta toga da se pomene da ovaj svet nije toliko nezanimljiv i glup.)

Priča se i to da je Ivoje (tako se zvao meštanin) vadio tu paricu na Božić ujutro i pokazivao prvim polaznicima, a onda bi je vraćao, uvijenu u pamuk, u tamni mir izrezbarene drvene kutije, specijalno za nju naručene. Njena kupovna moć osta nepoznata.

Dirljiv smisao za žrtvu

Sekretarica: Umro bi da nije dobio... Ko će slovesan pristati da umre pretpostavljeni, kad mu je već dato da to bude. Kažem, mogu ga ismejavati iza leđa do mile volje, ali kako da mu odbijem ako već zapne?! Najzad, to što mu činim toliko je ružno, taman za njega... A može mi biti od koristi; ko zna kad i kako, ali može... A i onako me ništa ne košta.

Kurvić

Postoje mali i veliki kurvići (natkurvići). Takva podela se isključivo da izvesti na osnovu društvenog ranga, jer suština im je ista: kurvić, pa kurvić.

Ja ću ovde govoriti o malim kurvićima, za velike je nadležna istorija. To, naravno, ne znači da mali kurvić nije istorijsko biće, već samo to da je njegova moć odlučivanja o sudbinama ljudi znatno ograničena u poređenju sa moći kojom raspolaže veliki kurvić.

U početku je, kažu, kurvić bio kurvin sin. I sve dok je to bio, imao je i razloga da kuka. Kurvić je postao onog momenta kad je *ušao u modu*.

Kurvić je sad moj cenjeni sugrađanin, arbitar elegancije. (R. je namazan, kurvić je to!) Da bi neko bio valjan kurvić, on mora da hitro skreće pažnju sa svoje prave namere i da druge uverava u nešto što je toj nameri potpuno suprotno. Da radi u ime poštenog čoveka, ali nikako na njegov način niti u njegovu korist! Da govori o *pravom putu*, a da ga se ne drži. Svaka njegova operacija mora, dakle, biti dobro maskirana. S tog gledišta je za njega najunosnije da se dočepa mesta u nekom »komesarijatu za moral« čiji je glavni zadatak organizovanje hajki na kurviće. Znam da nisu svi kurvići te sreće, ali ja imam u vidu strategiju proširivanja prostora delovanja kurvića i usavršavanja delatnih sredstava.

Provereni kurvić je sinonim za valjanog kurvića. To na izgled zbunjuje, jer kakav je to kurvić koji je proveren?! Reč je o tome da je valjan kurvić provereno neproverljiv: on je uvek u stanju da se dočeka »na noge«, njegova instinktivna opreznost ga upozorava da se i na maskenbalu drži porebarke. Čak i kad mu je vreme naklonjeno, te mu sve polazi za rukom, provereni kurvić zazire od toga da se raskomoti. U tom ima udela i njegov profesionalni šarm koji mu pribavlja divljenje zanesenog mnoštva potencijalnih kurvića – sitne i živahne mafije. Valjani, provereni kurvić je ujedno i fer kurvić: kultivisan čovek koji poštuje pravila igre u okviru svoje branše. Presni prevaranti koje čeka sekira iza prvog ugla, njemu nisu ni do članka. Fer kurvić je otmen i elegantan, čovek bez mrlje; fer kurvić izdaleka miriše na poštena i principijelna čoveka.

Područja u kojima kurvić najviše uspeva su trgovina i politika. Moralisti kažu da se baš u tim područjima sistematski odvija sakaćenje najuzvišenijih ljudskih svojstava. Utoliko pre je kurvić neophodan.

Od svih oblika vladavine, kurviću najviše odgovara protekcionistička demokratija. No i tu se mora čuvati natkurvića. Najuputnije za njega je da stekne njegovu naklonost. Natkurvić može da smaže za doručak celo tuce kurvića, to svaki kurvić mora da zna i da se, shodno tome, upravlja.

Od Napoleona potiče izreka: »Svaki vojnik treba da drži u ruci generalsku palicu.« I to svaki kurvić mora da zna.

Iz prepiske

Kao da je poštenje nebeska moneta koja se »niti troši niti kalja«, svi se na njega pozivaju: i lopov, i lažov, i ubica koliko i onaj koji se iz najplemenitijih pobuda žrtvuje za druge. Svi mogu da rade što hoće, ali im se u poštenje ne sme dirati. Flober piše Lujzi Kole da je uvek bilo isto. Ako je tako, onda je ono što rekoh o podaništvu, možda, preoštro. Otkud i čemu tolika oštrina?

(Ja njemu)

* * *

Da, uvek je bilo isto! Ksenofont svedoči da je i u Atini bio težak život čoveku koji hoće da se pošteno bavi svojim poslovima. Dovoljno je znati samo to da je bilo onih koji su druge gonili na sud bez ikakve krivice, računajući da će im ovi radije dati pare nego da idu na raspravu. Ti si, izgleda, zapao u neku vrstu humanističkog dremeža, pa ne možeš da vidiš ono što i nepametniji od tebe jasno vide, i bez ogorčenja. Ponašaš se kao da ti je neko seo na mesto koje je rezervisano za tebe još pre rođenja, kao da još uvek kašikom deliš mleko u tanjiru na ravne časti sa svojim spretnijim bratom, i svoj deo ostavljaš – da se ohladi. Odbijaš da to priznaš! Otud ta i tolika oštrina. Ona posredno svedoči o gnevu postiđenog moraliste u nihilističkoj odori. Krajnje je vreme da to shvatiš, inače će svet postati za tebe ono što je za mnoge – pustoš začinjena obećanjima. Kažeš: »Čovek, napredak, sreća – već sam se postideo.« Ja sam, naprotiv, ubeđen da misliš da si se sakrio. Ti možeš imati svoje mišljenje, ali ne možeš tražiti od drugih da ih ono obavezuje; mišljenje koje obavezuje je vladajuće mišljenje.

Moram ti reći da teško čitam tvoja pisma. Jezik ti je previše sumoran, monoton, i onda kad okrećeš na šalu. A, pravo rečeno, često i ne razumem šta hoćeš da kažeš.

Kad smo se poslednji put videli, raspredao si o Augijevim štalama naše politike. Nastojim da te zamislim u tim štalama kako čistiš paučinu makar sa zidova, ako ne i iz ćoškova.

(On meni)

* * *

U strogim porodicama najnestašnijoj deci mesto je u ćošku. Da ne bi i u svetu »zadržali« to mesto, ili čak ostali i bez njega, preporučuješ im da na vreme nauče da istina nije ono što jeste, već što se kaže da jeste. I da strogo i ozbiljno opomenu svakoga ko gazi po travnjaku! Pod tim uslovima mogu imati i svoje mišljenje. Mogu do prve prilike: kad će se zbiti – i s njima i sa mnom – ono isto što se zbiva sa tzv. *mojim mišljenjem*. Podsećam te, bez zlobe, na stav onog čuvenog cenzora (tvog, ne mog) koji je izrekao u trenutku slabosti, plaćajući obol demokratiji: »U redu, neka svako ima svoje mišljenje, ali zaboga kad se odlučuje – zna se red.«

Kažeš da imaš nevolja s mojim pismima, u kojima sam pokušao da ti kažem nešto za mene važno, da te o ponečem upitam! Trebalo je odmah da ih baciš ili obesiš o topolu pored puta, pa nek čitaju ptice nebeske. Uznemirava te moj jezik kao što te nekad plašio moj ulog u naše prijateljstvo, smatrao si ga preteranim. Razumem kao sasvim prirodno da čovek zazire od onog kom je potreban, kao i od onog koji ima više da kaže nego što može. One koje je Bog oštetio, ljudi ne obeštećuju! Ali kako je ono prvo došlo na crtu, tako će doći i ovo drugo: pisaću ti vedrije, kraće, ređe, ili nikad i nikako.

(Ja njemu)

UVOD U BIOGRAFIJU (4)

– *Ko sad crta umesto tebe?*
– *Neki institut.*
– *Društvene obaveze ti zadaju mnogo brige?*
– *Ni sam ne znam.*
– *Pišeš li išta?*
– *Nešto o Đilasu.*
– *Mislim na zapise o kojima si mi pričao.*
– *To nije moja stvar. Pitaj D.K.*
– *Ne razumem.*
– *Ja sam nacrtao njegove crteže. Za uzvrat, on će napisati moje zapise.*
– *Izgleda da te D.K. jedino razumeo.*
– *Njemu je drugo uvo začepljeno...*
– *Što uđe ne može da izađe?*
– *Da.*
– *M. Vidak se sprema za Svetu goru, je l' znaš?*
– *Čuo sam da Grci zapinju da nam to uzmu. Nije se smelo čekati.*
– *Krepala mi je cuka.*
– *Zar!?... Šta možemo.*

POVLAČENJE

Kad sam prispeo iz Bosne u mnogoljudni Beograd, a i nekoliko godina nakon toga, ćutao sam tako tvrdo da su se mnogi tome čudili kao pojavi jedinstvenoj i neverovatnoj. Bledunjava i neurotična Liza koju je omamljivao miris boje i terpentina, tim povodom je jednom bukvalno vrisnula: »Dajte, ljudi, da nešto učinimo − on još uvek ćuti.«

A onda dođe čas kad se iznenada raspričah s nekim engleskim turistima, na užas onih istih drugara koje je zbunjivalo i zabrinjavalo moje dotadašnje ćutanje i, naravno, na veliko oduševljenje Engleza koji su izjavili da je srpski jezik veoma sličan njihovom. (Englezi su otišli za svojim engleskim poslovima, a ja sam nastavio da govorim satima, danima, niko me nije mogao zaustaviti. Govorio sam o ratu, o besmislu kolonijalizma, slikarstvu, šahu, ženama, o nesrećnom Talijanu s kojim sam proveo skoro dve godine mog sumornog dečaštva, o nebu nad Romanijom i magiji kozjeg uha − o svemu i protiv svega. Lucidni i prepredeni majstor M. pohvalio me pred celom klasom: »Silno govoriš, L., za čoveka koji je toliko ćutao.«)

Govorio sam ja i dalje, ali sve manje, oskudnije, nestrpljivije (reč nikako da nađem), dok opet nisam zaćutao. Odvukla me magija crteža! Mnogo godina sam crtao kopajući i prekopavajući zaneseno po svojim unutrašnjim i tajnim skrovištima, gluv na sušičave i suvorepe fraze koje mi zazuje umimogred oko ušiju podobno panonskim mušicama. Crtao sam dok mi šapa svakodnevice nije izgrebla magično ogledalo u kom sam sagledavao svet. Sad ne crtam, a ne mogu ni da pišem. Nisu u pitanju slova − znam ih sva, samo da se prisetim − no i ono što s mukom zapišem ne mogu odgonetnuti ni sa sto muka. A najgore od svega je što sam prespor na pismu, pa mi misao pobegne, slika mi se razbije; u glavi ništa neće da sačeka! Kako onda da iskažem ono što je ostalo u meni, s čim se suočavam, što mi se događa? Da obnovim svoj dar pričanja, nema druge, iako nisam siguran da govor ide s mojom stvari. (Predizborna kampanja, otvaranje doma kulture ili puštanje u pogon kakve hidrocentrale – nešto je sasvim drugo.)

Ali da bih govorio potreban mi je sagovornik, barem slušalac, a ja baš to ne mogu da podnesem; dugo sam se poveravao strpljivoj belini papira, pa sam se odvikao od druženja. Ništa: pričaću nikom kao da pričam nekom, a uz put ću da snimam – kvrc! Kako bih drukčije znao što sam ispričao, je li? Na kraju ću sve to da ostavim u amanet neuhvatljivom Ablesiju I, da pohrani u tajnoj arhivi antidinastičkih spisa.

Lična karta

Strepeo sam nad mnogo čim, a ponajviše da će mi iskliznuti *lična karta*. Na svakoj od tri jakne, koje godinama naizmenično vučem, stari krojač Dominik sašio mi je po jedan uzan i podubok džep s patentom, specijalno namenjen za taj naddokument, ali ni to nije pomoglo: prođe najviše mesec dana – i nje nema, pa nema. A onda dolazi strahota: ne smem izaći iz kuće, niti mogu jesti, ni spavati. I, što je najmučnije, da bih izvadio novu valja krenuti iz početka.

Zamolio bih nekog od požrtvovanih i neustrašivih poznanika – a takvih još ima – da pođe sa mnom Tamo. Izvinim se nadležnima, uz obećanje da se to više neće ponoviti, a oni mom izvinjenju ne poklanjaju nikavu pažnju; drže se sasvim obično kao da rade u pošti, ili u zavodu za osiguranje i reosiguranje. To me izbezumljivalo, jer je gubitak lične karte za mene značio gubitak ovozemaljske sigurnosti. A kad se u mojim rukama nađe nova – fino srezana, pa sklopljena – ja sam onda Ja. Idem ulicom kao da sam srušio Bastilju, prosto se pribojavam da nekoga ne zgazim.

Da bih se što bolje utvrdio, ponekad sam praktikovao da uz ličnu kartu nosim i druga dokumenta: pasoš, zdravstvenu legitimaciju, ugovor o stanu, rešenje o radnom odnosu, pretplatnu kartu za gradsku vožnju, razne otpusne liste iz zdravstvenih ustanova i koješta drugo za što sam smatrao da mi može biti od pomoći u očima onih koji brinu o ispravnosti građana. Međutim, kad hoće đavo, jednom prilikom sam izgubio sva dokumenta, a upravo sam se spremao za put u Derventu. Ljudske nesreće jesu velike – Ablesije je u pravu – ali, ipak, to je samo meni moglo da se desi. E pošto je već tako, reših da zaustavim prvog policajca i da mu opsujem pandursku mater.

Kad bi bilo

Da mi je da se barem na trenutak nađem podaleko od smeća svakodnevice i da, kao nekad davno, kad sam umeo da izmerim koliko lubenica poraste preko noći, čujem šapat zvezda, lakše bih podneo sprdnju što sam još ovde.

Ako je već rečeno da ljudske stvari ne zaslužuju veliku pažnju, onda jad i bedu možemo izbeći jedino tako da se prema njima odnosimo neozbiljno. Ali, izgleda, ne možemo, jer nam je suđeno da se baš ozbiljno odnosimo prema onom što je, po svakoj višoj meri, neozbiljno. Čim krenem da se našalim, napregnem se kao da vučem lađu. Idem ulicom sitnim i brzim korakom da se ne bih zamislio. (Jednom sam se, doduše sedeći, toliko predao mislima da mi se kažiprst zalepio za čelo, a ne možeš ni da sanjaš koliko je to neugodno.)

A kad me neko pita *kako si*, ja ga ne razumem, ali uvek odgovorim *nije loše*.

Da li sam prilagodjen?

Pred velikim političkim uglednikom nesmotreno sam izjavio da sam običan građanin i da ne mogu da se uhvatim ukoštac sa svojom neverom. Pitao me da li odbacujem perspektivu, a ja sam mu odgovorio da ima trenutaka kad mi nije do perspektive, ali nikako ne mogu da protumačim zašto je to tako, ako ne zato što moram umreti u perspektivi... Dobro, a da li sam opredeljen, uskočio je s potpitanjem. Tu sam se sasvim smeo, umesto da komotno odgovorim: Nije da nisam, ali me od toga hvata muka. Mogao sam čak da odgovorim kao filozof: da ja svesno ne odbacujem ono u što bi trebalo da verujem, već to čini moj šejtan. Mogao sam, kao što ponekad umem, da ga metnem na muke, da mu ne dam da zaključi da sam neprilagođen i smetenjak. Uostalom, to mi je bilo prvi put da se nađem pred osobom takvog formata.

Izazov

Kako da shvatim čuđenje kojim me okružuju ljudi? Slažu se sa mnom, a u sebi misle – luda! A ja, iz inata – jebem li ga iz čega li – sve se više pretvaram i guram svoju priču u neobično, navlačim ih na majmunarije kao da hoću da proverim dokle će ići u svom glupavom licemerju. Ja jesam dokon čovek, to nije sporno, ali ponekad me đavo uzme pod svoje i izazovem gnev nekog od tih dobroćudnih građana. Nisam pametan kako u tome uspevam, jer ne možeš verovati koliko su mi svi oni dragi, i to baš stoga što su toliko smrtno ozbiljni da ništa ne osećaju. Neki Lasica me sinoć gađao sifonom, a ja sam ga samo pitao kako naše snage napreduju. E, pa!? Posle sam čuo da je, kao čovek čestit i ispravan, izabran za predsednika disciplinske komisije u nekoj opasnoj ustanovi. Može se prigovoriti da je to *po ključu!* Ne mora da bude. Možda je čovek stvarno zaslužan, što ne bi bio. Meni je samo za brigu kako se ja to nezgodno postavljam, a hteo bih da pomognem ljudima, ej...

Dijagnoza

U životu mi se, izgleda, ponešto otelo, mada sam kao uporan i savestan čovek vodio računa o onom što je bitno. E sad: ili je moj račun bio preslab, ili je procena o bitnom bila pogrešna? Ovo prvo odlučno odbijam. Kad je o drugom reč, moguće je da sam ja, izdvajajući važno, glupo zavaravao samog sebe, omogućavajući nevažnom da na miru posvršava poslove. Za mene važno je ovde odigralo ulogu indijanske predstraže nevažnog, čiji je cilj bio da me zavede kako bih izložio leđa udaru onih skrivenih sila koje očekuju svoju šansu.

Sve ovo sam ispričao mom slučajnom sagovorniku, čoveku od struke. Odgovorio mi je da sam na dobrom putu da odrastem i prevaziđem patnje individuacije, kako bih, napokon, ugradio svoje *ja* u ljudsku zajednicu. A dokaz za to je činjenica da sam počeo da shvatam da je sadržaj moje svesti beskonačno posredovan – da sam društveni proizvod.

Ispada, ako sam ga pravilno razumeo, da sam ja svoja vlastita žrtva samo prividno, a u stvari je društvo dželat koji me davi mojom sopstvenom rukom, i tako će biti sve dok ne odrastem, a na dobrom sam putu da to učinim. Pošto društvo ne mogu navući na moj... kalup, makar imao gvozdene zube, ostaje mi da se oberučke uhvatim za njegov.

Ja nisam neko drugi

Uvek sam bio čovek u sporu. To ljudi nisu videli; znaš ljudi vide neke stvari tek ako ih obojiš u crveno, pa pored njih istakneš tablu sa natpisom da se to tako zove. A kad to učiniš, reći će da si lud.

Dokle god ostaješ u polju »ponašanja«, svi su lični glasovi nepoželjni – važno je samo »ponašanje«. Ali i »ponašanje« dokurči, ranije ili kasnije; meni je, recimo, davno dokurčilo. I onda, šta da radiš? – streseš sa sebe poslednje perce takozvanog ponašanja. A tad si lud, je li?! Sve dok pristaješ da budeš neko drugi, u redu je; nevolje počinju kad kažeš ili učiniš nešto kao ti. JA je toliko omrznuto da ne možeš glasno reći ni ja sam živ, a da ne naiđeš na otpor. Što se mene tiče, prosto nisam ni pod kakvim znakom, ni u kakvoj ulozi; ja sam svoja vlastita (ne)mogućnost. Zato sam rešio da svoj tajni spor učinim javnim. Pri tom me ne zanima da li sam to izveo dopadljivo ili ne, za mene je od najvećeg značaja da je to bio jedini način koji mi je stajao na raspolaganju. Žabokrečina je pritisla polje dopuštenog, pa sam ja morao da prekoračim crtu – da se poigram sa sobom i za sebe. Tvrdim da to nije tako rđavo kao što izgleda iz perspektive »ponašanja«.

Nekad sam bio spreman da celog sebe svijem u jednu sveću i da tu sveću zapalim na oltar nekog boga, ali sam se pobojao da ni tada to ne bi bila moja lična stvar, moj lični spor. Legije pajaca izmilele bi iz tame i ismejale me po *nečijem* nalogu, a ja nisam hteo da im to dopustim; barem ne na javi, ako sam morao u snu. Ako me sad – kad sam se sredio – budu i dalje uznemiravali, učiniću da naša zajednička država izgubi poverenje MMF-a i, shodno tome, da nas taj apokaliptični fond pritera da vratimo sve dugove za samo jedan vikend.

Smrt nije moja tema

Po prirodi sam vedar i veseo čovek, to se vidi. Smrt nije moja tema, daleko bilo. Ponekad me znala zagrepsti pomisao na nju, ali nisam kao ti žvakao o tome. Ono u šta bi ta pomisao takla opomene me mirno i teško: ne ovamo, nemaš kud... Ta opomena je gusta i šutljiva poput kolomasti. Ti možeš draškati svoje osećanje prolaznosti i nizati sličice koje idu uz to i pred njima ćutati meko i pobožno, kliberiti se dripački ili plaziti jezik do pupka, ali to nije smrt već nekakvo postojeće nepostojanje kome si se lakoumno prepustio zato što si promašio stepenicu ili si izgubio ključ od kuće. (Ne budi nestrpljiv, ne krijumčari, pribi se leđima uza zid i sačekaj da svane.) Zamisli i to da ti neko u sred tvoje duboke i teške pustolovine, kakvom je ti smatraš, turi komadić leda pravo za vrat i kaže ti onako uzgred: kako je, Miladine.

Repete, Gospode

Odavno odbijam sve predloge koji mi stižu od prijatelja iz Bosne i ostalog vaskolikog sveta, a smeraju na uređenje moga života. Zahvalan jesam, ali odbijam. Zašto? Ne zato što su ti predlozi naivni ili nezdravi, ili što ih je teško slediti. Naprotiv: to su veoma dobro skrojeni saveti da bi impresionirali i insekte, a kamoli ljude. Sedam dana da sedim pod smokvom, ja ništa slično ne bih mogao smisliti. Meni ponajviše smeta to što ti vrli ljudi drže da moj život treba uređivati. Ako sam iz Bosne, ja nisam Bosna. Meni se, na primer, putuje u Novu Kaledoniju, a to nema nikakve veze s Bosnom. Uostalom, moj život je uređen sam od sebe da ga ni Majka pakla sa svom svojom sitnom i krupnom dečurlijom ne bi bolje uredila.

Ah, ti predlozi; zamrzeo sam ih. Oni su neukusniji od priloga, čak i od brojeva.

A kad bih se u nekom stanju vesele sluđenosti i odlučio da prepravljam svoj život, verujem da bih išao do kraja: zatražio bih da mi se dodeli novi, direktno iz izloga. Jer kad je neko u stanju da to vreme koje čini život iskoristi tako dobro kao što sam ga ja iskoristio, ima valjda pravo na repete.

Ni dan-danas...

Moglo bi se reći da je to bilo nezgodno vreme za mene. Bez prenoćišta, bez pare u džepu! Kad tada nisam otišao u Indiju, pomorskim putem, neću nikad... ali ne pričam ti zbog toga. Da odredim tačno kad, ne mogu: znam gde i sećam se glavnog. Sanjao sam da živim u lepom višesobnom stanu koji sam zakonito stekao od neke talijanske firme. Kasnije sam u to toliko poverovao da nisam bio načisto da je to doista san.

Ja odavno živim u svom stanu koji je mali i ružan, tamo dolazim samo zbog komšija, ali ni dan-danas nisam uveren da stan koji sam sanjao ne postoji i da se neću jednog dana u nj preseliti.

Epifanija

Te jeseni sam dugo bolovao od nerazgovetne bolesti. Obratio sam se za pomoć dr Fiksu, bolećivom i ogromno učenom čoveku. On me najpre izmerio. Vaga mi nije bila naklonjena, ali me dr Fiks kucnuo po ramenu i rekao – da to još uvek ništa ne znači. Ja sam, naprotiv, bio ubeđen da sam saznao koliko sam težak, ako je vaga ispravna, pa se ne može reći da je to baš ništa. Dr Fiks se oglušio o tu moju primedbu i predložio mi da dođem sutradan, u vreme njegovog dežurstva, da me natenane oslušne. Uzgred me upitao zašto sam tako bled. Odgovorio sam mu krajnje iskreno da ne znam, da sam verovatno bolestan i da ću doći sutra. »Odlično« – rekao je – »sutra je petak, a ja sam petkom dežurni.« Morao sam primetiti da je sutra subota. To ga je toliko pogodilo da se oberučke uhvatio za glavu i viknuo: »Jebem ti petak.« Pokušao sam da ga utešim uveravajući ga da sam i sam to saznao tek jutros, mada sam čovek dokon, da mi nije teško da dođem bilo koji dan kad njemu odgovara, pogotovu što mi je već malo lakše, ali on na sve to reče: »Kako sam mogao toliko da omanem, znači ne možeš sutra?!« Nisam znao šta da mu odgovorim osim da mogu uvek, čak i danas ako je potrebno. »Ali ja ne mogu četvrtkom, dolazi mi žena iz Bačke Topole.« Rekao sam mu da bi onda najbolje bilo, pošto sam već bled, da me sad oslušne na brzinu, a nastavićemo za nedelju-dve, dako me uto i bledilo prođe. »Imaš pravo, žena mi je juče doputovala, ali ja nisam bio kod kuće; oslušnuću te« – reče on.

Osluškivanje je pokazalo da uopšte nije trebalo da dolazim, ali sam ipak ispravno postupio, »jer čovek mora s vremena na vreme da se kontroliše, svaki čovek«. Zahvalio sam mu, a on mi je čvrsto stegao ruku i rekao da je jako važno što smo ovo prebrinuli.

Nastavio sam da bolujem izvan lekarske kontrole, dosledno i harmonično. Prosto sam divno malaksavao kao da sam slutio neizmernost dobiti koju duša može izvući iz nesreće. I upravo to se zbilo malopre dok sam sedeo na balkonu, nekako previše srođen sa sobom. Svoje »prebrinuto« telo sećao sam kao oklop iz kog se polako ali neizbežno izvlačim sa slatkom strepnjom. Izvlačeći se, ja sam se uzdizao i usamljivao, lak i blago smeten. Svest mi je saopštavala da je to trenutak odluke i da bi trebalo da se zabrinem, da nešto učinim, ali ja nisam razumeo svoju svest. Sva moja moć pala je na kolena pred bogom-trenutkom, s molbom da on potraje ne bih li što duže mogao da volim samog sebe, da se osećam čilim i lepim iznutra, čistim kao što je čista izvorska žila u tami zemlje, suza ili zvezda... Izvlačio sam se sve lakše, sa setom, koja je bivala sve manje zemaljska, uzdižući se iznad prizora ljudskog poraza koje nikad nisam uspeo da razumem. Oklop je spao, zaplovio sam majstorski, okružen veselim bićima, ali sam osećao da moram proći kroz još neku kapiju da bih stresao sa sebe sve tragove zemlje...

Kad sam otvorio oči video sam Grgura, došao da me obiđe. Ali tu je bio i još neko, u belom mantilu...

Ivične stvari

Tih dana sam očekivao srčani udar (infarct miocarditis), ne zbog zvučnosti naziva, no zato što mi je to bilo potrebno. Ponekad me neodoljivo privlače ivične stvari, a sve ono što mi je na korak ili nadomak ruke, što umem i mogu – daleko mi je i mrsko. Ako me nema više no što se da videti, nego što mogu sada i ovde pokazati, onda me ima malo ma koliko to bilo. I šta sad? Da vlastite porive otpišem kao fikcije i zadovoljim se onim što i ovca može ležeći? To ne, ma gde me ti porivi odveli. A sad da te zamolim: skloni jednom taj prst, taman si kao dete – upireš u zabranjeno mesto. Recimo da ovih dana dobijem neku nagradu, jer godinama nisam ništa radio – to bi bilo za priču, a ne ovo.

Po kom ključu

Hteo sam da saznam mnogo, da ne propustim glavno. Ta ambicija me stešnjavala na mučan način. Moj duh primao je samo određenu hranu i od nje imao koristi. Ono što je u sebe strpao iz pohlepe, taštine ili imitatorske sklonosti zatrpavalo ga je i gušilo, činilo mlitavim i sporim. Po kom je to ključu moj duh birao svoje sadržaje, ne znam; i ne upuštam se u to.

Moj duh beše neumoljiv prilikom izbora onog što će postati njegov neotuđivi deo. Idući za svrhama koje sežu preko njegove istinske naravi, ja sam bezdušno maltretirao svoj duh.

Da ostanu mala

Zašto se ne bi mogao napisati i kratak pregled opadanja, smanjivanja? Duhovnog, moralnog! Lično sam bio duboko dirnut izvornim, presnim svetom. Ali, hemijska moć politike ga je već odavno ubućkurišila. Ono što se još može čuti od dece u sasvim ranom uzrastu svedoči o provejavanju davne i daleke svežine, mada slabašno i tužno. Zato sam i poželeo da deca treba da ostanu mala, ne bi li odrasle prezaposlila nežnošću i tako im pomogla da dok traju – traju na način dubok. Sad ćeš ti reći da je ovo moje fantaziranje vetromozgasto i zločesto, jer ono smera ka tome da ljudskom rodu što hitnije odzvoni. Ali pre no što kažeš, pokušaj da zamisliš kakva bi to veličanstvena kosmička poema bila... A onda nastavi sa svojim uspavljujućim humanističkim referatom.

Nikom ništa

Sve što sam video, čuo, saznao, smotalo se u meni u šareno klupko. Svaka nit tu mora imati svoj početak, a i kraj isto tako. Od kakve mi je to pomoći kad ja ne razlikujem krajeve od početaka, niti im broja znam, a kamoli da pravo progovorim o odnosima među nitima. Čim zametnem jezikom osetim da nisam uhvatio: ono što izgovorim nije čak ni senka onog što htedoh izgovoriti. Riba je samo omirisala mamac i praćnula se veselo u tamnu dubinu tečnog sveta... Ja jurim jedno, mene drugo. Nikom ništa.

Ako je duša mehanizam višeg reda nad kojim je čoveku data mogućnost uspostavljanja delimične kontrole, onda se u mojoj duši – ko zna kad, kako i zašto – otkačio neki važan kotur. Da odem u pustinju i zatražim pomoć od mudraca koji slute puteve Gospodnje? Neću, nije mi s noge... Kupiću kokice, to me smiruje.

Novine

Ima ljudi koji umeju da čitaju novine. Ostalima treba vratiti pare koje su za njih dali. Kad stari gospodin čita novine uz jutarnju kafu, to deluje otmeno i, uz to, uliva poverenje. Takav baš treba novinama, čovek lisac – je li.

Kutija, kutijica

Nada je preispoljna bitanga. Ona se skriva ispod porušenih mostova, tamo gde je razum ne sme tražiti a da se ne ponizi pred samim sobom. Nada je naš prijatelj sve dok je držimo na pristojnom odstojanju. U protivnom (čuj mene – u protivnom?!) ona se pretvara u lukavog zlotvora koji nam vadi dušu na pamuk. Ja lično nemam ništa s nadom, pa o tome valja pitati usedelice i mediokritete. Njima nada omogućava da podnose sebe, da žive u budućnosti, a ovamo se ne mogu videti od bruke i jada.
Da nije nade naše spisateljstvo ostalo bi bez stilskog ukrasa, Pandorine kutije.
Ja, bogati. Kutija, kutijica...

Problem

Mi ne smemo olako priznati da imamo problema, jer problemi kvare politički rejting. Kad se generalno kaže imamo problema, to ide. Rešenja su na papiru pre nego što svane. Ali šta bi značilo kad bih sad ja opučio da pričam kakav je i koliki moj problem; ti, kakav je i koliko tvoj; Artur, kakav je i koliki njegov?! Jebem li ga onda...

Nije mi lako

Sve manje se usuđujem da provedem noć u gostima. I kod starog prijatelja, čak. Ponekad tu snebivljivost ispoljavam toliko tvrdoglavo da ispadnem nepristojan i uvredljiv. Naravno da sam pri tom svestan da mi ne preti nikakva opasnost, ali ne mogu da se savladam. Obratio sam se lekaru za pomoć, dobio potrebna uputstva, uz uveravanje da će sve to da se sredi. I ja tako mislim. Operisao sam čir, napravio protezu preko veze, nakačio naočari s debelim staklima u pozlaćenom ramu – sve, dakle, ide nabolje. A opet osećam da mi nije lako, sklon sam i da se požalim. Baš sam teška protuva.

Biće bolje

Jutros sam ni da me izbacila plima: zgužvan, otekao, modar. Grgur se poradovao da ću, napokon, umreti. Ja u tome vidim tek stepen u približavanju iščeznuću. Ko je taj Grgur? Ne znam, ali mi se čini da je kojim slučajem poznavao Teslu, rekao bi mu: Pomanje ti, Nidžo, oko te struje.

Seta

»I tako prolaze dani
Na zemlji što su nam dati.«
Pevam i zamišljam ponoć u Sahari. Odjednom se setih Duruta sa svih njegovih sedam zaveta. Dođe mi ga žao zbog one šume što mu je zapleniše četrdeset šeste... Zamisli, reč konfiskacija asocira me na fabriku kugličnih ležaja. U stvari, toliko sam otežao od nekakve nakazne lepote da ne mogu ni da pevam... Dobro je što nemam cipele na vezice, morao bih spavati u njima.

Jutros me pita onaj knjigovođa iz prizemlja: »Kako je zdravstveno, druže profesore?«

* * *

Kad su me sinoć uhapsili upitao sam sprovodnika: Je li, tetrebe, zašto se ne dižete protiv onih koji su zavukli državu u tunel, no ste se složili na mene, narodnog prosvetitelja?
— Žalosno ako si ti prosvetitelj! — rekao je.
Odustao sam od daljeg razgovora s prosvećenim, zbog nezahvalnosti. A, kao za inat, imao sam i kijavicu...

Recimo

Ponekad sate i sate provedem zamišljajući sebe u kojekakvim luckastim situacijama. Recimo, spavam prislonjen uz banderu... nailazi gospodin Živanović i gleda zabezeknuto, ne veruje svojim očima. Ili, konkurišem za kuvara u nekoj piceriji, interesujem se kakve su mi šanse, a šef mi kaže: »Napolje, kurajberu, svi bi hteli posao.« A onda se obretem na sahrani nekog vulkanizera... U trenutku kad je najtiše, ja se proderem: Dozvolite mi da kažem par reči povodom ovog nemilog slučaja. Ili prilazim dami koja sama sedi za stolom, elegantna i nedodirljiva, i kažem: Zovu me Kiki Sirakuza, zamolio bih vas za kurton, nema u trafici... znate kako je.
Zamišljam sve i svašta, lepo se zabavljam.

Čvorovi

Ustao sam rano, kupio novine i klupko kanapa. Novine sam prelistao kao i obično, na brzinu, a onda sam se bacio na vezivanje čvorova. Svezao sam ih preko pedeset, sve različitih, ali mnoge nisam umeo da ponovim: nisam ušao u postupak. Omakne mi se i svežem strahovit čvor, ali da ponovim — ne mogu. Sutra ću početi da razvezujem. A ako me razvezivanje ne dovede do onoga što želim, poludeću. Znam ja za sebe.

Šta mi treba

Osećam da u meni postoji duboka i gladna rupa. Ono što bi tu rupu ispunilo upravo je to što mi treba. Sve ostalo imam u duplikatu. Sve imam a oskudevam, u stanju sam oskudice, čoveče. Ne znam ni kolko je sati. Je l', pizdonja, pošto su sad »Insini« satovi?

Ajivalsoguj letoh

Vraćao bih se kući oko ponoći ili izjutra, kako kad. Nisam kupovao vreme. Jedan staromodni ludak s kojim sam se tih dana družio, kategorički je tvrdio, posle svake ispijene čaše, da život nema smisla i da se to ne sme zaboraviti ni u jednom trenutku. Kad nema, neka nema, ko ga jebe... da popijemo – odgovarao sam, ne bih li ga uverio da je njegova teorija i za mene debela »polisa osiguranja«. A u sebi sam bio načisto da mi nismo drugari – ja imam svoj put, a on ga nema. Rastajali smo se, naravno, kao prijatelji koje čvrsto povezuje neumitnost ljudskog poraza. On je stanovao u prizemlju, kod neke neugledne pošte na Dorćolu, a ja u Zemunu – na Trgu slobode.

Prolazeći, uz put, pored hotela »Jugoslavija«, nastojao sam da krupni svetleći natpis HOTEL JUGOSLAVIJA pročitam naopačke. (Neumerena ambicija za čoveka koji s mukom čita i pravo a kamoli naopačke, ali u tome i jeste stvar.) Čim mi je to pošlo za rukom, osmelio sam se toliko da sam odlučio da ovladam svim tajnama tog izazovnog natpisa, i tako se maksimalno potvrdim. Zamislio sam sebe u šakama nasilnika koji nikom ne praštaju. Moja vanzemaljska pojava pobuđuje radoznalost njihovog vođe. On me premerava uzduž i popreko, pa kaže: »Ako nećeš da propištiš majčino mleko, moraš izgovoriti hotel »Jugoslavija« naopačke, i to za ciglo tri sekunde; jel' jasno, dedice!« Zar je moguće da mi je ušao u pripremljenu varijantu?!... Ajivalsoguj letoh! – izgovaram britko. Goropadnik gleda u papir... »Bravo, dedice, ... a sad ovako: zdesna nalevo zamračeno je pet slova, izgovori ostatak za dve sekunde.« Lsoguj letoh!... I sve tako: pravio je raznorazne obrte, a ja kao iz puške. Kad više nije imao kud, uhvatio me za levo uvo i rekao: »Dediče, ubuduće da te nisam video da u kasno doba noći tumaraš... a sad se kupi!«

Ovo sam ispričao Grguru kao istinitu priču. Njegov komentar je glasio: »Zamisli, majstore, da te upitao koji je dan danas! Čuvaj se, ima ih svakakvih.«

Rođendan

Sinoć je vetar ubitačno duvao, šta da radim ako nije prestao? Kad duva vetar nestabilan sam... za mene odavno nije Panonija, ali nema se kud.

Mravu kad ostari izrastu krila, imam pravo na zavist. Doduše, ja sam i ovako opasan, na izvestan način, ali... Ah, da, šta mi je... hteo sam o mom 50. rođendanu.

Dobio sam svežanj telegrama od kojekakvih zajebanata. Čestitaju mi lični praznik, žele mi sreću i uspeh u društvu.

Zamalo da pustim suzu.

To bi bilo u redu

Probudim se jutros, vidim sam sam. Znam da nisam sam legao. Svira tranzistor kao da me zajebava. Grlo mi suvo – sulundar. Ima negde kora od limuna, ali ko će je naći. A nekako mi dođe milo što ni vode nema.

Kontam da se ubijem. Sviđa mi se ta reč, ali kako da se čovek ubije u jednoj socijalističkoj zemlji? Da sam u Holandiji, e onda...

Dijalektika

Neki F. mi je jednom rekao da će me sigurno spasiti dijalektika. Jer, ja padam koliko god mogu, a po dijalektici nema uzdizanja bez padanja. Nemam, dakle, razloga da brinem; neću ostati neisplaćen.

Ništa ne znam o dijalektici, ali o F. znam sve.

Mesečeva staza

Rekao sam već, da ću iščeznuti. Postoji i druga mogućnost: da se moja kočija kojom već poodavno ne upravljam, nakon toliko vrludanja po bespućima, konačno odvoji od tla i zaputi mesečevom stazom.

Niko da me razume

Naravno da je sporazumevanje sa mnom otežano, pogotovo što ja često govorim jedno a hteo bih da kažem nešto drugo. I ljutim se kad mi to ne ide od ruke. Ljutim se kao što se ljuti dete koje izdeva imena stvarima po svom nahođenju, a odrasli ga ne razumeju. Ali dok se pred detetom odrasli osećaju dužnicima, ja ispadam krivac. Štaviše, misle da se pravim. Čak i Grgur to misli, mnogo se smeška, samo ne sme da zucne.
Ne dopuštam da mi iko raskopava tvrđavu samopoštovanja.

Primer

Onaj koji se upinje da upalu pluća odboluje na nogama, bez aspirina, bez limuna, s jednom jedinom maramicom − zreo je za odlikovanje. Jer nije reč o normalnom dvonošcu, no o dvonošcu − primeru. A primeri nisu mala stvar. Recimo: N. je, bez ikakve stvarne potrebe, izdržao sedam sati na julskom suncu žedan-pečen, M. je samo za jedno prepodne u Studentskom gradu udarcem glave uvrnuo 27 oluka, a Edvard je govorio trinaest i po sati u parlamentu i ništa nije rekao − sve su to primeri.

Klupko

Osećam se kao da sam progutao klupko. Sad me ne opseda to da li sam ga stvarno progutao ili nisam (niko me ne može pozvati na odgovornost po tom pitanju), već nešto sasvim drugo. Hteo bih da rečju iskažem to osećanje. Upinjem se da mu se približim, ali ma koliko oprezno i lukavo nastupio, uvek promašim. Reč zašušketa kao kad zgužvaš klozet-papir.

Sinoć sam, zajedno sa svojim klupkom, spavao u hotelu. Baš lepo! Sve mi je tu na raspolaganju a ništa nije moje. Tišina! Posmatram stvari u sobi, a one – kao da me nema... Najzad sam izgubio strpljenje i naručio piće. Postariji kelner koji mi je piće doneo, bio je veoma ljubazan. Popričali smo srdačno kao da nas vezuju davnašnje uspomene. Zvao se Amadeo. Na odlasku mi se požalio: »Svakakvog sveta ima, gospodine, toalet je tu, čist i opremljen, a oni... u lavabo!?«

Nikad neću zaboraviti Amadea. On me obavezao da barem jednu noć odstupim od svoje navike.

Program

Šta misliš da se dohvatim nekog programa, makar kratkog kursa? To bi mi, ipak, pomoglo. Prestao sam da crtam samo zato da bih od programa pobegao, ali ništa od toga. Ludilo mi ne ide od ruke, a i preskupo je. Vidim u novinama: bela riba je jutros dobro radila...

Nikad

Nikad neću biti šef države, znam, ali me to znanje ne lišava zabrinutosti zbog reči *nikad*. Ta reč je jednim delom uvek samostalna. Ako ćeš da osetiš njen prostor, vikni sa ivice provalije.

Volja

Moja volja je već danima na tački smrzavanja. Ne mogu ni čvorove da vežem... Jebeš čvorove, šta će mi to! A bojim se. Čega se bojim? Bojim se da ne počnem da se ponavljam svakodnevno – u reči, u gestu... To što su

papagaji međusobno različiti po veličini i boji nije nimalo utešno, s moje tačke gledanja.
Nemam volje ni da otputujem u Holandiju.

Opet pijem

Zašto sam preuzeo na sebe toliku nevolju? Na ovo pitanje neću da odgovorim, iako odgovor imam, i ne sumnjam u njegovu tačnost. Neću zato što bi se moj odgovor sveo na smušeni iskaz koji nikog ne bi zadovoljio, a sam bih postao žrtva brzih i površnih pretresa i lakih zaključaka. A sve to zahvaljujući jebenoj sklonosti ljudi da sve što je iole složeno i neobično svedu po kratkom postupku na trice i kučine. Tu sudbinu ne bih izbegao čak ni pod najpovoljnijim okolnostima osobne neutralnosti onih čijem bih se sudu izložio, a da ne govorim o onima koji su mojim postupkom optuženi, neprijatno pogođeni ili barem opomenuti.

(Za život kojim trenutno živim nije mi potrebno ni trunke pameti. Nešto praktičnog znanja, rutine i malo strpljenja – to je sve. Stižu mi prigovori teži no moja Bosna, što ću s njima? Ili da ih prihvatim i pojavim se na ulici u beloj košulji i smokingu, ili da isplazim jezik tom tupom pritisku neživoga na živo i odem u WC.)

Mais, s'il vous plaît, monsieur

Idem mirnom slepom ulicom, otežao od planova, povremeno skakućem. Neverovatno! Toliko sam se zaneo da sam video sebe na nekom svečanom skupu kako govorim francuski... Mais, s'il vous plaît, monsieur, ote mi se poluglasno s usana. Onda sam se osvestio i počeo da trčim kao sumanut. Zaustavio sam se na samom kraju ulice, ispred kontejnera prepunog smeća. Bio sam bos!

– Od mene se ne može pobeći, protuvo – reče Stid.
– Vrati se i potraži svoje klompe.

Semafori

Teško mi jest, nemaš pojma, ali bih se izvukao da nije njih. Uvek su zatvoreni, ma uvek... Pešak sam, nisam motorizovan... stalo ti je da izgovorim tu reč, znam... Dobro, šta sad hoćeš da kažeš – da nisu uvek zatvoreni, je li? Ali, dragec, za mene oni postoje kad su zatvoreni, a ja sad neću da se premišljam i domišljam da li na raskrsnici kod Bujišića ima semafor ili nema, nije to moj posao. Jednostavno, da zaokružimo, ubijaju me semafori, pete me svrbe kad se nađem pred semaforom... Znao sam da ćeš to... Kako uspem da pređem ulicu kad su uvek zatvoreni? Sačekam da se otvore, je li sad u redu? Otvori se semafor i ja pređem ulicu, pešak sam, nisam motorizovan... Kako da se ne ljutim? Ja ti pričam nešto moje, a ti udario po logici... Ako je *A* ovo, *B* to... što ću ti onda ja?... Dobro, jebem li ga, mislim da smo fini ljudi. Kunem ti se lepo da semafori onda kad su otvoreni – ne postoje. Ne udvaram se nikome, pa ni semaforima: oni postoje onako kako postoje za mene, a sve bih dao da ne postoje nikako, ili barem da manje postoje. Možda mogu da postoje i kad su otvoreni, ali ja to ne osećam niti mogu da tvrdim. Šta to znači da semafori postoje i kad su otvoreni? Kad su za mene otvoreni, zatvoreni su za nekog drugog? Ali oni nisu otvoreni, oni ne postoje kao otvoreni. Može se samo reći da postoje za nekog drugog kad ne postoje za mene. Pitaj, uostalom, tog drugog... Čuj, ne budi beštija, ako hoćeš da saznaš istinu o semaforima, sačekuj ljude pred zatvorenim semaforima – dan, pet dana – i uzmi prosek. Mani logiku, barem za tako sitnu stvar; mani knjigu. Razumeš, ja ne mogu da podnesem zapovest, zabranu, a šta su semafori no... U redu, ako se građani saglašavaju da semafori treba da ostanu, neka ostanu; ja sam lično protiv makar živeo na Borneu... Tri puta sam morao da na brzinu razmenim s čovekom telefon, na pešačkom prelazu, strepeći da ono govno ne počne da postoji... Iznervirao si me.

Očaj

Očaj je opasno nestrpljiv i, zato, veliki je neprijatelj naše razboritosti. Ja često teško podnosim da nešto može biti drukčije od onoga kako ja to vidim i osećam, a znam da može i obično – jeste. Suhoća očaja je dobrano opustošila moju razboritost i sad gospodari, bolje reći vršlja skučenim prostorom mog poniženog duha. Završen, a još živi?

Toliki svet, a?...

Toliki svet, a u njemu nema izgleda za povratak jednog jedinog koji je prestupio njegove granice... Ali hoću da ti kažem nešto drugo. Tu skoro hteo sam da skočim s balkona na prazna dečja kolica na trotoaru, baš da pogodim. Zamislio sam, ej: ja skočim, tek što sam dodirnuo dno kolica, a Karadža me ščepa: Ti si, nesrećo, koliko te tražim.

Čujem glas: »Nemoj da pričaš koješta, ti to nikako nisi mogao da zamisliš.«

* * *

Otišao je moj gost, ovejani zaverenik, koji već godinama pravi spisak ljudi koje bi trebalo likvidirati. Dvaput sam okrenuo ključ u bravi. I umesto da na miru odahnem, setih se jedne rečenice iz Karadžinog pisma: »Nije nimalo lako čoveku kad zaključa vrata, kad zaključa kućna vrata iznutra, a zna da nikog nema u kući, niti će ko doći.«

Uteha

Od majke sam nasledio jedan ćilim, bogato i lepo izatkan. Njim se pokrivam zimi – umotam se u nj, pa dodam ćebe. U sobi može da bude koliko hoćeš hladno, ja sam zaštićen.

Zadržaću ga do poslednjeg momenta, a možda ću na njemu i odleteti...
»Zelena su polja onkraj mora.«

Tačkica

Trgla se iz sna, a zora još nije opučila. Drhtavu i uplakanu, uzeo sam je na ruke. Privila se uz mene i, napokon, smirila.
Kakva je to hajka i ko stoji iza nje kad razvaljuje san malog deteta, tek ukrđenog u ljudsko stado? Ali, ja sam tu – strašni Strašonja...
Pre nego što je ponovo zaspala, podnela mi je kratak izveštaj: Tata, tamo...

Gozba

Sedim za stolom, ni član važne komisije ne sedi lepše, i ljuštim kikiriki. Našlo se i malko šljivke pri dnu boce. Konačno su mi uveli telefon, red je da se proslavi. Da mi je barem česan belog luka, ali nema, sve je onaj jebeni Grgur slistio. Odjednom, gotovo strunjen, počeh da prebiram pogledom po podu – crteži, pravo vašarište. Nisam, valjda, ja to radio?! »Jesi, izdajniče, jesi« – prosikta jedan nedovršeni portret – »ko bi drugi?« – Kao da su prošli vekovi, kunem ti se, toliko sam daleko. Vidim, puna soba nekakvih stvari, ko je to dovukao i zašto; odgovorno tvrdim da s tim nemam nikakve veze. Osim svetlobraonkaste fleke na zidu, sve ostalo je gnusna podvala.
»Tražio te Arhimed oko četiri, ja odoh kod Markonija, na slavu.«
Grgur, moj ortak... ide kod Markonija, a gde je bio dosad?! Nije loš taj blesavi Grgur, uvek nešto izmišlja. Otac mu je pravi mameluk, a on se pobunio; zbog toga ga ponajviše i trpim...
Osećam da naviru mnoga pitanja kojima neću moći stati nakraj, pa bi bilo mudro da ovu noć provedem izvan kuće.

Pismo

Danas smo išli na izlet: Filip, Tačkica i ja. Uznemirena i nestrpljiva sve vreme, Tačkica nas je uporno požurivala da se što pre vratimo kući. Ponavljala je: »Kako ste glupi, tata nas čeka tamo.«
Kad smo stigli, jurnula je kao sumanuta da otvara jedna vrata za drugim... »Tata, gde si se sakrio, tata...« Vrata od kupatila bila su poslednja iza kojih si se ti mogao skriti. Tada sam stala ispred nje i uzela je u naručje.
Kako da joj dozvolim, čoveče, da otvori ta vrata?! Znaš iz »1001 noći« kako prolaze oni koji otvore poslednja vrata!
Šta da radi insan s ovakvom vešću, ako ne sumnja u njenu izvornost? Da prekori onog koji ju je uputio i da zažali što je stigla? Ne to. Da klekne pred onim čemu se toliko suprotstavljao? A, to nikako.

* * *

Idem ulicom, ne znam kamo. Odjednom, ko zna zašto, setih se oca. Prošlo je trideset godina otkako je umro. Zamišljam njegove kosti – bele i suve. Nema! Kako je to jednostavno, a užasno. Danas večera Polonije, sutra večeraju Polonija!
Tako mislim... A onda spuštam pogled na svoju šaku, zatvaram je u pesnicu, otvaram... Živ! Ruka moga oca je odavno koštunica. Za čim ja, u stvari, žalim? Ni za čim. Podlo vezujem neku, ko zna kakvu, tugu za predmet s kojim ona nema nikakve veze, samo da bih joj dao dostojanstven izgled, umesto... Šta umesto?

JA (odlomci)

Sreća je iskakanje iz uzročnog reda, ona čoveku nije data. A ako ga okrzne, onda je to božanski momenat u ljudskom.

* * *

Dogodi mi se da iznenada uplovim u raspoloženje koje ne umem da opišem. Prijatno jeste, a nije. Mnoge stvari mi bivaju jasnije nego pre toga, a dosta od onog što sam držao važnim, gubi gotovo svaku vrednost. U takvim trenucima najviše volim da prelistavam albume s fotografijama, da čitam stara pisma. Ali dovoljna je najmanja sitnica – recimo da napolju nešto lupne ili zalepršaptica na prozoru – pa da se moje osobeno raspoloženje razbije kao san ili varka. To mi teško pada, ali ne znam zašto. U stvari, tek tad saznajem (uveravam se) da je reč o nečemu što je za mene dragocenije nego što sam mogao misliti da jeste.

* * *

Danas sam tako raspoložen da bih, možda, mogao poleteti kad bih se malo koncentrisao. Upoznao sam, napokon, neznanca u sebi. Njegova priča (moja priča) suluda je u svojoj idiličnosti. On, na svoju sreću, ne veruje da je svet toliko materijalan da u njemu želja ne bi mogla imati izvršnu moć. Sa dna duše zagrebena, neumoljiva želja! A još kad bi se pojedinačne želje sabrale i zavereničke udružile, eto ti ključa od »trinaestih vrata«. Udružene želje razvile bi toliko silnu energiju da bi pred njenim naletom raspukla ova usudna trodimenzionalnost i oslobodilo bi se ovo mnogoljudno i trpežno roblje koje, u njoj zatočeno, tavori, uglavnom po inerciji (zato što je rođeno!), satirući se međusobno na manje--više maštovit način. (Zamisli smrdljivu i ružnu kožurinu bivšeg sveta ispod ljudskih nogu!) I, kaže ovaj u meni, to se mora dogoditi, samo još malo fali; nešto fali... Jer ne može ostati kao što jeste čim je pitanje iz temelja pokrenuto. Uostalom, iz toliko đubriva što ga nagomilasmo tokom vremena zar da ne nikne stablo čija će kruna probiti svod ove tamnice i zamirisati u sferama nepomućenog spasenja!? Stvârno – šta je to?

Otkud biser, otkud prolazni dom?

    Kad sam primio vest o njegovoj pogibiji, bio sam ubeđen da ne može biti istinita. A šta i da je istinita kad ga ja mogu vratiti, kad mogu učiniti da sve bude kao što je i bilo! Jer, ne može biti da ne mogu! Zato bejah spokojan kao čovek koji raspolaže tajnom formulom, sredstvom da se suprotstavi zlu ma koliko ono bilo. Ali to osećanje u meni ubrzo bî zamenjeno drugim, isto toliko spasonosnim. Vest koju sam čuo istinita je kao ubod nožem, a ja ne raspolažem nikakvom čarobnom formulom – i gle čuda, dobro je što je tako... »Ko mi odnese biser koji osvetljavaše moj prolazni dom?« Ovu rečenicu, koju sam nekad davno pročitao, počeo sam da ponavljam opsednuto. (Da, stari mandejski tekst.) Rečenica strašna, toliko nabijena zagonetnom, tamnom lepotom da nema cene koja bi bila preskupa da se stekne pravo suvlasništva na njeno značenje! Ja sam sad to pravo stekao i postao nešto *više*... Otkud biser, otkud prolazni dom? Telo je naš prolazni dom, a njega osvetljava duša čiji je gnostički simbol biser. Moj sin je moja duša! Toliko lepo da sam strahovao pred podlom mogućnošću da je on živ, a ja grozno prevaren. Jer, pošto sam već izgovorio rečenicu i postao *nešto više*, kako bih mogao podneti da to izgubim!?

* * *

    Ma koliko se trudio da budem iskren kad govorim o sebi ne mogu da prevladam osećanje da je to što kažem isto toliko tačno koliko i nije. Kako to JA izmiče samo sebi. Upadljivo je da što sam u tom uporniji tim više bivam sam sebi tajanstveniji. Kao da radeći protiv sebe radim za sebe?! A možda je moj napor neizbežna tragika svesti koja na paradoksalan način skriva svoj predmet od svog pogleda.

* * *

Kad neko hoće da mi učini dobro protiv moje volje, prosto zanemim pred tom otmenom napašću. No dovoljno je samo da ne prihvatim pa da otmenosti nestane. Šta hoće dobročinitelji?

* * *

Naišao sam kod Siorana na mesto gde on, nasuprot ljudima akcije koji su uvereni da apsolut zavisi od njih, govori o ljudima čija je sklonost ka odlaganju veoma snažna. Oni misle više na ono što je neodređeno nego na ono što je delotvorno, više na kraj sveta nego na kraj dana. »To su iz društva isključeni pojedinci, prognanici, ljudi što žive izvan vremena, odvojeni od ritma koji neodoljivo nosi svetinu, žrtve oslabele i lucidne volje koja se bori sama sa sobom i neprestano sluša sebe samu.« (Prepoznao sam se u tim rečima.)

(Osećam svoje ja u nekom tamnom uglu onoga što se čini da sam ja. Malo, zgrčeno, prepadnuto... Gleda molećivo, kao da hoće reći: Ne, ne dalje. Ne bi li ostalo barem toliko koliko ga ima, koliko još jeste. Metaforu za njega vidim u legendi o šagrinskoj koži. Što se više priklanjam onom što se od mene traži, ono postaje sve manje i manje, preteći da u jednom trenutku zaboravim da ono uopšte postoji.)

* * *

Katkad sam prosto uveren da sve što znam, ne znam: da je sve to sasvim naopako, i nejasno mi je što se ljudi ne iščuđavaju na svaku moju reč. To su trenuci kad je moj duhovni tonus snižen. Duša moja – poljanče posuto pepelom. Mislim da mi je i pogled takav. Posežem za knjigom, jednom, drugom, trećom, neću li prekriti to pusto sivo poljanče i nastaniti ga iluzijom života; posežem za cigaretom, čašicom alkohola, ali ništa ne pomaže – mora da sam bolestan čovek... Uživljavam se u takvu predstavu o sebi i dođe mi nekako lepo... Sanjam budan belu bolničku sobu, ja sam sam, ležim u krevetu, miran... Okružen sam brigom bliskih ljudi, iako oni ne znaju ni gde se u ovom trenutku nalazim a kamoli šta osećam... Ali, dalje ne mogu kazati ni reči; ne može se ništa iz ove praznine...

* * *

Moja sumnja za korak ide ispred mene. To nije metodska sumnja, nije ni pokriće za lenjost; to je prosto odsjaj bića koje se gasi...

* * *

One susrete koji su veseli iz perspektive rastanka, valja izbegavati po svaku cenu. Ili ih barem odlagati koliko se god može. Ja se približavam opasnom uverenju da drugih susreta ne može ni imati. A to je bogme pouzdan dokaz mog progonstva onkraj vremena, gde mi jedino preostaje da njuškam po vlastitom bunjištu...

* * *

Retko kad mogu da pročitam ono što sam zapisao. Kao da prilikom zapisivanja pridajem posebnu važnost svakom slovu: pisanje slova postaje samo sebi cilj, a nije podređeno zapisivanju nečega – utiska, podatka, svejedno. Nije li to svojevrsni otpor trome volje koja neće da se podvrgne zahtevu praktične svesti?

Jednom mi je palo na pamet da zamolim postarijeg gospodina na ulici da mi čitko prepiše adresu koju sam držao važnom, plašeći se da je sutradan neću moći pročitati. Čovek mi je izgledao jogunast i zloćudan, pa sam ustuknuo.

Bog

Nemam ništa protiv onih koji hule na Boga. Naprotiv: divim im se i zahvalan sam im kao da obavljaju posao za mene. Ali, ja da hulim ne mogu.

Neka dođu

Da sutra dođu dvojica s punom torbom alata — ovlašćeni od Pretpostavljenog — da me prikuju na vrata od ove moje jazbine, primio bih to mirno. Otkud znam, čoveče, da to ne bi bilo za moje lično dobro, a i kad bih verovao da nije kako bih to mogao dokazati?! A da se pobunim tek onako, pa ispadnem smešan i glup — ne ide.

Prednosti noći

Naša čula su takva da se ne možemo njima ponositi, i danju to znamo. Noću je to izvesnije, ali ta činjenica ne bi trebalo da nam muti razum...

* * *

Probudim se tako noću, iznenada, kao na nečiji poziv. Ništa osim glupog mira. Očekujem da nepoznati ponovi poziv, radoznalo i bez straha. Poziv se ne ponavlja, ali ja osećam da je neko u dvorištu i već ni u šta nisam siguran... Kako me samo pronašao u ovoj jazbini — na kraju sveta?! Naglo otvaram prozor, računam bolje je pokazati zube no čekati. Ništa. Nepoznatog nema, ali gde li je sada onaj koji je do malopre spavao?

* * *

Noćas sam imao gosta – s onog sveta ili iz podzemlja moje nesigurne svesti, ne znam. A možda je to bio moj ćutljivi komšija koji je došao po cigaretu?! (Obojica živimo teskobno, pa se ispomažemo. On je dobro upućen u bedu, a to znači da smo sagovornici. U stvari, on je daleko zreliji od mene. Ja još zapinjem da svoj život učinim boljim. Za njega je život takav kakav je, ali strpljivo podnosi moje nestašluke, neće da me onespokojava; zna da će sve doći samo po sebi.)
Dobro bi bilo da je moj noćašnji gost bio glavom moj komšija.

* * *

Sudeći po časovniku, skoro će jutro. Pijem kafu i pušim. Prva kafa i prva cigareta. Osećam da je smisao života tu, nadohvat, ali sam podosta mlitav, nečim omamljen – neka priček, nemam volje da podignem ruku... Šta to vidim u sumaglici? Mladić u beloj jakni približava se dvojici ljudi koji stoje na ulazu čudne, zelenkasto osvetljene kuće, rekao bih da je to nekakva laboratorija. Mladić je otprilike tridesetak godina mlađi od mene, a ja kao ne postojim a sve vidim... Ljudi na ulazu imaju ozbiljan, strogo poslovan izgled, jedan drži u desnoj ruci metalno sanduče s nekakvim znakom koji ne razumem... Bojim se za mladića, osećam da je to kraj njegovog boravka na zemlji. Ko je rekao da mora ići sve po planu, a mora?!
Ne znam koliko je pametno da, kao jedini svedok, u prvom izdanju večernjih novina objavim moju fotografiju od pre trideset godina?

* * *

Trebalo je učiniti još samo najblaži pokret i sve bi se ukazalo drukčijim nego što sam ikad slutio, ali upravo mi to nije polazilo za rukom. Ako je ikada zabridio tvoju

svest nagoveštaj dalekog sećanja koje nikako ne uspeva da se uobliči, već ti samo odašilje svoj miris i boju, onda ćeš lakše sebi približiti ovo što kažem.
A šta bi mi to razumevanje donelo? Kad je ovo što sad vidim i znam dovoljno da me postidi i pred svetom i pred samim sobom, onda je mudro verovati da mi je više viđenje uskraćeno za moje dobro.

* * *

Ne verujem u Boga, a to ne smem da priznam; u stvari, ponekad ne verujem. A tada me skoli strah od ništavila koje mi se predočava. I u snu me prati. Uznemirava me sve u čemu prepoznajem sebe.
Divim se mudrosti prijatelja, više nego Solomunovoj, koji me iznenadi usred noći tel. pozivom i kaže mi kratko: »Ja sam na tvojoj strani.«

Ćezer (priviđenje)

»Ovaj mesec što nas gleda s obzorja kroz otvoreni prozor neka bude jedini svedok našeg razgovora nakon četrdeset godina, jer toliko je prošlo otkad se razdvojismo.«
(Shvatih da on meni pravi ustupak, tamo se godine ne računaju, ali ne rekoh ništa.)
»Mihail Jurjevič Ljermontov, s kojim sam se ovde upoznao, ponovio mi je ono što je svojevremeno saopštio u liku G. A. Pečorina. Ono o kurvi sudbini i kopejki životu!«
(Otkud ja mogu znati da se tamo ne računaju godine?)
»Zlo je veoma staromodna, mada strašna stvar; njemu ne odolevaju ni najveći, ni naraštaji čak, a kamoli mali crnomanjasti čiji je život uvek u tuđim rukama. Po najstrožijem sudu, oni ne bi smeli da tuguju, ni da se žale, jer drukčije nikad nije ni bilo s njima, niti može biti.« (Reče i nestade.)

Osveta za uvredu Proroka

Te noći prelistavao sam Stari zavet (poklonio mi ga je Makarije kad sam bio u Dečanima). Pogled mi pade na reči proroka Isaije: »Teško onima koji zlo zovu dobrim, a dobro zlim.« Budalaštine, rekoh i frljnuh prašnjavu knjižicu.
Kad sam se probudio – čudo! Vidim sebe jasno, nekako s plafona, kako ležim na podu, ali ne vidim ništa drugo, kao da nema ni prostora ni stvari u njemu... Kad sam sreo mečku na Jahorini, jesam se prepao, ali to nije bilo ništa prema ovom susretu. Mislio sam, prosto onako, da o tome obavestim doktora, ali i ovako se previše naklapa po varoši da sam poludeo, pa odustadoh.

* * *

Prelepo jutro, svanulo samo za mene. Konrad bi to nazvao pohodom anđela. Složilo se u poredak ono što je bilo izlomljeno, pobrkano, zasebno. Ne verujem svojim čulima... Otkud tolika jasnoća nečega što mi se godinama saplitalo oko nogu, a ja sam ga otresao kao običnu kučinu? Ali, šta je tu meni jasno? Ne znam... Znam samo da ni u šta ne smem da diram, čak ni zadovoljstvu da dam maha, jer pobraću »sodomske jabuke«... Neka traje dok traje, a posle će se spustiti tama u kojoj vekovima prebivam... Možda je trenutak koji preživljavam odblesak one beline koja je podjarmila Pirijevu dušu, vrgla je pod svoju despotsku vlast? U koje je to zvono njegove duše udarila?...

Nesporazum

Pavao K. – carstvo mu zemaljsko – zapisa da su u pustinji svi pravci mogući. To je čista anarhija – pomislih u duhu bugarskog stranačkog monizma – i, da ne bih sitničario, progutah celu Saharu. Potom uzviknuh: Eto mog priloga budućoj svetskoj harmoniji!
Znao sam da neću proći bez teških posledica, ali me

one stigoše otuda otkud ih nisam očekivao. Pošto za moju preostalu trećinu želuca teškoću predstavlja i čaša alpskog mleka a ne Sahara sa svim mogućim pravcima, bilo je prirodno da me đavo nađe s te strane. Ali nije. Nečitljivi đavo mi je najpre pomogao da svoj obilni suvi obrok svarim fantastičnom brzinom. Nije prošlo ni dvadeset četiri sata, a ja sam osetio pravu *vučju glad*. To jeste čudno, ali je mnogo čudnije što mi nije prijalo ništa čega bih se prihvatio. Poželim, recimo, šampitu (onako laku, belu i meku), ali čim je vidim dođe mi da povratim i ono što sam pojeo pre godinu dana. Nije bilo druge no da dignem ruke od jela i da nastavim da živim sa svojom glađu i od svoje gladi. Ali stvar se sa mnom ne završi na tome. Počeh da izbegavam ljude s kojima sam se najprisnije družio, jednom sam čak pljunuo starog poznanika koji je mirno sedeo za svojom tezgom i prodavao semenke. Ili: kupim autobusku kartu za Stalać, a nađem se u autobusu za Pančevo. Knjige, novine, lutriju – sve sam zabatalio. Igrao sam pomalo šah, ali od pola partije počinjao bih da proizvoljno žrtvujem figure, pa sam vremenom izgubio protivnike. Smestim se u tramvaj, dvojku, izvozam se nekoliko sati, a onda udarim da psujem vozača što mi nije kazao gde je trebalo da siđem...

I kad sam, najzad, sa svim raskrstio, banu Ablesije i ponudi mi cigaretu. Rekoh da ne pušim, ali uzeh... Jednom poručih konjak u kafani, a kelner mi donese pivo. Hoće da vrati, zna me čovek, ali ja rekoh – svejedno. Drugom prilikom stojim na uglu ulice, čekam da me neko gurne – da krenem. Nailazi buava pijana grimasa i kaže: »Zakloni me, bradati, da se išoram... ako me vidi pandur, olešiće me.« Da ga bijem?... ko mu jebe mater, a i vidim – kost mu je meka.

I tako redom: dopuštam čas ovo, čas ono.

Stade i nesanica da me mori... zašto, uostalom, moram spavati?

– U petak, čekaj, nije bio petak, sedim za stolom ispred »Gradske kafane«. Eto ti grupice turista – Nemci, reče neko. Obraća mi se guzata žena... ne vredi što znam ruski. (Šta da radim, pomislih, ako zatraže od mene da potpišem bezuslovnu kapitulaciju?

Da se vadim na neznanje jezika?!)

U subotu, u onu subotu, sretoh Pavla K.
- Kako si?
- Kako si?
- Šta radiš?
- Šta radiš?
- Da popijemo...
- Pišeš?
- Pomalo, ne stižem. Crtaš?
- Nimalo, prestao sam.
- Kako to?
- Tako.
- Ja plaćam...
- I. M. mi reče da si opet u partiji?
- U pustinji su svi pravci mogući.

Zekin novogodišnji plakat

Radni ljudi i građani – oženjeni, razvedeni i neoženjeni, dobrostojeći i nestojeći – dođite, bez obzira na ime i prezime, nacionalnost, veroispovest i političko opredeljenje.

Ako sebe smatrate neshvaćenim, ili ste stvarno neshvaćeni, uverićemo vas da niste u pravu. A ako ste previše shvaćeni, smanjićemo za male pare.

Ako zamišljate sebe na prestolu, smestićemo vas u ljuljaške okačene o plafon – da sve gledate odozgo.

Ukoliko neko od vas vidi crno, imamo sigurna sredstva da mu oči pobele.

Onima koji zbog velike odlučnosti uvek drže usta zatvorena, razvrnućemo vilice.

Ako neko smatra da više nema vremena, neka dođe da zajedno proklinjemo smrt.

One koji se ni s čim ne slažu, složićemo pojedinačno, jer nam je uvek bilo najviše stalo do čoveka pojedinca.

Takojevićima garantujemo bezbednost.

Između pametnih koji vole da pričaju gluposti i glupih koji vole da pametuju, uspostavićemo tesnu saradnju.

Ako iza vas neko stoji, ne bojte se – mi stojimo iza njega.

Ako vi iza nekoga stojite, u redu je – držite se za naslon njegove stolice.
Ako ste ubeđeni da lanjski sneg nije toliko lanjski koliko se priča, niko vas u to neće razuveravati.
Ako ste toliko praktični da nosite kompas umesto priveska za ključeve, obećavamo lako snalaženje – imamo samo jednu salu, i to u prizemlju
Ako ste moralist, možete da psujete do zore.
Za poklonike hazardnih igara, imamo bogatu tombolu.
Ako ste materijalist a vaš komšija idealist, dođite da vas izmirimo. Materijalistima obećavamo idealno posnu večeru, a idealistima sve što ostane iza njih.
Neka dođu i predstavnici lokalnih vlasti, jer ovde ne delimo ljude na pismene, polupismene i nepismene.
Doći će i pandur Žika, ukoliko ne bude angažovan »Kod slona«.
Dođite, dame i gospodo, bilo da ste obuhvaćeni ovim spiskom ili ne, važno je što stoji u zaglavlju. Ne oklevajte da se zajedno naveselimo 31. decembra u 20 sati, u kafani »Kod Zeke«.
Peva: *Ljudska Duša!*
(Sve čaše i pepeljare su plastične, razbijanje je dozvoljeno).
Još nešto: Decu povedite bakama i dekama – vi znate zašto.
Posebno saopštenje: Na kapiji stoji ČUVAJ PSA! SE je pokidao dečak Miro iz našeg komšiluka. Uprava i osoblje Kafane, na zajedničkom sastanku, nakon iscrpne analize, izjasnili su se jednoglasno da je ta zamenica stvarala priličnu zabunu, pa je njena rehabilitacija odložena.

Do viđenja »Kod Zeke«

Povlačenje

Nisam znao da sam toliko tesan.
Skraćujem se, sužavam, koliko god mogu, a opet ispada da sam prevelik i preširok da bih se smestio u sebe!? Doduše, u tome me podosta ometaju i drugi

svojom nestrpljivošću – kad ćeš već jednom? – i to me ljuti, pa se inatim s njima (inat je tu ostatak stare prakse) umesto da se izvinim – i požurim. Čovek mog kova (mislim na nivo otmenosti, pre svega) ne sme da razočara ni daljne a kamoli bližnje.

Prva provera (ogledalo)

Ako sam to ja, onda nisam bio nevaljao kao Alisina mačkica; naprotiv, zaslužujem sve čestitke. U odnosu na ono daleko vreme kad sam u ivanjskoj noći gledao zvezde, ovo nešto predstavlja ubedljiv dokaz da sam se na korak primakao vašarskoj atrakciji, ili strašilu za vrane na ražanim poljanama vetrovite Bosne. A to je tek prelazni period, da se zna! Na sledećem stepenu preobražaja moći ću konkurisati za Dvorac opsena, a odatle mi ne gine »mesečeva staza« ili hadska noć – zavisno od procene onostrane administracije. (Čila je s pravom ponosan na svoj sumersko-vavilonski izgled, ali šta je to u poređenju s ovim što vidim?!)... S ove strane sam ja, trodimenzionalno čudovište, ali ko je zaista tamo – s te strane? (Gde je sad Kordić?) Ja ništa, izgleda, ne mogu da učinim tom tamo, a da ne učinim sebi! Kad god sam ovde, on je tamo. A kad nisam? Koga god zamolim da proveri – ćuti kao mulac ili mi se podsmeva onako podmigljivo. Namažem se imalinom, zinem – on isto!? Skidam imalin, moram u grad, a da bih bio siguran da sam ga skinuo – on treba da mi kaže. Tim se moja stvar opasno komplikuje, ispada da sam ja taj sluga pokorni a ne on. Šta da radim kad je već tako? Da kupim ogledalo i da ga nosim u džepu od bluze, pored lične karte, jer je to jedini način da izađem iz zatočeništva trodimenzionalnosti – kad god to poželim.

Ogledalo kao metafora

Danas je subota, dan kad prelistavam knjige. Otvaram neku staru kupusaru, čitam: »Ogledalo je najizazovniji oblik psihološko-egzistencijalne zavere od strane nas samih – njegovih žrtava.« Dosta za jedan dan, pomislih, bacam knjigu – da se priberem.

Ogledalo, tako shvaćeno, dođe mu kao neka granica iza koje je naša predstava o sebi dovedena u opasnost. Nije reč samo o tome da izgledamo i kako izgledamo pred samim sobom, već i o tome da drugi sude o nama onako kako sude. Naravno, nije sporno da u oba slučaja možemo sebi pomoći. Ništa, uostalom, i ne činimo ozbiljnije od toga.

Gospođa Rupurut s drugog ulaza je ružna, po kazivanju ogledala, ali ona neće s tim da se pomiri. Pošto se uverila da razbijanjem ogledala ništa ne postiže, zabrinuta Rupurut bila je prinuđena da se opredeli: ili da konstruiše ogledalo koje je neće ljutiti, ili da napravi sebi drugo lice i izravna račune s tom đavolskom pločicom. Potražila je savet od lekara i šminkera.

Istorija se može razumevati i kao borba čoveka sa ogledalom.

P. je oduvek bio neradnik i lopuža, ali on je umeo s ljudima, pogotovu onim od uticaja. Što se njih tiče, jezik mu je u svakoj prilici bio mek, kolena tvrda, kesa razvezana, a ruka široka. Večnom P. nikad nije bilo teško da se izbori za lice koje mu odgovara, jer on ume s ljudima...

Car Trajan je imao »kozje uši«, Tamerlan je bio hrom, Napoleon žgoljav (ako nastavim, zabošću prst u ranu) – ali svi oni behu carevi. Za razliku od P., za njih je rezervisana prva mogućnost.

Ogledalo – kažu – na kraju, ipak, odnosi pobedu.

ŠTA MI SE DOGAĐA?

Godinama su i levi i desni (i čuvari zakona, čak) nasrtali na mene gde god se pojavim. Nisu me mogli ni s kim zameniti, mislim da sam se za to izborio. Možda su me, i pored toga, s nekim zamenili?!

* * *

Dan ne mogu da sastavim, kunem ti se, a da mi se nešto ne dogodi!

Idem, i to sporednom ulicom, iza mene grupica dečurlije. (Hteo sam da proverim da li je srušena jedna stara prizemna kućica u kojoj sam poželeo da se nastanim.)
— Sandokan — čujem — a ne okrećem se.
— Sandokan — sedneš mi na kišobran.
Deca! — baš mi je drago. Svet je, kažu, *dolina plača*, a meni je toliko lepo, ej, da se prosto pitam kad će mi se jednom desiti nešto ružno.

* * *

Ili, da vidiš što je zanimljivo. Stojim u tramvaju, držim blok — tada sam još crtao — a jedan momčić, lep ne možeš verovati koliko, put mene: »Pomakni nogu!« A u mojoj svesti najlepša belina — ona koju je svet video na slikama Piera de la Frančeske... nisam tu. A on me odgurnu, pa dreknu: »Grobe, stao si mi na žulj.«

* * *

Opet sam naljutio I. M. Ja onako rekoh da sam čitao Rat a Mir nisam. Njemu ode dim u nos, sinu: »Idiote, kako je to moguće, kako to smeš da kažeš?!«
A zašto ne bih smeo? — Ne razumem. Ako sam mogao da dubim na glavi u Sikstinskoj kapeli, ili da progutam osu, mogu i to da kažem.
Možda sam ja i Mir čitao, ali on nekako ne ide sa mnom — jebem li ga, ej.

* * *

Šta su mi radili, ej, a nikog nisam smeo da ubijem. Sve je nekako išlo dok nisam počeo da se interesujem za sebe. Tri meseca oni meni razvrću usta da bi mi izlečili dva krnjetka... Najpre su mi rekli da je jedan od njih *šestica*, izgleda onaj desni donji. Kao da sam ga ja tu metnuo, šest im majki... Šestica?! Doduše, Ćila mi je rekao, ono kad je bio uoči Kongresa, da nije nemoguće da je baš šestica. Zašto je nisu izvadili, ako je i tako?

* * *

Ništa se lakše ne zagubi od kašike za cipele. Čim mi zatreba, nema je, a ja novu. Kad sam prošle godine čistio stan, našao sam 19, što plastičnih što onih drugih. Nemaš pojma kako su sitne stvari drske. Posle sam prešao na klompe, i zimi.

* * *

Vidim ga, zdrav ko bivo. Naliven mesom, a brkat, na njemu odelo od štofa. Oči mu volovske, okrugle, meke i glupe. I šta će njemu da pije kad je tako krvnički zdrav, ej? A ne može ni popiti, takvi ne mogu... E pa, ljudi, gleda me, ne zna šta će sa mnom, a prva subota po Preobraženju... Ajd' da ga bocnem.
— Šta bleneš, prdonja?
— Ti to meni, nakazo! — dreknu. A onda me dokopa za bradu, kad poče da mi vitla glavu s bande u bandu stola, prosu mi pivo. Ne pušta, vidim da ne može da se dozove. A ja se smejem, da puknem — ne možeš verovati.
Sad ga mogu nacrtati, samo da izgovorim — prdonja.

Veštački satelit

(B. je strašno darovit, ej!) Sedimo za stolom u »Kolarcu«, on me nešto podbode, a preda me tanjir. Dođe mi iz momenta: svitnu beli disk preko pesnikove glave, iznad tri stola, pa izlete kroz ulazna vrata. Ne bih verovao, ej, a meni se samo i događaju neverovatne stvari, da je ovo meni neko pričao.
Niko taj tanjir nikad nije našao ni u kom obliku!?
Mustafa Tajubi, mali Feničanin, kaže da je odleteo pravo na nebo.
Iz mog sukoba sa B. uvek je moglo svašta da ispadne — pa i to.

Gospođa O.

Celu noć sam proveo s g. Anđelijem, advokatom iz Struge. Lift su opet sjebali. Osmi je sprat, ali idem, držim se gelendera... Onako mi dođe i setih se da sam kao dete često sanjao da me neko goni. Ja bežim, upinjem se više no mogu, a noge mi se vraćaju same od sebe. (Ah! ničeg i ne beše tih godina do gonjenja i bežanja...) Da, to se zbivalo u snu, noge se vraćaju same, a sad?... Imam na sebi solunski kaiš, širok i tvrd kao poprug... opipam se: da mi neko uz put nije okačio kakav teg... vidim nije, a bolje da jeste.

— Došao đavo po svoje, komšija, a?

Vrata ispred mene širom otvorena. Gospođa O. se šminka pred ogledalom, stojeći. A dupe joj — ceo Kolašin.

— Oprostite, gospođo, rekoh, mrena mi pala na oči pa gledam kroz maglu — šta ste to priprtili?

Gospođa O. hitro zalupi vrata, ostavi me bez odgovora.

Ciganin Oliver kaže da je gospođa O. tovljeni pingvin.

Idem, držim se za gelender, kunjam...

Nategao bih gospođu O., ali se bojim da ću se zakašljati. A još gornji?!

Nešto novo

Vratio se Grgur. Kumovao je negde na Primorju, pa se vratio. Pitam ga: Grgure, šta ima novo?

— Čuo sam — reče on — priču o pomorskom kapetanu Marku T. koji je nekad davno plovio na lađi »Lemnos« sa svojim jedincem sinom. Mladić se razbole i ispusti dušu baš kad su bili u Sundskom kanalu. Njegovo telo svezaše u vreću i baciše u more, po drevnom običaju. Plovidba je nastavljena.

— Koja je to bila vrsta broda — torpiljerka, brigantin?...

— Ne znam — reče on — samo sam ovoliko čuo.
Prvi put sam osetio da mu je druženje sa mnom pomoglo.

* * *

Dešavalo mi se da me opsedne neka reč, stih, fraza. Prosto mi se uvrze u pamćenje, ne znam ni kad ni kako, i tu se prišuti. Koliko je neugodna ta podmukla boljka vidim po tome što u nekom razgovoru ispadnem smešan, nastojeći da stvorim šansu da upotrebim ono što mi je trenutno na umu. Drugi vid te nevolje je u tome što ne mogu da saslušam sagovornika, jer sam pritešnjen svojim unutrašnjim nalogodavcem, a on je ponekad tako glupavo uporan da će i zemlju prevrnuti samo da izbije na videlo.

Sećam se jedne takve situacije u kafani »Kod slona«. Neki agronom je tako lepo pričao o kukuruzu kokičaru, ne možeš verovati. A mene toliko pritislo, čujem svaku devetu... Vidim nema se kud, pa otkačim: Jebo vas Tertulijan i njegovo *Credo quia absurdum*. Još litar vina...

Sujeverje

Grgur je nešto grdno sanjao, traži da mu protolkujem san.
— Mani — rekoh — sujeverje, budalo.
— Nisam ja — veli — sujeveran, majstore; sujeverni su oni koji se ne usuđuju da skoče s trinaestog sprata.

Pomislih da ću snositi deo krivice ako mu se desi kakvo zlo, jer ga nisam podstakao na oprez... A šta ako snovi nemaju predskazujuću moć, a mi verujemo da je imaju?! Da je, barem, očekivanje ispunjenja vremenski limitirano kao u lutriji, ni po jada.

Grgur me stalno uvaljuje u nekakve kučine. Dobro je rekao Milika: »Neka gdje vas Bog dade, no gdje vas sastavi.«

* * *

Juče me posetio predsednik Kućnog saveta – ovako po konstituciji bi rekao stari revolucionar – u pratnji jednog suvodupića u farmerkama. Ja sam se baš zabavljao navijajući zvono na nekom batalnom budilniku. No dobro, predsednik je seo, a onaj ostao da ćuti uz vratnik.

I čuj sad, da ti skratim: stari meni onako u maniru da se ja ne angažujem u stvarima od zajedničkog interesa, a pošto sam profesor od mene se mnogo očekuje – tako nekako. Mladić je hitro dodao da je predsednik potpuno u pravu i da bih morao da se primim nekog zaduženja.

– Oko izbora! – rekoh.

– Ma nisu sad izbori, već vi valjda znate da su se pacovi toliko nakotili da moramo preduzeti hitne mere u saradnji sa Zavodom za...

– Zajebi – rekoh – anđele, a vi oprostite, obratih se starom.

Onda sam mu se požalio da mi slavina u kupatilu ne radi, da me zbog toga boli jetra, pa bi bilo lepo da dođe neko iz Kućnog sveta da mi to popravi. Nismo se dogovorili, ali smo se mirno rastali.

Što se tiče mladića, siguran sam da će uskoro steći pravo da pređe na složenije zadatke. Dugme traži kaput... Posle mi je bilo krivo što je uspeo da me naljuti.

I to mi se događa

Idem putem, nameravam da skrenem desno, mada nisam ubeđen da je to ispravno. Odjednom mi se ote korak i skrenuh levo. Šta sad ovo znači? Da se vratim i skrenem desno, ne košta me ništa, ali zašto?! Možda me neka ruka zaštitnica povela baš ovamo? A možda je to ruka spletkašica, poslušnica Gospodara tame?!

/Ivoje i Karandaš su sinoć zamrkli kod mene. Posmatrao sam ih dok spavaju. Karandaš, onako ružan, izgledao je neobično lepo, dok je Ivoje, inače lep kao upisan, ličio na mrtvog čoveka (mirisao je na pepeo)./

Idem kroz mali park, stazom divljih kestenova... punim džepove.

Šta bi bilo da sam skrenuo desno?

Ako se sloboda meri brojem mogućih skretanja, onda sam ja previše slobodan.

(Moja nevolja je u tome da želim ono što neću, činim ono što nikom ne preporučujem, a kajem se zbog onog što nisam učinio.)

Pedagogija trpljenja

Upoznajući se s mukama koje su pojedinci prelomili preko glave, stideo sam se što sam ponekad previše obuzet sitnim nedaćama (šta ću jesti, gde ću spavati i sl.).
I dok sam se tako učio čestitosti trpljenja, neka moja sabraća su se spretno i dosledno oslobađala tih nedaća. Kad sam pred jednim od njih rekao, u trenutku slabosti, da mi nije lako, on je to ovako prokomentarisao: »Kako te nije stid da kukaš, a šta sve ljudi nisu pretrpeli?«
— Doista je tako, rekoh, i ućutah.

* * *

Ovog puta sam krenuo glavnom ulicom, nešto mi komotno, osećao sam se kao da ću negde stići. Prošlo je više od godinu dana otkad nisam tako darovito išao. Lepo se moglo zaključiti po hodu da sam ubedljivo zaoštrio svoj životni stil.
— Ovaj smetenjak je još živ, znaš li ga?
— Ma znam, sto godina...
— A šta on čini, slikar li je?
— Ne znam šta čini, ali je ciknuo davno.
Ovaj razgovor se odvijao iza mojih leđa. Da nisam bio u raspoloženju u kom sam bio, niko me ne bi ubedio da se on ne odnosi na mene.

* * *

Dođe sinoć I. M., s arhivom o vratu. Bio je, reče, na raspravi o ljudskim pravima, tri dana nije ni jeo ni pio.
Ja bolestan ko za inat, ali mi lepo.
Pitam ga da li može reč Karantanija da izgovori

naopako, onako napamet. U stvari, mene zanima da li će mi reći: Idiote, opet se blesaviš.
Naravno da sam pogodio.
— Bolestan sam — rekoh, kad malko olabavi.
— Bolestan... šta ti je?
— Išijas, a i čir me završe.
— Svaki drugi u našim godinama boluje od toga, mani bolest — preseče on.
Ja se naljutih. Jebeš ga ej, došao da me vidi a ovamo udario po statistici komiteta za zdravlje i socijalnu politiku. I ti bi se naljutio.
— Ne pada — reče — tebi bolest teško no to što od tih bolesti boluju mnogi.
E, pa... Kad se čovek na lep način drzne, spreman sam da mu progledam kroz prste, a ovako...
Tri crteža sam zapalio.

Ja srećan

Tu skoro, pozvaše me Mijo i Tupa da dođem u Titograd, na vikend.
Ti znaš koliko mrzim tu reč, ali obećah da ću doći.
Kupim kartu i rezervaciju dvadeset dana ranije i javim Miju da me podseti kad treba da krenem, potajno se nadajući da će zaboraviti. Ali, Mijo ko Mijo.
Na stanici kao na izborima posle rata, nisam znao da imamo toliko vozova... Nađoh barski u minut do polaska i uđoh, pa šta bude. A tamo gužva (!), ni u vreme kolonizacije Vojvodine nije bila tolika. Ispred mene brkonja, balvan od čoveka, zaseo na nekakvo burence i puši.
— Kud si nadro, sve je puno, jesi l' čist? — on će meni.
— Da prođem, imam rezervisano.
— Ti rezervisano?! E pa, burazeru, ti si srećan čovjek.
— Ja srećan! — Znaš šta je, rode, vidiš kako si lep, a nije te stid! Evo ti rezervacija, nemaš ni kartu, evo ti i karta, pa sedi — nasedi se. Evo ti i »Politika«, da prostreš kad budeš jeo.

Sve mu to tutnuh u krilo i u poslednjem trenutku iskočih iz voza.

Komšija

– Komšija, šta je to noćas bilo kod vas – kao da je naletela hunska konjica?!
– Imao sam dve gošće – rekoh – pa sam celu noć trčao od jednog kreveta do drugog rugajući se prolaznosti života. – Jeste li zadovoljni, komesare?
Tako ja s komšijama.

Ili, ili

Iz »Belog grada« izašao sam oko četiri. Jutro mutno i prljavo, zasićeno velegradskim iskustvom. Čekam taksi... Nadomak mene žena, drži u ruci bisage; čeka i ona. Zagledam se – lice moje pokojne tetke. Nisam podnosio tu usedelicu, mada je bila lepa i otresita. A sad, dođe mi nekako zagonetno, da kažem i tužno... Da li je moja tetka besmrtna, ili će se i ova jutarnja gospa uskoro naći na njenoj strani?

»Došao sam da te vidim«

Kole Fagot, onako s vrata, ispali: »Došao sam da te vidim.« Kako će on to mene da vidi, nije mi jasno, ali to i nije moja stvar.
– Dobro – rekoh – Fagot, smeta li ti što ležim na leđima i gledam u plafon?
– A ne, majstore, ja te razumem jer i sam imam običaj da ležim nauznak, naročito izjutra.
– Ma nije reč o običaju – pokušavam da mu objasnim – no moram nešto da razmislim, stvar je toliko hitna da sutra može biti kasno.
– Nemam – reče on – ništa protiv te tvoje odluke, pogotovo ako je slučaj hitan.
A onda poče da me uverava da on, Kole Fagot, nije čovek neosetljiv, da mu se događa da čak i po godinu

dana pušta stvari da idu svojim tokom, a onda u zadnji čas zasedne i o svemu na gomilu razmisli.

— Ne činim to, majstore, iz lenjosti već da bih se uželeo da mislim — reče on. — Čovek mora da se zaželi da misli kao što se zaželi i drugih stvari, tek je to onda ono pravo, ali ljudi su nestrpljivi pa hoće ne samo da žive svaki dan već i da misle...

— Neće ni svaki drugi, nemoj da trućaš! — upadoh oštro — ne bih li ga zbunio.

Ali Kole se ne dade smesti, no reče da u pogledu nestrpljenja ima razloga da sumnja u svakog osim u samog sebe.

— A kako se pripremaš da misliš? — upitah ga.

— Majstore, kad uzmem da mislim najpre se dobro potpašem, legnem na go pod i tako izguram najmanje dvadeset i četiri sata, to ni konj ne bi podneo. — Inače, kad ne mislim, baš ne mislim; znaš ti mene, nije da ne znaš.

Malko sam ga, ipak, bio zaboravio.

Kritika i samokritika

Ni dinara nisam imao pri sebi, a tako mi se pilo pivo.

Sretoh Aznavura, iz »Kolarca«, ide kao neki član članova... Pozdravljamo se, čak se i rukujemo, ali ništa dalje. Gledam ga — jeste i nije Aznavur!? Šta mu je, pitam se, prema meni je uvek bio drukčiji, mnogo prisniji? Biće da me neko oklevetao pred njim, ili mu je prosto skrenuta pažnja s nadležnog mesta da povede računa o tome s kim se druži.

— Šta je bre, majstore, ne znam te takvog? — reče on.

Kakvog on to mene zna, jebem li ga, ništa mi nije jasno. Ja ne znam njega takvog, a ispade da on ne zna mene ovakvog.

Vadim duvan, da nije tu stalo, ali on odmahnu rukom i reče: »Hvala, ne pušim.«

On ne puši?! Protuva dorćolska, koliko sam mu samo bakšiša dao...

— Vidim žuriš, javiću ti se kad se vratim iz Soluna — rekoh — i ostavih ga nasred ulice.

Sve mu to tutnuh u krilo i u poslednjem trenutku iskočih iz voza.

Komšija

— Komšija, šta je to noćas bilo kod vas — kao da je naletela hunska konjica?!
— Imao sam dve gošće — rekoh — pa sam celu noć trčao od jednog kreveta do drugog rugajući se prolaznosti života.
— Jeste li zadovoljni, komesare?
Tako ja s komšijama.

Ili, ili

Iz »Belog grada« izašao sam oko četiri. Jutro mutno i prljavo, zasićeno velegradskim iskustvom. Čekam taksi... Nadomak mene žena, drži u ruci bisage; čeka i ona. Zagledam se — lice moje pokojne tetke. Nisam podnosio tu usedelicu, mada je bila lepa i otresita. A sad, dođe mi nekako zagonetno, da kažem i tužno... Da li je moja tetka besmrtna, ili će se i ova jutarnja gospa uskoro naći na njenoj strani?

»Došao sam da te vidim«

Kole Fagot, onako s vrata, ispali: »Došao sam da te vidim.« Kako će on to mene da vidi, nije mi jasno, ali to i nije moja stvar.
— Dobro — rekoh — Fagot, smeta li ti što ležim na leđima i gledam u plafon?
— A ne, majstore, ja te razumem jer i sam imam običaj da ležim nauznak, naročito izjutra.
— Ma nije reč o običaju — pokušavam da mu objasnim — no moram nešto da razmislim, stvar je toliko hitna da sutra može biti kasno.
— Nemam — reče on — ništa protiv te tvoje odluke, pogotovo ako je slučaj hitan.
A onda poče da me uverava da on, Kole Fagot, nije čovek neosetljiv, da mu se događa da čak i po godinu

dana pušta stvari da idu svojim tokom, a onda u zadnji čas zasedne i o svemu na gomilu razmisli.

— Ne činim to, majstore, iz lenjosti već da bih se uželeo da mislim — reče on. — Čovek mora da se zaželi da misli kao što se zaželi i drugih stvari, tek je to onda ono pravo, ali ljudi su nestrpljivi pa hoće ne samo da žive svaki dan već i da misle...

— Neće ni svaki drugi, nemoj da trućaš! — upadoh oštro — ne bih li ga zbunio.

Ali Kole se ne dade smesti, no reče da u pogledu nestrpljenja ima razloga da sumnja u svakog osim u samog sebe.

— A kako se pripremaš da misliš? — upitah ga.

— Majstore, kad uzmem da mislim najpre se dobro potpašem, legnem na go pod i tako izguram najmanje dvadeset i četiri sata, to ni konj ne bi podneo. — Inače, kad ne mislim, baš ne mislim; znaš ti mene, nije da ne znaš.

Malko sam ga, ipak, bio zaboravio.

Kritika i samokritika

Ni dinara nisam imao pri sebi, a tako mi se pilo pivo.

Sretoh Aznavura, iz »Kolarca«, ide kao neki član članova... Pozdravljamo se, čak se i rukujemo, ali ništa dalje. Gledam ga — jeste i nije Aznavur!? Šta mu je, pitam se, prema meni je uvek bio drukčiji, mnogo prisniji? Biće da me neko oklevetao pred njim, ili mu je prosto skrenuta pažnja s nadležnog mesta da povede računa o tome s kim se druži.

— Šta je bre, majstore, ne znam te takvog? — reče on.

Kakvog on to mene zna, jebem li ga, ništa mi nije jasno. Ja ne znam njega takvog, a ispade da on ne zna mene ovakvog.

Vadim duvan, da nije tu stalo, ali on odmahnu rukom i reče: »Hvala, ne pušim.«

On ne puši?! Protuva dorćolska, koliko sam mu samo bakšiša dao...

— Vidim žuriš, javiću ti se kad se vratim iz Soluna — rekoh — i ostavih ga nasred ulice.

Sutradan mi nije bilo do piva, ali do Aznavura nekako jeste. Kako sam mogao da postupim tako ružno prema tom velikom pravedniku.
A onda sam počeo da mislim krajnje samokritički, u duhu srednjoevropske tradicije. I evo šta sam dokonao: koliko sam ja, imenom i prezimenom, sreo prijatelja i poznanika na ulici u trenutku kad nisu imali dinara, ni pri sebi ni van sebe, a tako im se zločesto pilo pivo!? Šta sam učinio više od Aznavura danas?! Da, da!

Grgur se oženio

– Ne znam, majstore – reče na odlasku – kakvu će sudbinu vreme prirediti delima tvojim, ali bih voleo da imam jedan tvoj crtež, ako nije preskup.
Ja potegoh oko dvadesetak crteža s jedne gomilice i okrenuh ih poleđačke.
– Vuci, pa šta ti Bog da, za ovu priliku ne košta ništa.
On podubi i izvuče beo papir.
– Eto – rekoh – stari ortače, šta ti mogu – pristao si na igru.
– Nadam se, majstore, da ovo nije odgovor na moju nedoumicu, ostaj mi zdravo.
– Zar te ne zanima da proveriš kakvu si šansu imao?
– Mora biti da sam izvukao jedini prazan list – reče on. Tako je i bilo.
– Grgure – rekoh – da ovo nije predznak sudbine koju će vreme prirediti tvojoj bračnoj zajednici?!
Na kraju sam mu poklonio portret pesnika Gvozdenovića, bosanskog Nostradamusa.

* * *

Sinoć mi banuše rođaci, kao da dolaze iz Kapadokije, posle četrdeset godina, a meni crkla sijalica. Sedam puta čuh – dobro veče.
– Kakvi rođaci? – rekoh, a fino znam da su rođaci i da su moji.

— Vukoje, Mikailo, Relja... ne znam dalje, ali bilo ih je sedam.
Zapalih nekakav očepak sveće i gle! — svi isti.
— Zar niste poginuli u ratu?
— Kakav rat, ne zajebavaj, došli smo da nas nacrtaš — reče jedan od istih.
— Imate li lične karte?
— Imamo.
— Ostavite mi jednu, a crtež ću vam poslati poštom.

Tri senke

Obreo sam se na ulici, u »avetno doba ponoći« — idem, a prate me tri senke. (Da otklonim svaku primisao o pijanstvu: suv sam kao barut, ali tim nisam manje zbunjen.) Na svaki moj pokret senke odgovaraju simultano i simetrično, pa zaključujem da mi svaka od njih pripada podjednako zakonomerno. Njih tri, a ja sam! Divide et impera! — setim se devize rimske diplomatije pa se iz pika zavrteh oko svoje osovine, s jasnom namerom da ih zavadim i podavim — jednu po jednu. Počeću od one kozonoge, najduže, jer behu različite međusobno, po svemu osim po boji, a opet se svaka mogla prepoznati po meni. Moram priznati da sam mnogo očekivao od tog poduhvata, ali on mi ništa ne donese osim tri tamna koncentrična kruga oko L. osovine. Umesto da ih uništim — pomislih — ja sam dokazao njihovu prednost nada mnom — i ukupno i pojedinačno uzev — jer je njihova osovina daleko ubedljivija od moje. Doduše, i dalje me držalo uverenje da nema mene ne bi bilo ni njih, ali mi se ne dopade ono *da nema mene*. A uz to me takvo razmatranje odvodilo u čisto logičke teškoće od kojih sam želeo da pobegnem... No spas, kao i obično, dođe iznenada. Patrolna kola se zaustaviše tik ispred mene.
— Šta radiš? — podviknu glava s prozorčeta.
— Zapetljao sam se — rekoh — molim te izađi da vidimo koliko ti imaš senki.
— Nije — reče glava — nekome unutra; stari je to mangup, znam ga ja.
— Čuj bre, anđele, ozbiljno ti govorim, strašno sam se zapetljao, izađi da razmrsimo — rekoh.

Vrata se otvoriše i ja se za sekund-dva nađoh u autu. Senke nestadoše, a brigu o meni preuzeše dva teget anđela; izgleda ne mogu da propadnem, ma šta mi se desilo.

Na saslušanju sam, na zadovoljstvo cele Stanice, ispričao kako je bilo.

Kasnije mi je jedan stručnjak objasnio tajnu tri senke. Pomogao mi jeste, ali nije dovoljno. Jer kad se god nađem na ulici, u pratnji i jedne jedine senke a ne tri, osećam se nelagodno.

Demokratski centralizam

— I šta reče, umetniče, nisi za demokratski centralizam, a?
— Kako da budem, anđele, zdravih petnaest slova je utrošeno za ciglo dve reči — pola azbuke!?
— Zajebavaš?
— Ne zajebavam, no da brojimo.
— Nije ti sinoć bilo dosta?
— Ne razumem te — rekoh — nisam školovan za tu stvar.
— Doškolovaćemo te, drugar...
I ponovo zaglavih. A toliko sam dao za ovu zemlju!

Šta mi bi?

Danas sam se na ulici rukovao s nekoliko ljudi, ali da sam znao šta će me snaći, ne bih ni izlazio iz kuće.

Ugledni prolaznik koji je to video, zamerio mi je kasnije da sam se glupo poneo.

— Zašto? — upitao sam ga zbunjen.
— Pravilo je da se obični ljudi međusobno pozdravljaju, a izabrani jedan s drugim; ja to pravilo poštujem — rekao je.
— Da li bih se iskupio ako im sledeći put podviknem: Gubite se, bagro?
— Ne tako — reče on. — Ubuduće, kad primetiš nekog od njih, šta te košta da se zagledaš u izlog neke

trgovine ili, ako si već toliko bolećiv, da mu mahneš rukom.
— Gubi se, bagro — vrisnuo sam.

Fjaka

Gledam kroz prozor na tmurni i slinavi jesenji pejzaž, zurim... Gde li je sad brbljiva N.? — baš mi nedostaje.
Radio izveštava o zaključcima s poslednje sednice nekog visokog foruma. Koliko uspevam da razumem, radni ljudi širom naše zemlje konačno treba da uzmu stvar u svoje ruke... jer je, zbog nečeg, krajnje vreme.
U komšiluku plače sinčić neukrotive Lucije, one što noću cupka a danju spava.
Postojim odveć plitko.

Ne slažem se

U nedelju mi je Ciganka Orhana pokrala stan. Čudno je da mi od onog što je odnela ništa nije bilo potrebno!
Jevanđelist Luka kaže da su deca ovog sveta mudrija od dece svetlosti. Ne slažem se. I jedna i druga znaju što im je potrebno.

* * *

Idem putem starim, zapuštenim... Očekujem svakog trenutka da ću ugledati zagonetni predmet, možda ključ od Glavnih vrata koja vode tamo gde su ljudi, stvari, ideje istinski izmireni. Ostaviću, napokon, jade ovog sveta, sve će mi postati jasno i biću u ravnoteži sa svim.
Idem... očekujem... ostaviću... biću... O, gluposti moja!

EPILOG

Uoči Vaskrsa javio mi se Ablesije I Ablesijević, u povodu važne stvari. Dugo nisam video tog osobenjaka, pa sam se obradovao pozivu, bez obzira na povod, mada sam bio i te kako radoznao o kakvoj je stvari reč. U kafani »Kod Slona«, Ablesije izvuče iz džepa iskrzane vijetnamke nekakvu kasetu i stavi je na sto. (To je ta važna stvar, pomislih!) A onda mi ispriča da je kasetu primio poštom, zajedno s kratkim tekstom razgovora koji je on lično svojevremeno vodio s L. Taj razgovor pod radnim naslovom »Uvod u biografiju« ostao je nedovršen. Na posebnom papiriću (propratnom pismu) bilo je naznačeno da on, Ablesije, sve to priključi svojim antidinastičkim spisima na kojima, uzgred rečeno, okapava već godinama. Ablesije je tekst skinuo s trake i koliko- -toliko sredio. A onda, pošto je dobro razmislio, zaključio je da se sadržaj teksta ne uklapa u njegove tajne spise, pa mu je palo na pamet da mi ga ustupi budući da poduže radim na zapisima koji se unekoliko tiču dijaboličnog slikara i profesora L. U međuvremenu je nastojao da pronađe L., da s njim porazgovara o mnogo čemu, pa i o tome. Ali, avaj, od L. ni traga ni glasa! Rekao sam mu da će mi taj materijal svakako dobro doći, no trenutno me više od svega kopka šta se zbilo sa samim L. Predložio sam da zajednički potražimo Grgura, ili recimo I.M. – oni bi morali nešto znati o L. Ablesije reče da s Grgurom odavno nema nikakve veze, a što se tiče I.M. stvari stoje dosta škakljivo, bar zasad. Čovek je, izgleda, umešan u neku aferu, mada za to nema pouzdanih dokaza. Saslušan je i pušten, uz uslov da se ne udaljava iz grada i da se povremeno javlja nadležnim organima. V.K. i još dvojica mlađih ljudi su pritvoreni. Pojma nisam imao o tome, iako smo tako reći komšije, ali sam slutio da njihovo grupno sedenje, uz vino, do duboko u noć ne može izaći na dobro. To sam i kazao Ablesiju, duboko zabrinut za dalju sudbinu tih ljudi u ovo vreme sveopšte neizvesnosti. On me tešio: te zna ih dobro, nisu to nikakvi zlotvori, njihovo jedino oružje je reč... pa stoga veruje da će se izvući. (Izvući ili ne izvući, moj Ablesije, pomislih... ali ne rekoh ništa.) Uglavnom, dokonali smo da I.M. ovom prilikom ne bi trebalo potezati. Ostao je samo Grgur.

Sutradan smo mu se javili i dogovorili se da se nađemo u kafani »Ušće«.

Grgur nam je rekao da je u više navrata telefonirao L. Pošto niko nije odgovarao na poziv, rešio je da ode do njegovog stana i proveri šta je s njim. Vrata su bila otvorena, ogledalo u hodniku razbijeno, stvari ispreturane. Jedan prozor odškrinut, levo od njega visio je pauk o dugačkoj niti svoje razbucane mreže – udavljen. Na stolu otvorena boca s vinom, dopola popijena; komadić ubuđalog hleba i velika zemljana pepeljara prepuna opušaka. Telefon ispravan. Ništa od toga nije neobično za one koji su bliže poznavali L. Grgur je ostavio poruku i zaključao stan, pošto je i sam imao ključ.

Od tada je prošlo mesec dana. Niti se L. javljao, niti ga je Grgur više tražio.

* * *

U policiji smo saznali da je slučaj već registrovan kao zagonetan, a ipak su od nas uzeli izjave.

Kazali smo što smo imali.

Na odlasku nam je sedokosi čovek u kariranom odelu rekao da se držimo pametno, a što se njega tiče spreman je da pomogne, i sam je cenio profesora.

Desetak dana kasnije pričalo se po varoši da je L. primećen u staroj ribarskoj krčmi na obali Save, u društvu čuvenog alasa Aranđela. Ta priča je bila izmišljena kao i mnoge u vezi s profesorom.

Ja sam od Ablesija preuzeo traku, prekucani tekst i njegov nedovršeni razgovor s L. Nešto od toga je našlo mesta u ovim zapisima.

Samom L. želim svako dobro: bilo na zemlji, bilo na nebu.

D.K.

BELEŠKA O PISCU

Dragiša Kalezić je rođen 1938. godine u Brijestovu, opština Danilovgrad. Osnovnu školu je završio u mestu rođenja, a realnu gimnaziju u Sarajevu. Na Filološkom fakultetu u Beogradu studirao je opštu književnost sa teorijom književnosti. Književnim radom bavi se od 1965. godine. Objavljivao je eseje i članke u VIDICIMA, STUDENTU, KNJIŽEVNIM NOVINAMA, KNJIŽEVNOJ REČI, reviji OVDJE i dr. Od 1965–1969. godine bio je član redakcije časopisa VIDICI. Godine 1971. primljen je u Udruženje književnika Srbije. Godine 1973. objavio je zbirku eseja »*Edenski vrt laži*« u ediciji Doma omladine Beograd.

Nakon toga je duže vreme, kako sam kaže, bio »zatvoren u sebe«.

Ovo je njegova druga knjiga.

SADRŽAJ

ODLAZE, NE VRAĆAJU SE 7–11

Uvod u biografiju (1) 12

MOJI PRE MENE 13–31

Ded Darko (Darijus) – Dedova oporuka – Veliki smetenjaci – Baka Ikonija – Tetka S. – Otac – Očeva oporuka – Otac i ja

MALA GALERIJA 33–47

V. Desnica – Veliki mladić Piri – Martin K. – Kozar Hercegovac – Starac sa jezera – Nisa More – Labud poverenik – Robin Hud – Trabuko – Ciganin Oliver – Posednik Živan – Crni Petar

Uvod u biografiju (2) 48

DOK SAM ĆUTAO 49–95

Na izvoru pored zapuštenog Konaka – Gde je sad – O drugaru i ovci – Koza – Obradov ovan – Skica za sliku – Zrelost – Veliki veštac i deca – Majka Velikog vešca – Veliki veštac na izvoru – Luda melodija – Preistorijska plaža – U jednom selu na jugu – Na zalasku dana – Ropstvo – Organizovani pad – Jedno popodne – Figurica Spasitelja – Tuga – Balon nada – Vreme preživara – Dobra i zla stanja duše – Propadanje – Nemio događaj – Opravdanje – Ne smem lagati – Varljiva čula – Zagonetka – Način mišljenja – O, pustoši gubitka – Vodeni cvetovi – Svet mravinjak – Slutnja – Lutka – Fotografije (volim, ne volim) – Uvod u setu – Trofeji – Dečji circulus – U Parku mira – Na vodama vavilonskim – Snevač, mučitelj – To je završeno – Ti si taj – Mudrost – »Ni u Orku ne miruje« – Filozofija mirne vode – Odlomak iz jednog razgovora – Starac plače – Da je bilo – Pogled iz dvorišta – Zakletva – Tajanstvena jasnoća – Godišnja doba pod znakom Meseca – Panda – Škorpion – Pauk/Arahna – Kuća – Na balkonu – Poleđina noći – Ja to mogu reći – Pogled iz autobusa – Navikavanje – Ima nade – Iskušenje – Delfijsko proročište – Nemogućnost drugačijeg – Kod Tihona – Tako smo udešeni – Est modus in rebus – Je l'pošteno – Svak ima svoj način – Kad bi moglo

Uvod u biografiju (3) 96

ISKUŠAVANJE 97–113

PRIČA O ĆEZERU 115–133

CRNA KUTIJA 135–182

Ko je ko? – Nesmotreni Faeton – O čoveku – Semper idem – Prometej – I u životu i u smrti – Sokrat i Alkibijad – Zbor građana – Sloboda – Diskretna provera – Progon (1968) – Psi i zvezde – Pobeda – Recitali i dr. – Traži se baš to – Lik i maska – Čuvari kulta – Opomena – Lažljivo uvo – Tašna – Sulejman i azep – Ja ih razumem – Bulgakovljeva osveta – Uhvaćeni – Nj. V. Dekret – Nespretnjaković – Tiše, pada ministar – Muke po Josifu – Sedite, sedite – Čovek od uspeha – Etikete – Instrukcija – Krpelj – L'enfant terrible – Žena i politika – Ćudljivi bolesnici – Šifrant – Naivčina – Građanin A. – Građanin B. – Petlja od čoveka – Lojalni – Naš čovek – Ništarija – Pokazatelj – Pravednik – Zaslužnik po dogovoru – Mali tiranin (poltron) – Dežurni – Dostavljač – Čovek oblutak – Odavač tajni – Podrivač – Dernier cri – Pljuvač u lice – Očekivač izuzetne prilike – Moćnik – Položenik – Rupa, rupica – Vešti dželat – Kvalifikovani glasač – Pali anđeo – Anđeo čuvar – San mlakog podanika – Preobražaj prakse – I to biva – Zakasneli – Kiklop – Njutro i pričalica – Dosledan – Nepravedno optužen – Jedan kog je pričanje zamorilo – Diletant – Kičerka – Ah, ti ljudi – Dirljiv smisao za žrtvu – Kurvić – Iz prepiske

Uvod u biografiju (4) 183

POVLAČENJE 185–234

Lična karta – Kad bi bilo – Da li sam prilagođen! – Izazov – Dijagnoza – Ja nisam neko drugi – Smrt nije moja tema – Repete, Gospode – Ni dan-danas – Epifanija – Ivične stvari – Po kom ključu – Da ostanu mala – Nikom ništa – Novine – Kutija, kutijica – Problem – Nije mi lako – Biće bolje – Seta – Recimo – Čvorovi – Šta mi treba – Ajivalsoguj letoh – Rođendan – To bi bilo u redu – Dijalektika – Mesečeva staza – Niko da me razume – Primer – Klupko – Program – Nikad – Volja

– Opet pijem – Mais, s'il vous plâit monsieur – Semafori – Očaj – Toliki svet, a?... – Uteha – Tačkica – Gozba – Pismo – Ja (odlomci) – Otkud biser, otkud prolazni dom? – Bog – Neka dođu – Prednosti noći – Ćezer/priviđenje – Osveta za uvredu proroka – Nesporazum – Zekin novogodišnji plakat – Povlačenje – Prva provera/ogledalo – Ogledalo kao metafora – *Šta mi se događa* – Veštački satelit – Gospođa O. – Nešto novo – Sujeverje – I to mi se događa – Pedagogija trpljenja – Ja srećan! – Komšija – Ili, ili – Došao sam da te vidim – Kritika i samokritika – Grgur se oženio – Tri senke – Demokratski centralizam – Šta mi bi? – Fjaka – Ne slažem se

EPILOG 235–239

Beleška o piscu 241

RAD
Beograd
Moše Pijade 12

*

Za izdavača
Milovan Vlahović

*

Glavni i odgovorni urednik
Dragan Lakićević

*

Lektor
Bojana Strunjaš

*

Tehnički urednik
Jarmila Avdalović

*

Korektori
Miladin Ćulafić
Miroslava Stojković

*

Štampano
u 2.000 primeraka

*

Štampa
ČGP DELO
Ljubljana, Titova 35

CIP – Каталогизација у публикацији
Народна библиотека Србије, Београд

886.1/.2-3

КАЛЕЗИЋ, Драгиша
 Још sam ovde : proza / Dragiša Kalezić. – Beograd : Rad, 1990 (Ljubljana : Delo). – 241 str. ; 21 cm. – (Biblioteka Dijalog)
ISBN 86-09-00263-2

ISBN 86-09-00263-2

www.ingramcontent.com/pod-product-compliance
Lightning Source LLC
Chambersburg PA
CBHW071621170426
43195CB00038B/1596